FILTHY LUCRE

Economics for People Who Hate Capitalism

经济学谬误

为反资本主义者所著

〔加拿大〕约瑟夫·希斯（Joseph Heat）／著　余 隽／译

金城出版社
GOLD WALL PRESS

图书在版编目（CIP）数据

经济学谬误：为反资本主义者所著 /（加）希斯著；余隽译 . —北京：金城出版社，2016.2

书名原文：FILTHY LUCRE: Economics for People Who Hate Capitalism

ISBN 978-7-5155-0938-9

Ⅰ. ①经… Ⅱ. ①希… ②余… Ⅲ. ①经济学－通俗读物 Ⅳ. ① F0-49

中国版本图书馆 CIP 数据核字 (2016) 第 037434 号

经济学谬误：为反资本主义者所著

作　　者	[加] 约瑟夫 · 希斯
译　　者	余　隽
责任编辑	柴　桦
特约编辑	余　莹
开　　本	710 毫米 ×1000 毫米　1/16
印　　张	17
字　　数	230 千字
版　　次	2016 年 7 月第 1 版　2016 年 7 月第 1 次印刷
印　　刷	三河市百盛印装有限公司
书　　号	ISBN 978-7-5155-0938-9
定　　价	39.80 元

出版发行	**金城出版社** 北京市朝阳区利泽东二路 3 号　邮编：100102
发 行 部	(010) 84254364
编 辑 部	(010) 64222699
总 编 室	(010) 64228516
网　　址	http://www.jccb.com.cn
电子邮箱	jinchengchuban@163.com
法律顾问	陈鹰律师事务所　(010) 64970501

目录

Contents

第二部分　左翼谬误

引言

Introduction

在我读中学时，《银翼杀手》（*Blade Runner*）上映了。现在的人们可能很难理解这部电影为什么会在当时引起那么大的轰动，他们也很难明白这部电影给科幻小说带来的深刻变革。我至今记得当时看到未来之城“圣天使”的全景时那种惊异的感觉。城中，一座摩天大楼的整个墙面镶着一块巨大的屏幕，屏幕上在播放广告，一个微笑的日本女人正在倒药片。庞大的飞船在夜空中游弋，刺眼的探照灯和声响愈发大的宣传催促着人们移民到外太空（表面上是诱惑人们出去，其实就是驱逐）。

这有什么好大惊小怪的呢？原来，那是人们第一次意识到未来的世界还会有广告，而且更糟的是，未来世界的广告可能比现在还多。未来会有核屠杀？当然，人们都认为未来会有灾难性的核战争。可是广告？人们可没那么想。现在看来，**广告**确实更加泛滥。

对未来世界反乌托邦式的想象极大地影响了当时的科幻小说。《银河战星》(*Battlestar Galactica*) 发生在机器人变节导致人类几乎灭绝之后；《太空：1999》（*Space*: *1999*）讲述的则是一场灾难性的爆炸将月球撞出轨道后发生的故事；《人猿星球》（*Planet of the Apes*）其实就是发生了似乎不可避免的核战争后又繁衍了几代的地球的故事。然而无论这些前景多么令人沮丧，人们普遍认为在未来世界里，我们不需要再做买卖了。资本主义连同其所有花哨的装备只是进入更高级文明程度前的一个步骤而已。

在早期的《星际迷航》（*Star Trek*）系列中，资本主义被描述成人类社会进化的原始阶段，因而直接被摒弃了。这营造了一些喜剧效果。例如，一些**企业**成员被送到一个较为落后的星球上，当地商人向他们要某种叫“钱”的东西时，他们常常不知所措。我们看到的最接近于资本主义的场景是在《星球大战》（*Star Wars*）第一部中，欧比万·科诺比大师（Obi-Wan Kenobi）和韩梭罗 (Han Solo) 就**千年隼**（Millennium Falcon）17,000“信用值”的租用价格达成一致。但即使是那时，在著名的银河系恶棍聚众喝酒密谋的摩斯艾斯雷酒吧里，也有很多值得注意的细节被忽略了。酒吧里不仅没有广告，而且没有品牌。这些电影引导我们相信，在未来，我们会只喝普通的老啤酒而不是杰迪莱特（Jedi Lite）。

这些细节的忽略是当时科幻小说的普遍特征。直到 20 世纪 70 年代末，科幻小说家们都没有预计到这两点：[1] 一是信息技术对日常生活的影响。人们通常认为**机械**技术的发展才是推动人类社会改变的最强力量：值得大书特书的是机器人而不是电脑。二是人们认为市场会消失。没有人相信到了 21 世纪我们还会生活在老式的资本主义经济中。人们普遍认为未来社会将是某种后匮乏的社会主义时代，而不是信息化的超资本主义时代。

那时，人们很难相信到了 21 世纪我们还生活在资本主义经济中，而更难相信的，是我们还在对市场利弊进行和以往一样的种种讨论。确实，如果考察一下卡尔·马克思去世时这种讨论根状态，再把它们与现在的讨论比较一下，人们很容易就会发现讨论根本毫无进展。与一百年前相比，人们现在更依赖于市场，但是，这并不意味着人们现在更喜欢市场。

那么，我们该如何面对这始料未及的资本主义社会的延长呢？约翰·肯尼斯·加尔布雷斯（John Kenneth Galbraith）曾对美国的资本主义发表过如下观点 ：“从理论上说，没有人喜欢这种经济形式，但实践中它可

[1] 迈克·普劳斯 :《旧观念不可能永远束缚我们》，载《金融时报》2001 年 1 月 6 日，第 22 页。

以满足最多的人。”[1] 这种论调的背后是人们熟知的经济的增长和物质匮乏程度的降低。人们不喜欢市场经济，却不得不承认，市场经济满足了他们的物质需求。可是，他们对市场经济的忧虑和怀疑也一直存在着。最近，一项由道德心理学家做的研究显示：绝大多数美国人认为，商家在货品供不应求的时候涨价是不道德的（比如，下雨天雨伞卖得更贵）[2]。但由于价格随供求关系变化是市场经济最重要的好处，所以，这种道德直觉只不过是自由市场经济的追随者们要考虑的某种公共关系问题而已。

事实上，每个人或多或少都有点反资本主义的道德直觉，即使不明显，也暗藏着。

因此，迎合大众的反资本主义情结总是能赚到大钱（好莱坞就是这样做的，他们不遗余力地美化“美好的旧日时光”，那时生活的内容不仅仅是金钱）。谁愿意顶着公众舆论为自由市场经济说话？可能经济学家们对这种反资本主义的思潮发起的对抗是最为持久的。人们对市场不满只是因为他们不了解，解决办法无非是在这方面进行更多的教育，更确切地说，是开设更多的经济学课程。乔治梅森大学的经济学家布赖恩·卡普兰（Bryan Caplan）最近提出：选举时应该减轻那些缺乏经济学基本常识的选民选票的分量。[3] 因此，经济学 101 就有了神圣的地位，这门课程介绍的是一种“模式”，或者说是一种看待问题的方法，这种方法使人们相信资本主义不仅是一种可接受的妥协制度，而且是所有可能的社会形式中最好的一种。

当然，不是所有人都上大学，也不是所有人都修了经济学 101 这门课。那些没有获得经济学知识的人可以阅读书架上满满当当的“热门经

---

[1] 约翰·肯尼斯·加尔布雷斯：《美国资本主义》（修订版），剑桥：里弗塞德出版公司，1956 年，第 85 页。

[2] 马克·豪瑟：《道德心理》，纽约：哈珀柯林斯出版集团，2006 年，第 92～93 页。

[3] 布赖恩·卡普兰：《理性选民的神话》，普林斯顿：普林斯顿大学出版社，2006 年，第 197 页。

济学”书籍，比如《扶手椅上的经济学家》(*The Armchair Economist*)、《隐蔽的经济学家》(*The undercover Economics*) 或者《赤裸裸的经济学》(*Naked Economy*)。这些就是穷人的经济学教程。每本书都介绍这种“模式”，有的介绍全部，有的介绍一部分。那些没看过教科书的人大可以看看这些书。

但我这本书有所不同。我没兴趣向任何人灌输私企的益处，我也不打算谈及自由贸易所创造的奇迹和政府干涉的罪恶。其原因主要是我和大多数人一样，对资本主义制度感到忧虑，我希望我们能找到比目前的制度更优越的社会形式。

然而，对我来说经济学也是很重要的。经济学对资本主义的反对者和拥护者同样重要。而且我认为资本主义的批评家们的经济学还学得不够。马克思对他那个时代的“主流”经济学了解得很清楚，但可能是由于他的影响力，很少左翼的或“激进”的理论家们能做到这一点。可能人们一直希望资本主义很快消亡，这样，就不必学习李昂蒂夫（Leontief）的生产矩阵理论了，也不用学习分离超平面定理或其他一些理论规则。经济学家们坚信这些理论可以帮助我们理解牛奶的定价。

这会导致两个糟糕的后果。首先，大多数左翼理论家很难发现右翼人士提出的一些论点是垃圾，而这些论点是经常被用来说明右翼观点的。例如，反对降低温室气体排放的一个常见的观点是这会降低经济增长速度，经济增长促进就业，而制止气候变暖将导致失业。这就是所谓的不合逻辑的推论——前提不能使结论令人信服。然而环保主义者并没有嘲笑或者指控这种论调，他们提出了一些其他的考量。(“避免气候的不稳定也会带来益处啊！”“发展新的绿色科技也会带来就业机会呀！”）结果，经济学成了一顶魔术帽，右翼人士可以在其名义下为自己喜欢的任何政策寻求支持，即使是在该政策与经济学原理不符的时候（目前最好也最常见的例子，就是一些人鼓吹减税可以“刺激”经济增长。这根本就是一种错误论调，是他们为了不想缴税而顺口编造的谎言。我有时在想，这些人晚上会不会失眠，会不会对这种他们强加于经济学扫盲事业的障碍感到内疚）。其次，大多数左翼经济学文盲怀着良好的愿望，浪费大量的时间去宣传和鼓吹一些根本不会成功的，或者根本不可能惠及他们想惠及人群的计划和政策。例如，由雷米·克兰（Naomi Klein）和艾维·刘易斯（Avi Lewis）拍摄的纪录片《接管》（*The Take*）描述的是阿根廷的工人合作社。尽管题材很感人，有些场面令人印象深刻，但影片实质上是经不起推敲的。她们甚至没有说明这种合作社的构成和资金来源，更没有提及以这种方式形成的经济实体是怎样运作的，而是直接提出这是一种“新的经济”，是一种“能替代资本主义的经济”。观看这部电影时人们可能不知道，一个多世纪以来，讨论合作社的大量经济学文献都对以这种方式构建经济形式的可能性提出了严肃的质疑。这些文献有的是社会主义者所著，有的是非社会主义者所著。克兰和刘易斯可能根本就没去过阿根廷，她们只是从本地的图书馆寻找资料。糟糕的是，她们过分陶醉于这种行动派气质：接管工厂，对抗警察，等等……以至于根本没有思考这些人是否只是在做不可能的事。

左翼人士在面对经济学问题时的一个通常反应就是转换话题。例如，有一个反对纸张循环利用的经济学论点。[1] 人们认为回收是“节约树木”，但事实上效果恰恰相反。为什么世界上有这么多牛？因为人们吃牛肉。不仅如此，世界上牛的数量和人们吃牛的数量有精确的函数关系。如果人们少吃牛肉，那么牛的数量也会减少；树木也是同样的情况。“年代悠久”的树木是不会用来做纸浆造纸的，用来造纸的树木都是些经济作物，就像小麦和玉米。我们可以通过多消费纸张的方式来增加树木的栽种量。此外，如果把用过的纸张倒入废弃的矿井里，我们实际上做了碳的回收工作，从空气中吸纳碳，然后埋在地底下。这正是我们为抵御全球变暖所作

---

[1] 史蒂文·兰兹伯格：《扶手椅上的经济学家》，纽约：自由出版社，1993年，第225～226页。约翰·凯：《在蓝盒计划之外考虑回收利用》，载《金融时报》2004年2月25日。我最喜欢的一句话是：“大多数没用过的纸都产自没什么其他经济产业的加拿大和斯堪的纳维亚。”

的努力。所以无论从哪个角度看，回收纸张都对地球环境不利。回收**铝**是有意义的，因为有利可图，可干吗要回收**纸张**呢?

也许有人批驳过这个论点，但迄今为止我没看到。大多数环保主义者所强调的是短期内纸张回收能降低森林砍伐，但他们却忽略了一点：长此以往，人们将失去重新造林的动力。所以他们经常转移话题，谴责树木栽种导致作物单一，批评伐木业，或者抱怨消费社会的浪费。很显然，在“经济学”理论的反驳下，他们无法通过直接的有说服力的推理来为这种行为辩护。当然，并不是完全没有相反的论点——虽然我从没听到过——我所听到的只是越来越多的巧妙转换话题的方式罢了。

“经济学比任何其他的研究都充满了更多的谬误。”这是亨利·黑兹利特(Henry Hazlitt)的经典作品《一课经济学》(*Economics in One Lesson*)中开篇的句子。这部著作至今仍有较高的价值，比起1946年首次出版时毫不逊色。[1] 这个事实从某种程度上反映了人类文明中智力发展的可悲状态。黑兹利特的这本书讨论了二十多个政治辩论中的热门论点，这些论点都是以各种经济学谬误为基础的。这本书读起来令人沮丧，21世纪的读者依然对其中的大部分论点耳熟能详，因为多年来，人们对这些论点的兴趣几乎从未减少(不过其中一些主要和农产品价格相关的荒谬主张已经不重要了)。

如果你想知道在经济学中哪个方向是正确的，哪个方向是错误的，那么黑兹利特的这本书是必读的。当然它也有瑕疵，其最大的问题在于，黑兹利特是一个不合格的自由市场经济拥护者。如果任何人对一手遮天的资本主义的益处怀有丝毫疑虑，他就认为此人是为特殊利益集团服务的，或者根本就是个傻瓜。在书中，他不止一次嘲弄那些对市场运行机制抱有合理的道德上的“忧虑”的人。

这样，他没能重视人们可能对资本主义制度产生的合理怀疑，因此，任何确实对资本主义制度有所怀疑的人也不可能会太注意他书中的论点。

---

[1] 亨利·黑兹利特：《一课经济学》(第3版)，纽约：三河出版社，1979年。

把别人深信的关于社会公平的道德信仰当成是对自身利益的追求，或者是纯粹的愚蠢，别人当然也不会有心情去接受他的论点，更不会愿意去思考那些深奥的经济学推理。然而一次又一次，这种嘲弄成为他的修辞策略。

大部分推广经济学的人也采用了相同的策略。经济学家经常抱怨不懂经济学的人太多了，然而，当他们与这些业外人士沟通时，他们又完全不尊重这些读者，尤其是这些读者的道德感情，所以他们往往徒劳无功。在读这些热门经济学读物时，人们常常会感觉是有人向他们销售了一种令人讨厌的货物。

这是很糟糕的。要知道，正是由于忽视了人们潜在的道德顾虑，黑兹利特诊断出的这些谬误才得以继续存在下去。他所痛斥的大部分经济手段都是为了追求社会公平。然而在展示这些手段不可能达到目的的同时，他没有对那些潜在的道德顾虑予以尊重和承认，而是对两者都进行大肆的嘲笑。结果沟通当然完全失败。人们不接受这些论点，因为他们认为其前提从道德的角度来说是令人厌恶的，更遑论整个推理的过程。就这样，谬误继续荼毒下去。

我可以大胆地说，一般人对于经济运行的理解都是错误的（或离错误只有一步之遥）。因此，人们都认为经济学家是怪物。毕竟，经济学家们读晨报时总会发现至少三四处刺眼的经济学谬误，即使是商业版也不例外，这种发现确实会让他们抓狂。一些记者、政客或者说客所做的“成本收益分析”常常是错误的。他们总是把自己所反对的政策的成本累加起来，而完全忽视可能的收益，然后宣称这是无益于社会的。我把这称为“只计成本、不计收益”谬误。

我喜欢的一个例子是人们常常谈到的吸烟的“成本”的问题。通常，一些积极的反吸烟分子总是累加以下成本：由于疾病和旷工造成的工资损失，为治疗吸烟所带来的诸如肺气肿、肺癌、心脏病以及各种血管机能失调疾病而花在公共医疗系统上的成本。但是他们忽视了一个绝对基本的原则：每个人最终都会由于某种原因死去。这一原则直白地说明了人不是**这**

样死去就是那样死去。那些不死于肺癌、心脏病的吸烟者，必然会死于其他原因。无论这个原因是什么，它都有可能要昂贵得多，毕竟肺癌是不治之症，心脏病则会更快地走向死亡。经过片刻的思索，我们可能会认为吸烟者为我们的社会省了不少钱。正确的成本收益分析会得出相同的结论：1995 年，一个分析家总结认为每个普通吸烟者每抽一包烟给社会带来的净收益是 30 美分，这甚至还没有把缴纳的税算进去。[1]

过去，验尸官常常按“自然原因”对死亡进行分类。例如，1655 年英国出台的一个著名的《死亡法案》就列出了五花八门的死亡类别如水肿、“肺栓塞”、“淋巴结核”等来描述各种死亡原因，还包括“死于街头”或“老死”等。[2] 可是如今人不仅会死于街头、老死，还会因各种疾病身亡，因此每当我们除去某些死亡原因（如瘟疫、小儿麻痹症、肺结核、霍乱）时，其他原因的致死率就会上升。可是人们常常忽略这一点。

例如，环保主义者往往认为在 20 世纪工业化社会里急剧上升的患癌几率预示着迫在眉睫的灾难。然而患癌几率的上升和人类平均寿命的迅速增长是相一致的。这是怎么回事呢？原来患癌几率的上升是因为人类寿命变长了。到了一定的年龄，人一定会得癌症的，因为细胞内的错误被复制得越来越多。很多时候，“死于癌症”在医学上就是“死于高龄”。整个患癌几率的上升只是因为人们活到了会得癌症的年龄。导致人们死亡的原因已不再是过去令大多数人死亡的原因。

我很想倡导不使用安全带，因为这会致癌。我相信能找到支持这一论点的数据。在过去的 30 年中，因为机动车的安全性增加了，加拿大机动车死亡率下降了近一半。结果，这些人当中有的就得了癌症，所以患癌（或者是糖尿病、心脏病或其他什么病）几率的增加只是个时间问题。那么，我说新

[1] 吉珀·维斯库斯：《香烟税和吸烟的社会后果》，载詹姆士·波特博编辑《税收政策和经济》（第 9 辑），剑桥：麻省理工学院出版社，第 51～101 页中的第 75 页。

[2] 康纳雷斯·瓦尔夫特：《早期死亡记录》，载《皇家历史协会的记录》（第 7 卷），1878 年，第 212～248 页中的第 230 页。

的安全带法律的出台和患癌几率的上升相一致又有什么可奇怪的?

我不是在挑环保主义者的错。有些癌症确实是环境污染导致的。就像其他 20 世纪 60 年代的农民一样，我叔叔在大量喷洒除草剂时甚至不戴手套，面具就更不戴了，这（再加上每天抽三包烟）无疑导致他后来死于肺癌。但是，把整个患癌几率的上升归罪于“化学产业”和其他有害环境的行为，就犯了一个基本的概念性错误。当然，这一谬误和“经济学”无关。只是由于经济学家们的专业素养，他们非常善于避免这一类的混淆。

本书的每一章都是基于某种混淆和这种混淆可能带来的谬误展开的。上半部分是关于“右翼分子喜欢的经济学谬误”——也就是一些保守分子经常兜售的论点，这些论点并没有多大意义，但他们喜欢这些论点可能推导出的结论。下半部分是关于“左翼分子喜欢的经济学谬误”。

对经济学最糟糕的误读是认为它只和钱有关。实际上，在过去的一个世纪中经济学家们得以脱颖而出，与其说是得益于他们的研究对象，不如说是由于研究方法。正是凭借这些建立社会互动模型的方法，他们得出了有益的深刻结论。这种方法在无关买卖的其他社会领域也是可以运用的。交通就是一个很好的例子，因为很多人似乎觉得驾驶使我们能理性地考虑效用最大化。我曾经打算写一本叫做《在车流中我学会了所有需要了解的东西》的书。这当然有点夸大，但是我确实学到了和“社会”有关的四个重要观点，这是应该经常记在心里的：

1. 人们并不愚蠢

我们很容易忘记地球上其他人和我们一样聪明。当你空坐着想点小计划、要点小阴谋时，请记住其他人也正忙着同样的事。他们可能计划得并不周详，但他们还是在计划，所以为了实施你的计划，你得把他们的计划考虑在内。经济学家称之为**战略**层面上的社会活动。

例如，想想在拥挤的车流中人们是怎么做的。你在自己的车道上一点点地向前移动，进展缓慢。这时，你旁边车道的车开始快速移动，曾在你后视镜中的卡车迅速地超过你，你会怎么做？当然是换车道，换到车流更畅通的车道上去。

这是一种很诱人的想法，但却忽略了一个事实，你不是路上唯一想快点回家的人。实际上，你前面后面的所有人都想早点回家。就像你一样，他们都注意到另一条车道较通畅。每个人都有换车道的动机，但如果你前面的人换了车道，你这条车道上的车流就会加快。所以你有两个选择：换车道，或等着你前面的人换车道。无论是哪一种选择，你的车速都会增加。（一般而言，人们可以预计所有车道的车速都是一样快的，理由同人们可以预计所有超市交款处排的队都是一样长的。）

因此，真正的问题并不是你是否想进入较快的车道，而是你愿意换几次车道。换车道是很危险的，其危险程度取决于你不想发生交通事故的程度。有位经济学家[1]发现了这一状况，并提出了如下建议：如果你开的是一辆破旧的车，那么就换车道；如果你开的是一辆崭新的梅塞迪斯，你最好是按兵不动，让你前面的人去冒出车祸的风险。

2. 保持均衡的重要性

由于经济学家们对社会互动的战略层面比较关注，所以与其他社会科学家相比，他们对单纯的行为模式或数据的相互关系不太感兴趣。经济学研究的中心议题是**均衡**——一种不易改变的结果。人们根据环境调整自身行为，所以不能只根据他们现在的行为来推断他们接下来的行动。必须弄清楚他们会如何应对变化（以及这一应对是否会导致更多的变化等）。

没有考虑到这些反应是一些国家政策失误的最重要原因之一。每当我

[1] 更确切地说是经济学家的儿子。见大卫·弗里德曼：《隐藏的持续》，纽约：哈珀柯林斯出版集团，1996年，第10～11页。

停在红灯前等待左转的时候就会想到这个问题。我几乎不再在黄灯时左转了，原来可不是这样。在我小时候，红绿灯的切换模式很简单。一个方向的红灯亮了，另一个方向的绿灯马上亮。因此闯红灯很不明智，因为你很有可能被另一个方向的车辆撞到。在这套模式中，黄灯就是黄灯。现在（至少在我居住的多伦多），模式却不同了。当一个方向的红灯亮了之后，另一个方向还会保持两秒钟的红灯，不会马上变成绿灯。

我可以想象这个计划是如何出台的。某个怀有善良动机的官僚，看到十字路口撞车事故的数据后，想到人们如果有一个冷静期来适应即将发生的重大变化会比较好。因此下令两个方向都必须保持红灯数秒，这样，所有人都会停下来。然而这一举措的效果并非如此。司机们知道红灯亮了他们还有两秒钟时间，于是就把黄灯当绿灯，把刚亮的红灯当黄灯。换句话说，均衡被打乱了。其结果就是闯红灯的数量急剧上升（当然就不可能在黄灯时左转了）。

由于没有预计到均衡中的变化，这一举措从交通安全的角度来说就没有任何益处了，而且可能使事情更糟。这都是因为该官僚没有认识到人们会根据政策变化调整自己的行为。这是所有领域的社会组织者们都会犯的一种令人难以置信的常见错误（有个有趣的术语可以描述这种情况：**参数思维**，或把社会环境看作是外因恒定的）。不论你怎么看待经济学家——喜欢或讨厌——他们都是最不可能犯这种错误的人。

3. 每件事都不是孤立的

如果你听经济学家们讲话，他们在回答问题时最常用到的一种说法是“这要看情况”。并不是他们闪烁其词，而是很多问题的答案确实取决于许多其他问题的答案，因为这个世界上的很多事情都取决于其他事情。对这一事实，经济学家们比很多人都更加警觉，因为市场经济就是一个相互依赖的庞大系统。

因此每当我们要考虑所发生事情的影响时，必须往回想得足够深入。

一个典型的错误是只考虑眼前的影响，不考虑这些影响会带来的其他影响。以“诱导交通”为例，如果你问一个交通规划者城市道路网络是否“有足够的容量”，答案将会是“这要看情况”。如果保持车流量不变，减少道路数量，那么道路系统容量就会降低。但是，减少道路数量是否**真的**会影响到道路容量取决于车流量是否保持不变。

1989 年的地震毁掉了旧金山内河码头的高速公路，当地居民决定不再重建。规划者们密切关注车流会走的其他线路，但是他们却发现车流消失了。与最初的预计相反，在河湾地区没有出现任何的拥堵纪录（1973 年，纽约的交通部准确评估了曼哈顿西区高速路坍塌后的状况，发现 93% 的车流消失了）[1]。

这些观察到的数据表明，任何时候的车流量都是均衡的一部分，取决于很多因素。拥堵是其中之一。对（无需通行费）的道路，人们使用时付出的是“时间”（就像人们排队买低价商品一样，如演唱会门票）。随着经过这些道路所需时间的增加，有更好选择的人们就不会再走这些路，他们会重新安排时间，一趟做几件事，使用公共交通，或者走其他的路（从长远来看，他们可能会选择住在离工作地点近、购物和交通较方便的地方）。这样，增加道路容量“吸引”了车流。降低道路的拥堵程度，实际上鼓励了人们开车，引导人们住在离工作地点更远的地方等，而这又会使道路变得和原来一样拥挤。

但如果在公共交通上砸很多钱又会怎样呢？这也不可能解决堵车的问题。如果因为公共交通方便，而且政府又发放补贴，于是更多人选择公共交通，那么道路就不会那么拥挤，从而降低了驾驶的“成本”。如果道路变得通畅，那么更多人会选择开车（或者原本驾车的人会开得更频繁）。只要道路是免费的，这个循环就无法打破。

---

[1] 安德鲁·杜安伊、伊丽莎白·普拉特·兹伊贝克、杰夫·斯佩克：《郊区国家》，纽约：北角出版社，2000 年，第 90 页。

4. 有些事情要累加起来进行思考

有一次我看到一个有趣的服装公司的广告，一群衣着时髦的抗议者挥动着牌子，要求进行一系列的社会改良，包括要求“更多的绿灯”。我认为这只是年轻人的理想主义。虽然我像其他人一样讨厌红灯，但毕竟我这个方向亮绿灯就意味着另一方向亮红灯。增加绿灯不仅在实践中不可能，在理论上都不可能。当然，这种**提议**仍然令人向往。

如果这种想法显得无情，那么应该注意到，很多人在经济中寻求与更多绿灯相同的东西。他们没有认识到事情要累加起来看。红绿灯的总量一定是相同的，因为某人的绿灯正**是**另一个人的红灯。做买卖也是如此。每当有人卖东西，必然有人买东西，因为要卖东西就必须卖**给**某个人。这似乎是个显而易见的道理，然而关于各种经济问题的热门评论中有很大一部分忽略了这一基本等值关系。

例如，人们可以花费超过其收入的钱（因此负债），而社会却不行。因为一个人在花费正**是**另一个人的收入。因此GDP——国民生产总值——可以按两种方式计算：一种是累加经济活动中商品和服务的总价值；一种是累加所有的收入。倡导年度不消费日（Buying Nothing Day）的积极分子们常常忘记这一事实。减少一天的消费量不会降低总消费额，同时减少一天的收入才能达到这个效果。[1]想要只通过少花钱来降低消费额在理论上是行不通的。

这种等值关系有时候是很令人迷惑的。例如，谈到缴税时，人们常常忘记——除了遗产外——他们会花掉自己所有的收入。“消费税”实际上就是一种个人所得税，只有储蓄部分是免税的。当然这种免税并不是真正的免税，只是一种延缓，毕竟除了遗产外，人们最终会花掉所有的积蓄。然而，当加拿大保守政府最近降低GST（加拿大的“增值”消费

---

[1] 约瑟夫·希斯、安德鲁·波特：《叛逆国度》，多伦多：哈珀柯林斯出版集团，2001年，第112页。

税）时，一些评论家，甚至是那些为高端报纸撰文的评论家们，都认为这只对那些想买像小轿车那样的大件商品的人有益，其他人如想获益得降低个人所得税。

这可能成为降低个人所得税的一个很好的论据，但其实并不是这样。无论你是花 10,000 美金买了一件大宗商品，还是花 10 美元买了上千件小东西，消费税都交得一样多。人们常常忘记这一点。几年前，我买了一辆新车，交了 8,000 美元的税。看着发票，我不禁惊叹："上帝啊！"实际上，这没什么好惊讶的。无论以何种方式，这笔钱都会缴给政府的。如果我没买这辆车，也会买其他杂七杂八的东西，而购买这些东西的税率和购买车的税率是一样的。所以，我们不应该对缴税大惊小怪，而应该像禅师般镇定。

我得说我并不是一个经济学家，这可能会使有的人好受一点，也使得我可以自由地对"经济学家们"的想法做出大胆的总结（我在哲学系工作，有时，人们称之为"空中楼阁式思考系"，而这正是哲学家与新古典主义经济学家的共同之处）。我希望读者对此少安毋躁，并且明白相关的限制和附加说明：并不是所有的经济学家都有相同想法，都支持自由市场经济。而且，我所批判的一些观点在 20 年前更为热门，以及业内常有激烈的辩论等等。

还需要提一下的是，我不仅不是经济学家，而且没受过专业的训练。本科时，我上过经济学 101 的一般课程，但毕竟只上过几次课。我不太喜欢授课老师。后来，当得知考试题是由与课本配套的软件编出的多项选择，我就再也没去上了。于是我的正规训练到此结束。从那以后，我一直在阅读相关书籍。另外，高中以后我就没上过数学课了，虽然学过微积分，但现在已经完全不记得了。

我提到这些不是为了削弱读者对书中论点的信心，而是为了说明要懂得经济学并没有什么难。当然经济学是很复杂的，但通过一般的智能训练，其中心观点是很容易被掌握的。这里面没有什么密码，人们也不需要获得经济学高级学位才能避开下文中将详细描述的种种陷阱。

我在本书中介绍的是一些基于简单模型的最基本的论点，旨在阐明任何受过教育的人都能避免的错误。当然，在每一个论点的后面都有很多的例外、附加说明和限制，以及各种表现不尽相同的更特别的模型。读者看完全书就会明白为什么我没有谈及所有这些东西，这也和本书的性质有关。每当有人做出错误的推论时，他都会想出更为复杂或迂回的推理过程，这“可能就是他脑子里想的东西”。然而，如果它看起来像只鸭子，会像鸭子一样游泳，像鸭子一样嘎嘎叫，它可能就是只鸭子。关于经济学，人们犯了很多错误，弄清这些错误对于任何想使世界更美好的人来说都是必经之路。

第一部分

右翼谬论

自由经济拥趸者们（包括臭名昭著的『芝加哥学派』和其他人）的错误信仰和荒谬推理被揭露、拆穿、修正。

[第一章]

资本主义是自发形成的

为什么市场实际上依赖于政府

人们经常抱怨在当代的政治辩论中缺乏“伟大的思想”。从某种意义上说，事实的确如此。20世纪政治的标志就是对一些基本议题的巨大分歧，并且各个派系都试图以激进的方式对整个社会进行完全的改良。20世纪20年代，优生学——对人类种群进行优选的理论——在政界甚嚣尘上。温斯顿·丘吉尔，该理论的热心支持者，曾以他那个年代特有的坦诚表示，该理论对遏制“低能而疯狂的人群以反常的高速度增长”[1]是必需的。

此后又出现了法西斯主义和“国际共产主义革命”，现在看来，两者都不可能达到目的。列宁在1918年时仍然充满信心地预言在共产主义制度下，“资本主义会幻灭”。他认为计划经济能轻而易举地取代市场经济，就是“观察、记录、发放收入”而已，“任何一个能读会写，懂基本四则混合运算的人都能处理”[2]。

20世纪50年代，人们似乎相信“科学”能够解决一切问题。在美国，很多妇女不再母乳喂养孩子，她们认为婴儿配方奶粉更好，**毕竟那是**

---

[1] 《你所不了解的丘吉尔》，载《卫报》2002年11月28日。

[2] 列宁：《国家与革命》，纽约：独立出版社，1971年，第83～84页。

科学家研制出来的。还要多久才能解决其他诸如犯罪、疾病之类的社会问题呢？肯尼迪曾预言，未来将会是技术专家治国而不是人民治国。他宣称“我们现在面临的大部分问题都是技术问题和行政问题”，最好由专家来处理。这一观点代表了很多人的心声。

技术专家治国的观念在很长一段时间内都极有市场，因而1960年丹尼尔·贝尔（Daniel Bell）出版了他那本不合时宜的《意识形态的终结》（*The End of Ideology*）。这本书墨迹未干，世界就乱了套。西方历史上思潮最活跃的时期之一到来了。60年代出现了反文化思潮，人类文明和意识完全改变了。性、毒品和摇滚不仅成为沉重生活之外的娱乐消遣，而且完全改变了家庭、经济、国家和地缘政治体系。

婴儿潮时期出生的人们可能没能真正实现这些转变，但必须承认他们做了一些学院派的尝试。举个小小的例子，70年代早期，美国成千上万的社区都开始进行集体育儿的工作，想通过共同抚养来回归小家庭的传统[1]（我的一个研究生时期的朋友年轻时曾参加了这样一个糟糕的机构，结果莫名其妙有了十来个“孩子”，其中有些偶尔还会来看他。而他其实只有一个亲生女儿）。

这些情况说明，为了改变社会，就在不久以前，人们确实拟定了很多伟大的计划。之所以说这些计划伟大是因为如果它们当中有些真的实现了，我们的社会将会彻底改变。可现在情况不同了。人们还是一样牢骚满腹，却提不出什么伟大的计划来改变这种状况。更确切地说，虽然还是有一些**显而易见的**糟糕的计划（例如伊斯兰神权政治），可任何一个心理健全的人都不会上他们的当。曾经，那些举止温和的中产阶级想要摧毁所有西方文明的支柱，并重建一个全新的体系。而现在，人们的精神气质却全然不同。

[1]　蒂姆斯·米勒：《60年代的社区》，锡拉丘兹：锡拉丘兹大学出版社，1999年，第18～20页。

现在，分歧主要存在于细节上。政治抗议仍然显得非常激进，可是如果你问他们到底想要什么，他们的提议通常都是很温和的。反对全球化的抗议者们可能仍在呼吁推翻资本主义，但实际上一条环保的附加条文或一个下次自由贸易协议仲裁机制的修订案就能平息他们的抗议。在法国，一些政治活动家甚至坚持要用**改变全球化**而不是**反全球化**来描述这一运动，他们强调不是反对全球化，而是希望全球化以一种稍稍不同的方式来进行。

激进分子都到哪里去了？电影《大企业》(*The Corporation*) 在叫嚣了两个多小时的现代企业对于权利和金钱“疯狂”的追逐后，并没有号召工人们去占有生产工具，也没有号召国家把大公司收归国有，而是歌颂了在加州阿克塔镇（人口为 16,651）爆发的“草根阶层的民主”，那儿的人们团结起来——您可要站稳了——把具有特许经营权的快餐店减少到了 9 家。

这使我们想起了过去一个关于费边式社会主义集会的笑话，抗议者反复叫嚷着“我们要什么？我们要的是逐步改善。什么时候能做到？到时候就能做到！”

从某种程度上来说，我们现在都是费边主义者。

人们以各种方式描述过这种状况。弗朗西斯·福山（Francis Fukuyama）称它为“历史的终结”，而尤尔根·哈贝马斯（Jürgen Habermas）则没这么乐观，他认为“乌托邦的能量都已经被耗尽了”。关键问题是自由民主已成为 20 世纪唯一可靠的政治组织形式。而与此同时，某种经过调整的资本主义也成为唯一可能的经济组织形式。因此，所有严肃的政治生活参与者们，甚至包括相当一部分不关心政治的人实际上都支持一些基于同样社会蓝图的规划。人人都支持——更准确地说，人人都假定有某种形式的资本主义福利国家。福利国家之于民众，就如同丈夫而非情人之于女人一样，是一个安全可靠令人满意的供给者。当然，它也常会带来抱怨。但是，众所周知，抱怨丈夫和离开丈夫是两回事，所以现在我只能说民众不会马上放弃福利国家的想法。

福利国家的成败使左翼和右翼都吞下了苦果——他们放弃了自己思想体系中的核心部分，而正是这个核心部分一度把他们区分开来。他们吞下了哪些苦果呢？简而言之，左翼被迫放弃了共产主义，而右翼被迫放弃了自由主义。共产主义是指经济完全由国家负责，自由主义则是指经济完全与国家无关。两种理念现在都已经完全不足信了。当然，由于宣传得更多的缘故，人们对于共产主义的崩溃了解得更多。但是，20 世纪的自由主义其实同样也已经土崩瓦解了。

人们只要市场不要政府就能过得很好的观点是以经济学家所谓的“成分谬误”为基础的。自由主义的一个基本假设是：如果人们共同享有某种特别的利益（例如稳定的财产权体系），他们将会自发地团结起来促进这一利益。资本主义经济体系会以一种弗雷德雷克·哈耶克（Friedrich Hayek）所说的“自发的秩序”[1]的形态呈现出来。然而这是错误的。所有个人利益之和并不等于集体利益。尽管有相同的目标，人们还是需要政府这只“有形的手”的介入，从而使每个人都真正朝着共同目标努力。这是一个出人意料的结论。然而，能够清晰地表述出这一结论正是 20 世纪社会科学最伟大的成就之一。

1905 年，自由主义者的立场得到了法律上明确的支持。在洛克纳诉纽约一案中，美国最高法院否决了一条州立法律，即面包房的工人每天工作不能超过 10 小时，或每周工作不能超过 60 小时。大多数人是这样想的：面包房的工人是成年人，“不是政府的监护对象”，他们有权做他们想做的事情。对雇员工作时间的限制是对他们个人权利的一种“无理多余并且野

[1] 弗雷德雷克·哈耶克：《法律、立法和自由：规则和秩序》，芝加哥：芝加哥大学出版社，1978 年，第 36～40 页。

蛮的干涉。既干涉了他们的人身自由，又干涉了他们为了养家而签署对他们来说适宜或必要的劳动合同的自由”[1]。的确，如果一个人可以打两份工的话，那他为什么就不能每天**一份**工干 16 个小时呢？

有的人可能认为这只是掩盖完全不顾他人死活的商业利益的烟幕弹，然而这大大低估了自由主义对人心智的吸引力。撇开政治思想和社会良心不说，洛克纳法院明显还是有些道理的。为什么法律承认的成年人不能签署他们认为对自己有利的合同呢？自由主义可不是什么悲天悯人的理论，它是非常精密的政治学说，经过了严谨的演化，基于一套虽然简单却令人在直觉上难以抗拒的观点。它也是个完全建立在谬误上的不可靠的想法。但是由于根子上的缺陷非常隐蔽，所以一代代非常聪明的人们都没有发现这些缺陷。

为了了解自由主义的魅力所在，我们必须考虑 19 世纪出现的两个非常有影响力的概念。第一，自然界是一个不断优化的体系，根据达尔文的自然选择理论，病弱的种群都被无情地淘汰了。第二，资本主义是一个不断优化的体系，市场规律将把懒惰、不负责任和效率低下的人驱逐出局。赫伯特·斯宾塞（Herbert Spencer）的“适者生存”把这两个概念的共同之处表达得最为确切，这一说法最初是用来描述市场经济中的相互关系的，后来又被引申用来描述自然界的进化动力学。[2]

的确，斯宾塞不是唯一一个注意到亚当·斯密（Adam Smith）的“无形的手”和查尔斯·达尔文的自然选择机制之相似之处的人。两者都代表着“自发的秩序”体系——在其中，某种结果**似乎**经过了精密的计划和设计，而实质上该结果只是某个“盲目”机制的产物。例如，如果我们观察

[1] 不巧的是，这种思维方式在整个 20 世纪都影响着人们对“权利”的辩论。例如，正是为了避免这种思维，那个“尽管”从句被加入到加拿大的权利宪章。这个“尽管”从本质上允许立法机关对一些特定立法行为不进行司法审查。它的加入正是由于当时萨斯喀彻温省社会主义政府的坚持。该政府的坚持是为了保证法庭不会反对一些社会主义法规。这稍有点讽刺意味，因为自此以后司法能动主义几乎成为保守派独有的烦恼之源。

[2] 赫伯特·斯宾塞：《生物学原理》（第 1 卷），纽约：阿普尔顿出版公司，1902 年，第 530 页。

一下不同种群鸟类的喙，我们会发现每一种喙似乎都是用来完成某种特殊任务的：啄种子、叼鱼、撕肉等。达尔文第一个提出了该机制，它不需要经过任何刻意的设计，就能达到选择的结果。

市场呈现出非常相似的结构。如果由它自行运转，价格的变化将保证劳动力和资源达到最佳的配置。如果出现了煤、锡、小麦或任何其他商品的短缺，它们的价格将被哄抬起来，抬高到只有最善于利用这些东西的人才能买得起的地步。某个在高空中观察到这一情况的外星人可能会认为是某个才智非凡的人正在有意进行分配，而事实上这只是每个人在适当的情况下追求自身利益的结果。现在，锡罐头不再是锡做的，镍币也不再是镍做的。这并不是因为某个人坐在那里决定这些金属在其他领域会有更大的作用，而是因为它们的价格被抬得太高，以至于改变锡罐头和镍币的原材料将更经济。

中世纪基督教徒的世界观认为，宇宙中所有的秩序都是某种潜在的神的意志的产物。岩石、植物、动物乃至人类的存在都应该从它们寻求的益处出发考虑，因为这种益处代表了这种生灵在神定的秩序中所处的位置。为这些益处而努力正是自然界中所有充满生机的活动的“终极目标”。而人类则是以“自然法则”的形式自觉地追求这些益处的。国家是这种追求的最高呈现形式，人类正是通过这样一个代言人把自然法则的指令明确地表达了出来。

科学革命的最大成就在于它证明了“规律”与神的意志无关。牛顿力学显示天体的秩序（行星轨道的规律性，它们在同一平面排成直线）与上帝无关。达尔文则表明，对于生物来说，一个完全“盲目”的机制，如自然选择，就可以达到适应和“设计”的目的。我们没有必要认为生物在追求某种益处或寻求什么更高级的神的意志，当它们仅仅是在为生存而努力的时候，自然选择就会起作用。

亚当·斯密认为一个完全“盲目”的机制可以帮助形成社会秩序。无需政府有意调控，市场机制就能进行最佳的配置。而且，就个人而言，也不必认为他们是为了寻求某种益处或追求某种更高级的神的意志。这样看来，“自然法则”变得无关紧要。人们只需追求个人利益就能达成斯宾塞所描述的“朝着更高水平的技能、智能、自我调节能力——更好的协调行动——更圆满的生命持续进步”[1]的目的。

这样，20世纪自由主义的发展实际上是达尔文的进化论应用于人类社会的结果。亚里士多德认为，要形成自然秩序或社会秩序，“益处”是必需的；而事实证明两者都不需要它。自由派认为，代替国家和自然法则的正是一系列自然权利，这些权利中最为著名的是生命权、自由权和财产权。

基于这个出发点，发展出两种派别的自由主义。一派认为，自身利益本身就可以促使人们不仅维护自己的权利，而且尊重他人的权利。[2]根本无需政府，市场经济完全可以在所谓自然的状态下产生。另一派则认为，政府还是有存在的必要的，它可以阻止人们妨碍他人的权利，当然这也是它唯一的职责。这一派的自由主义者认同一个影响力很小的政府，就像罗伯特·诺齐克（Robert Nozick）提到的“守夜人”政府——这个政府不能有任何积极的行动，它存在的唯一目的是保证个人的权力不受侵犯。

多年以来，自由主义者尝试了各种策略想证明这种秩序完全可以通过权力下放、追求自身利益来实现，可惜他们从未成功过。

自由主义理论的致命弱点在哪里呢？我们可以看看达尔文的观点“适

[1] 斯宾塞：《生物学原理》（第2卷），第528页。他详细阐释了如果内部的生存斗争“没有刺激物种的进化——即产生更复杂的心理活动——那么这些“家庭和种族”正快速走向灭绝，它们最终必将被那些因压力刺激而进化的物种取代，最近爱尔兰发生的事情就是一个很好的例子。”他指的是爱尔兰土豆大饥荒，该饥荒导致大约100万爱尔兰人死亡，还有100万人流亡海外(其中包括我的亲曾祖父母)。能在人类的灾难痛苦面前保持沉静成为维多利亚式的道德情感的标志之一。

[2] 约翰·洛克：《政府论》，麦克弗森编辑，印第安纳波利斯：哈克特出版公司，1980年，第9、32页。

者生存”中的问题。有时候生存竞争确实能达到增加适应性的目的——看得更清楚的眼睛、跑得更快的四肢、更利于咀嚼的牙齿——可是有时结果却是适应不良。这取决于竞争是怎样安排的，胜利者的“竞争优势”是怎样获得的。

从这个角度来看，“适应性”的概念隐藏着一个重要的歧义。抽象地说，这个概念很简单。如果 x 的“适应性”比 y 强，那么 x 比 y 更善于繁殖——但是，这一概念并没有告诉我们，这种适应性是如何得到的。生物适应性的一方面体现在它们在环境中的生存能力和它们与其他种群竞争获得栖息地的能力。这就是“良好的”适应性。反刍动物的消化系统、长颈鹿的长脖子、鸟类中空的骨骼等就属于这一类。

适应性的另一方面则牵涉生物在自己种群内部竞争资源和繁殖机会的能力。这一类中则有大量适应“不良”的例子。例如“新配偶的杀婴”行为：雄性会在与新的雌性伴侣交配前杀掉她所有的孩子。在动物种群中这是很常见的。这种天性也是一种适应性，理由很简单，这样雄性就不用花费时间和精力去养育与其没有血缘关系的孩子了，而这些孩子也不可能有和它一样的天性。然而，我们认为这是适应“不良”。

这种种群内部竞争的最大问题在于它会导致整个种群的环境适应性减弱。达尔文自己曾提出孔雀尾巴这一典型例子。由于某种原因，雌孔雀更喜欢有着五彩斑斓长尾巴的雄孔雀[1]。但是这种尾巴会妨碍飞行，并且需要消耗更多的能量（这可能就是雌孔雀没有这种尾巴的原因），所以一只拥有长而夺目尾羽的雄孔雀要活到成年比一般的雄孔雀更为困难。但是一旦它成年，繁殖的机会就很多。所以这种特征从进化的角度来说，可能还算是成功的。

可一旦这种特征被认为是成功的，那么它在种群中就会普遍起来。结果所有具有这一特征的雄孔雀都失去了区别性繁殖优势（因为现在所有雄孔

[1] 人们想当然地认为五彩斑斓的尾巴是雄孔雀更为健康的标志。马里恩·皮特里：《尾羽更鲜艳的孔雀的后代的生长和存活有所进步》，载《自然》第 371 期(1994 年 10 月 13 日)，第 598～599 页。

雀都有长尾羽），尽管他们还必须为这一优势付出代价（长出长尾羽）。换言之，单个生物的优势已经没有了，而整个物种的劣势却保留了下来，最终结果就是适应不良。具有这种特征的个体得以生存下去的原因就在于这种特征使它们在走下坡路的同时，能够把种群内部的所有其他同类都拉下水。

孔雀尾巴是经济学家称之为“恶性竞争”的行为在生物学中的一个范例。图 1.1 显示了两只雄孔雀竞争的结果，它们后代的数目和它们尾巴的相对长度呈函数关系。矩阵中的每个方格显示的是能活到成年的后代的数目（括号中第一个数字是一号孔雀的后代数目，第二个是二号孔雀的）。短尾巴有生存优势，两只短尾巴孔雀各自的孩子中平均有五个能活到成年。长尾巴减弱了生存机会，两只长尾巴孔雀各自都只有三个孩子可以活到成年。但是长尾巴孔雀有一个优势：如果两只孔雀的尾巴一样长，雌孔雀会平等地对待它们（因此它们各自有一窝后代）；可是一旦其中一只的尾巴比另一只长，它就能独占雌孔雀的注意力，它就有可能生出两窝后代（而另一只则失去了繁殖的机会）。

		雄孔雀2	
		短尾	长尾
雄孔雀1	短尾	(5,5)	(0,6)
	长尾	(6,0)	(3,3)

图1.1　孔雀的尾巴

两只孔雀都是短尾巴的情况是不稳定的。一旦其中一只由于变异的缘故，尾巴变得更长，它将获得极大的繁殖优势，而这一特征将会传遍整个种群。这是一种集体的弄巧成拙。几代以后，所有雄孔雀都有长尾巴了，结果会变得很糟糕（平均每窝五只的存活率降为三只）。如果一个新的变异使尾巴变得更长，那么同样由于选择的压力，这种新的变异会受到青睐。这种循环会持续下去直到这个种群濒临灭绝。（大家只要想想一些“巨型动物”如爱尔兰麋鹿的命运就会明白，最大的麋鹿的角之间的跨度有 13 英尺，这是非常可笑而且毫无用处的。）

进化不等于优化。事实上，生物界是一个接一个大型恶性竞争的产物。树木也是如此。为什么非长 50 英尺高不可？这需要极大的能量支持，因为水和营养成分都必须艰难地从地上输送到顶端的树叶。答案当然是树木需要阳光。但是**只要没有遮挡**，地面附近也有阳光。这就是问题所在了。如果所有其他树木都长 3 英尺高，那么长到 4 英尺高的那棵树就有竞争优势了——比起它的邻居，它将享受更多的光照。那么这个 4 英尺的变体逐渐就会占统治地位。但如果所有的树都长到 4 英尺高，那么 5 英尺高的树又有竞争优势了。事情就会这样发展下去。

重点在于这种竞争对于全体树木的适应性是没有益处的。最终它们会到达生理极限，再长高它们就会变得脆弱，而且营养供给会变得非常困难。而它们现在获得的阳光也并不比当它们还是小灌木时获得的多。运动、意识甚至是社会智能的发展也是如此。如果自然选择是一个最优化的过程，地球上的生命将是一层光滑的整齐划一的菌类。我们周围的丰富多彩的物种完全是失败的自然选择的产物，这种自然选择就是为了支持从种群内部来说的“最优”。

然而，尽管有很多反面的例子，人们对于进化的看法还是受到成分谬误的误导：由于某种特质增加了拥有这种特质的个体的适应性，它必然会增加由这些个体构成的团体（即物种）的适应性。事实上，“对个体有益的”特质不一定“对整个物种有益”。不能依靠个体来判断怎样做才对团体更有益。

尽管达尔文自己特别注意这些不尽如人意的例子，但一代代的进化生物学家，以及一些大众评论员都坚持认为自然选择是一个最优化的过程（自然选择总是增加了物种的适应性，它总是使生物进化得更适应环境）。得出这一结论需要完全忽略一个事实：自然界的很多竞争都有集体自我毁灭的特征。特别是在种群内部的竞争中，一些最初使个体繁殖成功率最大化的行为被普遍采用后降低了单个个体繁殖的成功率。谈到物种灭绝，人们倾向于寻找一些外部理由，如由于某个小行星的坠落等，其实也应该从内部找一下原因。

进化体系中的问题同样存在于社会关系中。那股使得进化走向集体自我毁灭结果的力量同样也使得人类的许多努力失败。我们也总是抱怨一些外部因素，而忽略这一事实：很多时候，人们自己，无论是个人还是集体，是他们不幸的始作俑者。

以市场经济为例。为了论证的方便，假定我们同意斯密的主张，即结构合理的资本主义经济能把个人对自身利益的追求转化成对所有人更有利的结果。因为所有的交易都是自愿的，因此只有当各方都认为他们买到的比他们卖出的更有价值，交易才会达成。这样每个人都能够致力于自身的利益。只要每个人都遵守游戏规则，就无需担心他人的交易是否划算。人人都接受这个交易就证明人人都划算。

可是这些规则从何而来呢？市场经济要运行顺畅，人们必须戒除形形色色的卑鄙行为：盗窃、拖欠款项、美化商品、强迫他人等。当然，遵守这些规则是为了自身的**利益**，可是这并不意味着人们会这样做。图 1.2 显示了两个捕猎者面临的选择，他们要决定下午是设置陷阱还是去对方领地里偷猎。如果他们都尽力去设置陷阱，那么猎物数量会翻一倍。如果他们中的一个人去设置陷阱，而另一个人去偷猎，那么偷猎者的猎物数量就会翻两倍，而设陷阱者则会一无所获。而现在设置陷阱者也别无选择，只得去偷猎，结果两个人的猎物都变少了。

捕猎者 1 \ 捕猎者 2	设陷阱	偷猎
设陷阱	(2,2)	(0,3)
偷猎	(3,0)	(1,1)

图1.2　自然的状态

这种情况通常被称作**囚徒的两难境地**。这是警察让嫌犯相互作出不利于对方证词的一种策略。他们告诉嫌犯从犯将被宣告无罪，劝嫌犯指控对方为主犯。这时，如果两个人都指控对方，那么两人都会坐更长时间的牢。这样两个嫌犯就面临着一个**共同行动的问题**：尽管如果两人都不指证对方，结果会好一些，但两人都不愿意保持沉默。于是两人就一起走向最糟糕的结果。

有些人也称之为**免费乘客问题**。两个捕猎者都想从对方的行动中得到好处，自己却不想做贡献。两人都这样的话就没有人做贡献了（注意，免费乘客的“问题”不在于某个人成功地占有了其他人创造的利益，而在于大家都忙着占便宜，根本没有人去创造利益）。因此，这种个人利益之争，完全不像斯宾塞所说的产生了“更好的协调行动”，而是造成了对所有人都更糟糕的结果。

要使市场经济运行正常，三个基本合作机制必须到位。如大卫·休谟

(David Hume）所说，必须有“私有财产的稳定性”、“经过许可转让”以及“履行承诺”——也即财产、交易和契约[1]。然而，免费乘客问题损坏了这三个机制。如果能从邻居那里偷，为什么还要自己种？如果收到快递可以毁约，为什么还要付钱？如果可以要更高的价，为什么还要以原来承诺的价格提供服务？

当然，买卖双方都可以承诺他们不会做这种事。但是只要个人利益是商业行为的唯一目的，那么这种承诺就缺乏可信度。一旦其中一人有机会毁约，那么在个人利益的驱使下，他会毫不犹豫地这样做。

自由派曾经轻率地认为尽管承诺不可信，人们仍会尊重他人的财产，仍会遵守契约，因为他们害怕报复。这一论点实际上是用威胁来解释为什么人们会尊重他人权利。但是他们忘记了，如果自身利益是唯一动机的话，那么威胁也不可信，正如承诺不可信一样。[2] 严苛的惩罚代价也是很高的（至少是要冒风险的）。当我对某人说“你不这样做我就打死你”时，这句话的隐藏含义其实是我**不想**打死你。（如果我想这样做，那么出于对自身利益的追求，我无论如何都会这样做，不管你是否达到我的要求。）如果被我威胁的这个人说：“来吧，打死我！”我的虚张声势立刻就被拆穿了，威胁失败，打死他也就没有用了。我可能会打死他来维护我的名声，证明我是个不好惹的人（我也可能会执行承诺来证明我是个值得信任的人），但是用这个来维护个人权利实在是太软弱无力了。如果我做某件事只是为了名声，那么名声效应一旦消失，我就不会这么做了。结果，名声就没什么用了：人们会忽略它，因为他们知道过去的行为不能预测未来的

---

[1] 大卫·休谟：《人性论》（第 2 版），尼蒂奇编辑，牛津：克拉伦登出版社，1978 年，第 526 页。

[2] 出自于托马斯·谢林：《冲突的战略》，剑桥：哈佛大学出版社，1960 年，第 123 ～ 137 页。

行为。[1]

当然，现实并非如此。在现实生活中，承诺也好，威胁也好，人们总会作出可信的保证。以上的说法只是表明在以个人利益为唯一动机的虚拟世界里，市场经济的基础根本不存在。我们需要一些与个人利益无关的行为使基本的权利机制运行起来。人们要承诺尊重他人的权利。以惩罚威胁来解释人们遵守承诺其实是一种循环论证，因为可信的威胁就是一种承诺。

然而，一旦威胁失去可信度，那么“纯粹”的自由主义社会就会崩溃。从 17 世纪的约翰·洛克（John Locke）到 20 世纪的罗伯特·诺齐克，自由派都把个人强制作为维护个人权利的前沿机制。他们没有认识到威胁就和人间真情一样，两者都可以解决许多社会问题，但两者都不是单纯追求个人利益的产物。所以人类社会中没有“天然的秩序”，那只隐形的市场之手只能解决部分问题，我们需要某种有意识的引导来使这只隐形之手起作用。

我们需要国家，市场不能解决所有问题。而且市场不能自发地产生：它是被创造出来的，它的一些基本规则需要通过国家强制执行。[2] 人们尝试过用各种方法打破这种循环论证，但无论如何结论总是一样的：不能仅仅通过追求个人利益来创造市场经济。人们需要的是一个诚实的强制机构来实施休谟的三个“基本原则”：保护私有财产、保证自由交易和契约的执行。这是个人利益所不能提供的。这个强制机构必须是中立的，它不能

[1] 讨论见朱·福登伯格、让·泰勒尔：《博弈论》，剑桥：麻省理工学院出版社，1991 年，第 367～395 页。

[2] 这一观点有一个更严格的版本，见沃尔特·舒尔茨：《经济效率的道德条件》，剑桥：剑桥大学出版社，2001 年，特别是第四章。另见阿维纳什·迪克西特：《无政府状态和经济学》，普林斯顿：普林斯顿大学出版社，2004 年，第 1～20 页。

只服务于出价高的人。要使这个机构的威胁可信，人们必须尊重法律。

这是自由派作出的第一个大的让步，但同时他们又满意地看到这是用经济手段进行分析得出的结果。因此“纯粹”的自由主义几乎已经绝迹了。温和的自由派，如诺齐克，能够接受强制机构，但他们认为政府应该“最小化”，只给市场创造出一些体制上的先决条件，除此之外再没有其他的干涉行为（这种自由派的政府最小化的理论与现代保守派的理念不谋而合，即认为政府的用途仅在于惩罚罪犯、国防建设和强制合同执行）。然而不幸的是，对于自由主义来说，一旦认可了最小化政府的必要性，就开始走上了一条不归路。

由于惩罚罪犯是有成本的，那么这个强制执行机构就需要资金。但资金不能依赖于自发的承包或募捐，因为这种体制很容易遭遇免费乘客问题。即使人人都受益于警察对私有财产的保护，对合约的强制执行，但是人们还是希望别人来为之买单。因为知道自己是否捐助对建成或者毁掉警察机构或司法系统作用甚小，很多人都不会心甘情愿地为这些服务出钱。[1]这样，政府别无选择，只好通过征税来获得必要的资金。

众所周知，缴税是强制性的，是妨碍个人自由的。然而自由派不得不承认，至少从某种程度上来说，征税不仅是必要的，而且是可取的。（其目的是奠定自由市场经济的基础。）怎样解释这种对个人自由的牺牲呢？原来这种强制之所以合理是因为它可以解决一个共同行动的问题。所以征税并没有否定一般意义上的自由，而是限制了免费乘客的自由，而免费乘车的自由本来就是不合理的。

必须注意的是，即使是构建最基本的财产和贸易保护体制，所需征收的税额都是一笔不小的数目。任何曾经买过土地或者是经历过土地所有权认证等繁琐程序的人都了解，一丝不苟的公共记录对于所有权的认定是非常必要的。的确，之所以说 90% 的法律都与财产有关，正是因为完整可靠

[1] 威廉·鲍莫尔：《福利经济及国家理论》，剑桥：哈佛大学出版社，1952 年，第 92 页。

的记录所有权的费用是非常高的。在《权利的代价：为什么自由必须依赖于税收》（*The Cost of Rights: Why Liberty Depends on Taxes*）一书中，史蒂芬·霍尔姆斯（Stephen Holmes）和凯斯·桑斯坦（Cass Sunstein）估计美国联邦政府1997年花费在财产记录管理上的费用高达2.03亿美元。[1]这还只是记录而已。保护和强制实施这些权利花了65亿多美元，这还不包括联邦司法系统的花费（超过50亿），更不包括全国"警察维护治安"和"罪犯改造"的费用（1992年这项费用达730亿）。[2]

我们对这种由政府提供，由税收支付的服务有一种特殊的称谓：**社会工程**（它们也被称为**公共商品**，虽然这种说法不太严密——后文会有更多介绍）。自由派或保守派想象中的最小化政府的基本问题非常明显：它没有原则性基础，有的只是一些社会工程。而这些社会工程只是一些有着个人偏好或厌憎的人碰巧关注的问题。一旦自由派做出关键性让步——认可政府通过征税来提供商品和服务，以满足共同行动的需要——他们就很难解释为什么不能通过其他社会工程来解决其他共同行动的问题。

据我们所知，保守派支持政府在"法律和秩序"、国防、公路或者一些其他项目上的支出。为什么仅仅是这些项目呢？为什么不能包括公共住房、公共教育、公共医疗、国家养老金计划、失业保险、环境法规等呢？建设这些社会工程的理论依据在于国家供给对解决共同行动问题是必要的。从这个角度出发，这些社会工程与军事和刑事司法体系没有区别。当然，这些理论依据在细节上是有争议的。问题在于，现在自由派不得不对这些社会工程的理论依据进行具体分析。泛泛地谴责政府"干涉"市场或个人自由已经行不通了。政府行动的范围和适当的征税额度不能由政治理念决定，而应该由一些实际问题的答案决定。这些问题包括共同行动问题的发生频率和严重程度以及政府是否能有效解决这些问题。

---

[1] 史蒂芬·霍尔姆斯、凯斯·桑斯坦：《权利的代价：为什么自由必须依赖于税收》，纽约：诺顿出版社，1999年，第65页。

[2] 同上书，第64页。

现代自由派只有在不坚持休谟的三个基本原则的情况下才有可能创建有最小化政府的市场经济，因为事实证明这三个基本原则完全不适合做充满活力的市场经济体制的基础。财产权和合同法构成了19世纪资本主义最根本的基础，但19世纪资本主义体制的运作并不成功。那时的资本主义还不是我们现在所熟知的运转流畅的财富制造机器。例如，1870年到1900年之间，美国经济经历了八个完整的经济周期，其中经济衰退和经济增长的时间几乎是一样长的。除了无数的银行挤兑之外，还有五次全面的银行危机（存款者对银行系统完全失去信心，所以想把存在**所有**银行的**所有**存款都在同一时间取出来）。[1]

因此，立法机关在19世纪至20世纪一直在极力调整资本主义制度。例如，成立于1914年的联邦储备系统和其后成立于1933年的联邦存款保险公司从根本上消除了银行挤兑现象。（事实上，银行挤兑已经成为一个陌生的概念，所以很多人对《欢乐满人间》（*Mary Poppins*）的剧情以及《生活多美好》（*It's a Wonderful Life*）的结尾感到难以理解。）而存款保险是政府社会工程的一个鲜明的例子。银行吸纳了存款之后并不是把它们锁在金库里——银行把钱又借了出去。这意味着如果所有存款者在同一时间取钱不仅会使银行倒闭，而且从存款者的角度来说，也是一种集体自杀行为。因为如果同时“召回”所有贷款就不能使这些钱恢复其全部价值。这迫在眉睫的危机并没有吓住存款者，大家反而都向下竞争，**首先**都急着把钱取出来。这也引发了一种一触即发的心态，即只要对银行的偿还能力有一丝的怀疑，大家就抢着去提款。在这种情况下，即使是毫无根据的谣言也能导致金融体系的崩溃。

为了避免这种由于不信任而导致的崩溃，银行尽可能地使自己显得坚如磐石，所以早期的银行都是带有古典巨柱和大理石门厅的庞然大物。这

[1] 戈利·高登：《银行恐慌和经济周期》，载《牛津经济论文集》第40卷(1988)，第751～781页。

些建筑要传达给存款者的信息是“我们一直在这里”。政府保险使得银行不必再如此招摇，因为政府保险能保证无论银行出什么事，存款者都能拿回自己的钱。这种保证消除了银行挤兑现象下隐藏的共同行动问题，也就消除了银行挤兑问题。政府保险的最大受益者并不是存款者个人（他们几乎从不在银行倒闭后要求赔偿），而是银行。他们可以放心地经营而无需担心这类风险。[1] 他们也不必在银行建筑上花太多钱。事实是，二战以后，银行建筑变得纤巧得多。

这只是其中的一个例子。政府为使资本主义经济顺利进行或者使投资者少操心所提供的服务是令人瞩目的。例如，直到最近，人们才清楚地意识到所谓“白领犯罪”是应该受到刑事诉讼的。即使在 18 世纪晚期，如果你向警察求助：“帮帮忙，我的会计骗了我的钱。”你得到的回答也只是：“真遗憾，你得换个会计了。”商人如果被骗了钱可以找政府还是最近才有的观点。（欺诈，当时也被称作“单纯的私人欺骗”，直到 1757 年才首次在英国被定罪。[2]）而在美国，洛克纳时代的最高法院直到 20 世纪还强烈反对将各种欺诈行为定罪。他们认为，市场交易中不仅要遵循“买方注意”的原则，还要遵循“雇主注意”“贷方注意”及“供方注意”的原则。如果一个人对自己的交易不够警惕，那是他的问题，不是社会的问题。这可以通过民事诉讼来解决，但是政府就犯不着管这事了。

当然如果商人蒙受了经济损失，他们**可以**去找政府（就像 2008 年次贷危机中他们向政府求助一样）。政府花费巨资从根本上保护了商业交易的完整性。以降低私人交易成本为目的的白领犯罪，如欺诈、挪用、行贿和伪造，其实是社会工程需要处理的问题，并且是一个非常重要的问题。如果这些罪行不被起诉的话，那么大范围的投资就不可能实现，甚至连最基本的交易都无法实施。

---

[1] 因此 2008 年 8 月一家正规银行抢购印地麦克银行就很令人吃惊了。发生这样的事可能是因为该银行 190 亿美元存款中有 10 亿是没有保障的。

[2] 吉尔伯特·盖斯：《白领罪犯》，纽约：阿瑟顿出版社，1968 年，第 10 页。

同时，一些旧的白领犯罪形式已经被合法化了。过去拖欠债务的人会坐牢。但是很多商人觉得这条法律很麻烦，于是他们就游说众人接受一个方案来避免这个结果。这个方案现在被称作“破产保护”。这其实是一种由债权人承担的社会保险，这笔保护债务人的费用是通过略微提高借贷者的利息来支付的。[1] 有限责任也是这样确定的。过去公司的任何投资人，无论股份多少，都必须对公司日益增长的全部债务负法律责任。这不利于投资者通过分散投资降低风险，而且哪怕是买某个公司的一股都有可能导致投资者失去全部财产。19 世纪，各司法管辖区的立法机构逐渐通过了有限责任规则，保证股东们最多失去他们投进去的钱。这种社会保险的费用也是通过略微提高贷款利率支付的。

我们必须注意到，无论是破产法还是有限责任都牵涉到债务免除，而这直接违反了一些重要的传统原则。它们妨害了财产权，削弱了合同义务，减轻了个人责任，让“社会”来为个人短视的愚蠢行为买单。那么这些政策有什么好处呢？它们有助于稳定资本主义制度，减少输出波动。它们是促进投资和加快经济增长的主要力量。它们也得到了工商阶层的一致支持。从 1898 年以来，公司破产保护成为美国经济的长期特色。没有类似条款，所有现代经济都无法进行。[2] 如果没有有限责任原则，很难想象即使是简单如共有基金这样的经济行为该如何进行。[3]

---

[1] 戴维·莫斯：《当市场失灵时，政府是公共风险的最终管理者》，剑桥：哈佛大学出版社，1992 年，第 125 页。

[2] 在此之前，美国政府曾经通过了一些破产法，但经济危机一过就把它们废除了（1800、1841、1867）。

[3] 关于有限责任，见弗兰克·伊斯特布鲁克、丹尼尔·费舍：《公司法的经济结构》，剑桥：哈佛大学出版社，1991 年，第 41～44 页。**侵权行为**中的有限责任是一个单独的问题，与债务中的有限责任有所不同——当然关于它的争议更多。见莱纳·克拉克曼、保罗·戴维斯、亨利·汉斯曼、杰拉德·赫蒂格、克劳斯·霍普特、神田秀树、爱德华·洛克：《公司法剖析》，纽约：牛津大学出版社，2005 年，第 76 ～77 页。

广而言之，这些方案的共同之处在于它们以社会保险的形式保护了有钱投资的人。它们都违背了“贷方注意”的原则，以政府创建和政府资助的形式帮助贷方。我们可以把这些看作是资本家的社会工程。当然，我们也很少听到资本家们对这种政府“干涉”的抱怨。贷方和投资方反对的并不是社会保险，也不是社会保险的原则，而是针对**其他**人的社会保险——尤其是工人和消费者（更准确地说，是有益于工人和消费者的社会保险，而不是有益于投资者的保险）。

结果，坚持“有限政府”和“自由放任”的资本主义与其说是对于个人自由的有原则的保护，不如说是保障投资者（为方便起见，我们也称之为“有钱人”）的利益，保障他们任意享有特权。右翼人士呼吁“更小的政府”其实是在要求“保留那些对有钱人有益的方案——其他的一律清除”。这种政治哲学是不合格的。特权人士讲出这样的话，实际上只是在巧妙地说“我要更多免费的东西，而你只能少要一点”。

资本主义不是一种自发的秩序，但是成分谬误使人们不禁认为它是自发的。拥有一个保护财产权和有序商品交换的体系是对大家都有好处的，难道大家不会自发地这样做吗？谁需要政府呢？然而事实证明，政府的干预确实有必要。没有政府干预，市场经济的最基本条件都得不到保证。两个男孩在校园交换弹珠可能形成一种自发的秩序，但是资本主义经济体系是一种高度人为的构建，是以一套复杂的社会工程为基础的。几个世纪以来，这些社会工程经过了多次改良和调整。

[第二章]

刺激能起很大作用

……除了不起作用的时候

人们都认为经济学家们坚信所有人类行为都是由自身利益驱动的。遗憾的是，事实并非如此。经济学家们真正认定的其实是人类行为的**无原则性**。无原则性和由利益驱动两者当然并不相同。他们经常说行为是由刺激掌控的，也就是行为是无原则性的。“经济学的大部分内容可以总结为四个词”，“扶手椅上的经济学家”史蒂文·兰兹伯格（Steven Landsberg）如是说：“‘人们对刺激做出反应’，其余的就只是评论了。”[1] 这成为谬误的温床。通常，开始时经济学家们对**刺激**一词的定义是很广泛的，啥都可能被当成刺激。可是当他们试图解释某些特定行为时，就改变主意了，把“刺激”的概念限定为**外部**的情境因素（多数情况下指金钱）。结果，他们忽略了人们作决定过程中一些相当重要的因素所起的作用，例如原则的作用。

为了说明无原则性和由利益驱动的不同，不妨思考一下哲学难题“电车问题”。[2] 第一种情况是这样一种假设：你站在铁轨旁，看到一辆失控

[1] 史蒂文·兰兹伯格：《扶手椅上的经济学家》，纽约：自由出版社，1993 年，第 3 页。

[2] 菲利帕·福特：“堕胎的问题和双效学说”，《道德哲学中的善恶与他者》，牛津：布莱克维尔出版公司，1978 年。另一个著名的版本见茱蒂斯·贾维斯·汤普逊：《电车问题》，载《耶鲁法律杂志》94（1985），第 1395 ~ 1415 页。也见弗兰西斯·凯姆：《错综复杂的伦理学》，牛津：牛津大学出版社，2006 年。

的电车冲向一个站着五个等车人的站台。如果这车不停下来，那五个人都会被撞死。幸运的是你旁边有一个转辙器，可以把车转到侧边的一条轨道上。但问题是侧边的轨道上有一个维修工人正在维修，如果把车转过去，那个工人就会被撞死。你会把转辙器拨过去吗？多数人都说会的，毕竟死一个人比死五个人损失小得多。

第二种情况是，没有转辙器，但是你站在那个维修工人旁边。他很胖（比你胖得多）。所以如果你把他推向电车，他的身体会卡在车轮下，从而使车停下来，也就不会撞到那五个人了。（你也可以自己跳向电车，但你不够壮，不能使车停下来。）你会推他吗？多数人都说不会。即使一个人死比五个人死好，也没人愿意把一个陌生人推向铁轨。

这两种反应的区别说明：道德并不仅仅和结果相关，也和导致结果的手段相关。尽管两种手段达到的结果相同——牺牲维修工人，站台上的五个人得救，但大部分人都认为，不是只要能达到这一目的就怎么做都行的。我们必须尊重某些原则。这些原则举足轻重，无论它们会导致怎样的后果。

然而，有些人认为这种选择是不理性的。为什么我们愿意把车导向人而不是把人推向车呢？既然两种行为的结果相同，为什么从道德的角度来说，我们对它们的认知不同呢？总之，电车问题暴露了我们日常道德（和法律）思维中的非理性因素。

那些认为在两种情况下维修工人都得死的人是后果论者，因为他们认为应严格按照行为的后果来对行为进行评估。由于后果论与许多我们坚信的道德观念（例如，无论发生什么，人们的某些权利必须得到尊重）相左，所以它只是少数人的观点。然而，在人类思想史上发生一系列偶然事件之后，后果论成为了经济学家的基本方法论前提。[1] 但是，电车问题清

[1] 对这段历史的讨论见约瑟夫·希斯：《遵守规则：实用推理和道德约束》，纽约：牛津大学出版社，2008 年，第 71～85 页。

楚地告诉我们，仅仅关注结果和从自身利益出发并不是一回事。把肥胖的维修工人推到铁轨上去是狠心的，但也是利他的，因为其目的是为了救站台上的五个人。这一行为是利他且无原则性的。

更笼统地说，后果论认为如果你想弄明白人们最有可能做什么，你应该关注将来而不是过去。你应该考虑他们的决定带来的得失，而不是他们过去可能承诺或决定过什么。换言之，你应该看到他们面对的刺激。

有趣的是，支持这一学说的哲学家们把它当作在理想世界中人们**应该**如何做的理论；而经济学家们则把它当作在现实世界中人们**实际**上怎么做的理论。由于人们实际上不是以这种狭隘的方式思维的，所以这种方法至少在以实验检验的研究中是令人失望的。

当然有很多方法可以规避后果论所带来的不可避免的实验困难。例如，兰兹伯格只是说人们对刺激做出反应；但他并没有说人们**只**对刺激做出反应。前者没什么错处，因为如果人们不对刺激作出反应，刺激就不能算是刺激了。想要得到一次免费修脚机会是我妻子频繁光顾某店的"刺激"，但这对我却没什么吸引力。如果没人想修脚，这就不算是刺激了。如此看来，任何头脑正常的人——即使是伊曼努尔·康德（Immanuel Kant）——都不能否认人是会对刺激做出反应的。问题在于他们是否也会对**其他**考量作出反应，特别是他们行为的与众不同之处或者他们做出选择所基于的原则是否源于自身的一些特别的考虑。

回避问题的另一种方法是给刺激下一个非常广泛的定义，任何人们所关注的问题，包括道德问题，都可以看作是刺激。例如，史蒂文·列维特（Steven Levitt）和史蒂芬·都伯纳（Stephen Dubner）在《魔鬼经济学》（*Freakonomics*）中就认为刺激不仅包括"经济的"和"社会的"，还包括"道德的刺激"。因此把别人推向铁轨是否合乎道德的考虑也算一种

“刺激”。（这当然不是这个词的通常意义。设想某公司推出了一项新的员工“刺激计划”，包括以下提议：“如果你非常非常努力地工作，你就会自我感觉良好！”）无论如何，这种语意偏离是没道理的，因为列维特和都伯纳在对“道德的刺激”讨论过一次以后（是一个关于面包圈的故事），后面就再也没有提及。

所有这些狡辩之词说明，如果你真想弄明白经济学家所说的刺激指的是什么，你就必须看看他们选择的具体的例子以及令他们感兴趣的行为类型，而不是只看他们对刺激的定义。例如，列维特对欺骗感兴趣，这是他作品中一致的主题（虽然看起来似乎没有主题）。所有的大标题（“老师帮学生作弊”，“相扑选手故意输掉比赛！”“不能相信房地产代理商！”）都和人们以出人意料的方式投机取巧有关。在他研究的每个个案中，人们都利用了外部刺激中的机会。引领他们的是心理学家所说的外部动机：金钱、地位和权力。

而且，列维特和都伯纳一再地把“道德”——“我们希望世界所呈现出来的样子”和“经济”——世界实际上的样子作令人不快的对照。这一信息非常明确。道德是女孩关注的，经济是能够直面世界、接受现实的坚韧的男人关注的，是那些看到一个无家可归的人却只注意到他昂贵的头戴式耳机的人们关注的。[1] 他们认为道德在现实世界中有意义只是一种一厢情愿的想法。经济学家们非常明白游戏规则，他们知道人们都是为了自己。马基雅维里（Machiavelli）说得最好：“通常”人们都“忘恩负义、反复无常、觊觎高位、虚情假意、逃避危险、渴望获得”[2]。

不客气地说，列维特的作品之所以是“经济学”大概就是因为那些和人类动机有关的讨厌假设。毕竟书的大部分都是平淡无奇的数据分析，各

[1] 史蒂文·列维特、史蒂芬·都伯纳：《魔鬼经济学》，纽约：哈珀柯林斯出版集团，2005 年，第 9 页。都伯纳认为这是列维特最招人喜欢的特点之一。

[2] 尼克洛·马基雅维里：《君主论》，哈维·曼斯菲尔德译，芝加哥：芝加哥大学出版社，1985 年，第 66 页。

学科的社会科学家们都做过类似分析。两者的主要区别在于：那些认真对待道德的社会科学家被称作“社会学家”，而那些认为道德就是个幌子的人称自己为“经济学家”。

再回头看看兰茨伯格精辟的言论。他宣称“刺激起重大作用”。“经济学文献中有成千上万的实验研究能证实这一主张，却没有一个能令人信服地反驳它。”[1]

人们可能会想兰茨伯格所谓反驳的标准是什么。没有人否认从**结果**的意义上来说，刺激影响重大。但问题是是否**只有**刺激起作用，它们的作用是否像经济学家一直认为的那么大，经济学家一直强调的一些刺激**类型**是否具有人们认为它们应具有的解释力。除非采用列维特的思路，给“刺激”一个非常宽泛的定义，这个定义包含人们可能关心的一切因素，否则，成千上万的实验研究对这些问题的回答将是响亮的“不、不、不”。事实上，人们关注的不仅是他们行为的结果，也关注他们坚信的一些原则。（他们关注的不仅是外部的刺激，还包括他们行为的内在特征。）

我们是了解这一点的，因为各个领域的社会科学家，包括一小部分经济学家们都曾花费大量时间和精力来研究在各种类型的“经济”情境下，人们作决定的方式和影响这些决定的因素。单是共同行动问题（或“囚徒的两难境地”）就曾是成百上千个实验的研究对象，例如，最新的研究是“元分析”（或称“对研究的研究”），研究者把许多研究的数据进行统计分析，从而得出模式。结果，最重要的模式不经分析就可以轻易得到：人们几乎从不按经济学家所预测的那样去做。

最有戏剧性的例子是一个被称为“最后通牒游戏”的实验。人们给了

---

[1] 兰茨伯格：《扶手椅上的经济学家》，第 9 页。

两个人一笔钱，只要他们能就怎样分配达成一致，二人就能拥有这笔钱。这个游戏的陷阱在于他们必须遵循一定的步骤来做决定。这笔钱只给其中一个人，然后由他分给另一个人一笔钱，要不要由另一个人决定。另一个人可以接受第一个人提出的分配方案，这样钱就按照他们达成的协议被分给两个人；他也可以拒绝第一个人提出的分配方案，这样钱就会回到实验者那里，这两个人只好两手空空地回家。

现在，如果你刚上完经济学导论的课，有人问你一个“理性主体”在这种情况下会怎么做，答案将是非常清楚的。第一个人给他多少钱并不重要，因为第二个人只有两个选择，要么接受那笔钱，要么什么也得不到。由于人们通常认为有钱总比没钱好，所以无论第一个人给多少，第二个人都应该接受。因此从经济的角度来说，第一个人理性的做法是给第二个人最少的钱（例如，1 美分）。而实际上，无论可分的钱有多少，第一个人永远只需分配出去 1 美分，而第二个人永远得接受（因为拒绝意味着把到手的钱扔掉）。

以下是一些常见的情况。在现实世界中，第一个人几乎从未提出很低的份额。在少数特殊的情况下，他们提出了很低的份额，但是都没有被接受。在几十个不同国家的数以百计的反复实验中，没有人找到任何地方的任何人的做法哪怕是接近“标准”的经济学理论的预测——当然人们有各种各样的疯狂表现（任何人类学家都能预计到这一点）。例如，在有的国家，第一个人提出超过 50% 的份额是很常见的，**而且这样的份额常常被拒绝。**[1] **（这很奇怪，但是你会发现这些都是传统的“礼物经济”社会，在这里人们出于礼貌或谨慎，通常会拒绝过于慷慨的礼物。）无论这些行为模式有多疯狂，都没有经济学家们预测的模式那么疯狂。**

---

[1] 约瑟夫·亨里奇、罗伯特·波伊德、塞缪尔·鲍尔斯、科林·凯莫勒、恩斯特·费尔、赫伯特·金迪斯、理查德·麦卡维利：《寻找经济人：15 个小规模社团中的行为实验》，载《美国经济论坛 91》（2001），第 73 ~ 78 页。

那么面对这种“反常”，经济学家们该怎么做呢？[1] 一种方法是把标准的经济模式放宽一点，扩大刺激物的范围。但这是件棘手的事情。实际上，经济学家通常认为**应该**影响人们行为的事物，经常没有影响到人们的行为；而经济学家通常认为**不应该**影响人们行为的事物，却对人们的行为有影响。

在共同行动问题中这一点表现最为明显。40 多年来，人们所做的研究都显示，在匿名的“一次性”囚徒的两难境地实验中，实验对象都愿意合作，这是令人吃惊的。再看看一个典型的“公共财产”游戏。参与者四人一组，每人发 20 美元。他们可以把钱存在一个“公共”或“私人”的账户里。一轮结束后，参与者向公共账户每投入 1 美元，公共账户将返还 1.6 美元。但是公共账户最终返还的钱将被四个人平分，无论他们有没有向里面投钱。而参与者投入到私人账户的钱将归他们自己所有。因此，如果四人都把自己的钱投到私人账户里，每人就只能得到 20 美元；而如果他们都把钱投到公共账户里，每人就能得到 32 美元。问题是每个人都面对免费乘客的诱惑——即使你一文不投，其他人每往公共账户里投 1 美元，你就能得到 40 美分。所以最优的个人收入是其他人都把钱投到公共账户里（这样你能得到 24 美元），而你的钱都投到私人账户里（这样你又能得到 20 美元，总共就是 44 美元）。

标准的经济理论预测没人会把钱投到公共账户里，而事实上人们常常分散投资——三分之二投到公共账户，三分之一投到私人账户。第一轮实验结果出来后，许多经济学家对它们不以为然，认为是受试者面对的金额太小的缘故。他们说：“给他们更多的钱，你就会发现他们合作的意愿降低了。”然而给他们更多钱的效果**恰恰相反**——他们更愿意合作。（人们可以总是以钱不够多为理由对这些结果视而不见。这个策略能很好地解释大

[1] 这里指的是理查德·泰勒的专栏“反常”，发表于 1987 ~ 1990 年的《经济展望杂志》上，收集在其所著的《胜利者的咒语》（普林斯顿：普林斯顿大学出版社，1994 年）一书中。“反常”是一种有保留的陈述。

额研究经费的去处，但是在有些时候实在是智力迟钝的表现。）

第二招是求助于可能的声誉效应。人们认为受试者之间的反复互动能增加合作概率，因为每个人都可以通过条件策略来建立声誉（被认为是有合作精神的受试者）。然而又一次，招数没有达到目的。增加试验次数得到的结果正好相反，平均合作率略有下降。

同时，各种各样的奇怪事物对实验结果有着令经济学家意外的极大影响。[1] 这些因素中最重要的是游戏中被允许进行的某种交流。例如，实验者对实验进行简单的干预，命令受试者合作，就能使合作率大大提高。允许受试者相互交谈也能以同样的幅度提高合作率。如果人们只关心结果的话，事情怎么会这样呢？这种交流经济学家称之为“廉价磋商”——因为它不能影响回报率，所以对人们的决定没有任何影响。但显然它对人们的决定是有影响的。

斯坦福大学的一个研究最能表现这种实验“异常”。一组受试者被告知要进行一个被称作“社区游戏”的公共财产游戏，而另一组受试者则被告知去玩一个“华尔街游戏”。[2] 两组面对的问题是一样的，但“社区游戏”中的合作率是“华尔街游戏”合作率的两倍。（前者的合作率是“正常”的三分之二，而后者的合作率则低得不正常，只有三分之一。）这一研究的另一版本是在以色列空军训练官中进行的，结果几乎相同。研究过程中，实验者要求训练官预测他们学员（这些学员是他们非常了解的）的行为。有趣的是，他们不仅预测错误（预测学员行为时他们表现得一塌糊涂），而且忽视了游戏名称对合作率与背叛率的影响。

由此看来，训练官们被荼毒了一代代经济学家的同一谬误所愚弄。实

[1] 大卫·萨里：《社会困境中的对话与合作：1952 至 1992 年间实验的元分析》，载《理性与社会》第 7 卷(1995)，第 58～92 页。

[2] 瓦尔达·利伯曼、史蒂文·塞缪尔斯、李·罗斯：《游戏的名称：信誉的预见力量和情境标签如何决定囚徒的两难境地游戏中的招数》，载《个性与社会心理学通报》第 30 卷(2004)，第 1175～1185 页。

际上，在我们日常的社会思维中有一个普遍的缺陷，社会心理学家称之为**外部刺激偏离**。简而言之就是人们倾向于高估外部刺激在促使人们行动过程中的重要性。[1] 尤其是高估权力、金钱和地位对他人决定的影响。

这种偏离在很多控制研究中都表现出来。例如，当人们要求管理专业的学生按重要性来排列不同动机（如报酬、职业保障、学习新技能的机会以及成就感）并猜测其他人会怎么排列时，他们自己都把外部动机排在后面，却认为别人都会把外部动机放在前面。在另一个非常有趣的研究中，人们让一些参加法学院入学考试的未来法学院学生陈述促使他们学习法律的动机。仅有 12% 的学生表明经济回报是其中的一个原因，而 63% 的学生都认为这是促使他们的同伴选择法律的主要原因。这里面当然有一些洋洋自得的因素，然而即使在一些控制研究中，人们也强烈地倾向于认为外部动机对他人很重要。[2]

那么经济学家们高估刺激的重要性也是可以理解的。他们会这么做只是出于一种极为普遍的认知偏离。当然他们没有想办法去改正这种偏离，而是把它提升到了方法论的高度，这样把它夸大到了面目全非的地步。但是我们对这些缺陷都非常明白。我们只希望他们，尤其是其中那些想被称为科学家的人们，能更重视证据。

以上的例子并不是说外部刺激无关紧要。刺激具有极大的、令人难以置信的重要性。没能认真对待刺激的影响是现代福利国家制定出失败的公共政策的唯一最重要的原因，更是左翼分子产生轻率想法的最重要原因。然而，尽管刺激非常重要，并且常常被人们所忽视，但这也不能成为夸大

---

[1] 讨论见奇普·希思：《机构关系的社会心理学：不专业的动机理论过于强调外部刺激》，载《组织行为与人类决策过程》第 78 卷(1999)，第 25 ~ 62 页。

[2] 希思：《机构关系的社会心理学》，第 39 ~ 44 页。

刺激作用的理由。否认道德或社会规范对人们行为的约束力是任性和愚钝的。尽管经济学界对这种愚钝赞许有加，有时甚至把它提高到艺术的层面，也不能掩盖这一事实：它会导致糟糕的社会科学，而更重要的是，它会导致糟糕的公共政策的制定。

有两个认知可以给经济学家们对刺激的热情降降温。首先，刺激不是唯一重要的东西；其次，刺激是非常复杂的。

以最低工资法为例。一群刚上完经济学101课程的热血青年会理所当然地认为最低工资法会导致失业。确实，他们认为这就像"2+2=4"、"p就是p"一样显而易见。面对可笑的质疑，他们不得不考虑一下那些质疑者的心智是否健全。乍一看，这个观点是很有说服力的。在我本科时的经济学导论的课本中，两个简明扼要的句子说清楚了整个问题："最低工资法通过提高雇主应付的报酬，降低了劳动力的需求量，提高了劳动力的供应量。结果就业率降低，从而导致了失业。"[1]（"证明完毕"，有人可能要加上这么一句。）

这个并不复杂。如果工资上涨，更多人将愿意去工作，而雇主却不能雇佣所有人。结果将是供应过量或需求不足（随你怎么说——两者都指失业）。而且尽管那些有工作的人日子会过得好一点，但这却是以那些失去工作或找不到工作的人的损失为代价的。因此，最低工资法不仅会产生低效率，而且会导致社会倒退（产生"劳动力贵族"阶层）。

这个论点非常有说服力，它实际上是一个康德所谓"先天综合"判断（指通过思考得出世间万物应该是怎样的）的经典例子。但是，认为人们在共同行动问题中应该只顾自己，或者在最后通牒游戏中应该提出很低份额也是同样的例子。现实情况要复杂得多。如果一个学生在经济学系逗留得够久，他可能会发现（也许是在一个四年级的研讨会上）经济学家们对

[1] 理查德·李普西、道格拉·斯珀维斯、彼得·斯坦纳：《经济学》第6版，纽约：哈珀与罗出版公司，1988年，第371页。

提高最低工资是否确实会导致失业的讨论是非常激烈的。[1] 至少，目前还没有人能提供令人信服的实验数据来证明这一点。

我们可以比较一下最低工资讨论和租金限制问题。通过限制房东向租户提高租金的额度，租金限制会降低出租住宅的价格。很容易想象经济学101会如何分析这一政策——这就是个简单的填空题："通过降低租户需付的房租，租金限制会提高出租房的需求量，降低供应量。结果空租率降低，从而导致房屋短缺。"

这也不复杂。如果房租下降（或者不能跟上通货膨胀水平），更多人将愿意租房，买房的人会变少，想买房出租的人就更少。结果将使出租房的需求量增加，而供应不足。那些已经住在实施了租金限制政策公寓的人将过得很好，但却是以失去公寓的人（例如，他们的公寓变成住户共管公寓）或找不到公寓住者的牺牲为代价的。

有趣的是，在租金限制这一个案中，现实世界发生的事情和经济学101所预计的一样（任何住在纽约或者蒙特利尔的人都能证明这一点）。（左翼）经济学家阿瑟·林德贝克（Assar Lindbeck）曾这样描述：除了导致住房短缺，租金限制还带来了"黑市、签过租金限制合同的房主的特权、可用公寓分配过程中的裙带关系、有孩子的家庭想要得到公寓的困难、在很多地方房屋储备的恶化。实际上，在很多情况下，租金限制似乎是目前所知的能毁掉城市的仅次于炸弹的最有效手段"[2]。

如果这里的证据是不容置疑的，那么最低工资议题的情况为什么会有所不同呢？可能性最大的原因似乎是劳动力市场是非常复杂的。它不仅充满变数，容易失衡，而且每个人对是否工作，工作多少，去哪工作的选择都会受到各种因素的影响。例如，男劳动力和女劳动力的行为是完全不同

---

[1] 大卫·卡德、艾伦·克里格：《神话与衡量：最低工资的新经济学》，新泽西：普林斯顿大学出版社，1997年。

[2] 阿瑟·林德贝克：《新左派的政治经济学》，纽约：纽约大学出版社，1977年，第39页。

的。[1]（女劳动力对价格变化的反应更接近经济学理性思考的理想。如果她们的工作不再有“经济上的”意义，她们会停止工作。而男劳动力则会因为一些不难想象的理由继续工作，无论赚多少钱。——人们可能会说这是原则问题。）

让问题变得更复杂的是雇主们雇佣劳动力的方式和作雇佣决定的类型也同样复杂。有些经济学家认为最低工资法会提高生产率。管理学院的学生学到的最重要的观点之一就是没有一个企业是真正处于“生产可能性边界”的（其意思就是任何组织里面都有懈怠的部分）。如果雇主不得不多给雇员钱，他们就会让雇员们多做事，以便支付多付出的工资。根据这个观点，因为低廉的报酬，得最低工资的工人长期以来都是未被充分利用的资源。要想从他们身上多榨出一两美元的生产率也并不困难——很多雇主只是没有这么做的理由。

提高最低工资还会减少偷懒，产生“绩效工资”效应。亨利·福特（Henry Ford）曾经说他将员工工资翻倍的决定是“最有效的降低成本的步骤之一”，因为它提高了生产率。[2] 当人们感到自己受到公正甚至是慷慨的待遇时，他们当然会想去回报，因而工作得更努力。[3]

问题在于没有一个劳动力供求关系的模型能包含这所有的变量。与相对直接交易相关的租金限制不一样，真实世界劳动力市场的复杂程度足以混淆所有经济学模型。但是人们仍然坚持对“经济学定律”的结果作出很有自信的预测，这些预测是以粗暴地简化生意人的真实行为为基础的。

---

[1] 乔尔·斯拉姆罗德：《税收的后果》，载《社会哲学和政策》第2卷(2006)，第73～87页。

[2] 亨利·福特：《我的生活和工作》，纽约：双日出版社，1922年，第147页。

[3] 乔治·阿克尔洛夫：《劳动合同是部分的礼品交换》，载《经济学季刊》第97卷(1982)，第543～569页。

保守经济学家们的一个核心信念是政府的“税收和转移支付”计划对经济有害。征收个人所得税实际上处罚了最有效率的社会成员，而奖励了效率最低下的社会成员：穷人、残疾人、病人和老人等。“如果你付钱给那些不工作的人，他们就不会工作了”，这是不言而喻的。从经济学101的角度来看，慷慨的社会转移支付会导致较低的国民生产总值增长率，这是一目了然的。

如果这是事实的话，那么对福利国家的拥趸者来说这将是一个严肃的问题。假设有两个社会——一个收入分配平均，而另一个收入分配很不平均。收入分配不平均社会的低收入者的工资只有收入分配平均社会的低收入者工资的一半。再进一步假设收入不平均社会的年度增长率是5%，而收入平均社会的年度增长率是0.5%。如果分配模式保持稳定的话，在短短的16年以后，收入分配不平均社会的低收入者的工资将比收入分配平均社会的低收入者工资高。到他们退休的时候，他们的收入将比对方高四倍。[1]

所以我们不能想当然地认为福利国家通过直接的收入再分配帮助了穷人。以上使用的数据并不是“科幻小说”中的数据，而是现实世界中可以达到的增长数据。如果福利社会真的像经济学理论说的那样对增长有负面影响的话，那么从长期的观点来看，它们对于财富的再分配是损害了个人利益，还是像他们声称的那样有利于个人利益，将是一个严肃的问题。

而且认为福利国家的政策没有很强的刺激作用，或者不能改变人们对工作时间长短的决定是没有意义的。在瑞典，任何一个工作日都有多达15%的雇员不来上班，这当然不是偶然的。这当然是和他们由于某些原因可以“带薪”旷工有关。[2]这当然会影响到国民生产总值，不是吗？

---

[1] 丹尼尔豪斯曼：《供方平均主义的问题》，见塞缪尔·鲍尔斯、赫伯特·金迪斯著《重建平均主义》（埃里克·欧林·赖特编辑，伦敦：沃索出版社，1998年）第75页。

[2] 高斯塔·埃斯宾·安德森：《福利资本主义的三个世界》，纽约：普林斯顿大学出版社，1990年，第156页。

显然，短期来说会有影响。但奇怪的是从中长期来看，又似乎没有影响。毕竟瑞典无论如何都是地球上最富裕的国家之一，尽管政府每年都转移支付超过 30% 的国民生产总值。像其他国家一样，瑞典的经济也有起起落落，但是自由市场经济的神明们并没有像标准经济学理论所预言的那样对瑞典人进行报复。（还应注意的是瑞典福利国家获得了比苏联共产主义更高程度的收入平等。[1] 为了强调，重复一遍：瑞典资本主义比苏联共产主义更平均。）

总体来说，证据显示慷慨的福利政府对经济的长期发展没有害处。不仅瑞典如此，全世界亦然。经济学家彼得·林德特（Peter Lindert）收集了一些相关历史证据，作了一个全面的调查，得出如下结论：90 年的历史经验显示，从纳税者手中转移更多份额的国民生产总值给转移支付对象和人均国民生产总值的增长水平或速度没有负相关关系。平均相关率实际为零。[2]

在准备匆忙下结论之前，我们必须注意，没有相关率并不意味着经济理论是错的，刺激不起作用，也不意味着政府可以为所欲为。它给我们的启示恰恰相反。花费巨大的政府没有被市场惩罚的主要原因之一是：由于它们的作用举足轻重，它们必须更有效率地运作，并且更努力地对经济给予良性刺激。“统计检验总是得到这样的评估：社会福利给经济增长带来的净损失接近为零。这是有充分理由的。”林德特写道，“这种特别的政策带来的不仅仅是极大的负担，实际上福利政府从征税和使用税收的方式中获益，这种方式在很多方面都比大多数自由市场经济国家的政策更有利于增长。”[3]

例如，美国政府之所以能维持一个极度复杂的税收制度的部分原因在

[1] 雅诺什·科尔奈：《社会主义制度》，纽约：普林斯顿大学出版社，1992 年，第 317 页。

[2] 彼得·林德特：《成长中的公众》第 1 辑，剑桥：剑桥大学出版社，2004 年，第 18 页。也见乔尔·斯拉姆罗德、乔恩·巴基亚：《对我们自己征税》，剑桥：麻省理工学院出版社，1996 年，第 100 ～ 101 页。

[3] 林德特：《成长中的公众》，第 227 页。

于其税率相对较低，因此逃税对人们的刺激相对较弱。由于同样原因，美国政府可以继续征收旧式的零售税。因为在税率较低的情况下，即使逃税很容易，人们也不太会那么做。但是一旦中间税超过30%，零售税超过10%，逃税就会成为一个很大的问题。这时就必须使所得税体系更严密，或者改征增值税。增值税很难逃，而且征收起来成本较低。[1]（增值税允许商家从销项税中扣除进项税，这大大地减弱了他们逃进项税的意愿。）这正是花费巨大的欧洲福利国家所做的。他们还转变了税收类型，不再征收对经济增长有害的税种（主要是投资税和公司税）。[2] 换言之，大型福利国家有更好的税收制度，管理更严格。

实话说，任何美国人都很难相信他们能靠政府来解决任何主要社会问题。[3] 指望突然出现一群人说，“我们是政府的人，我们是到这儿来帮助你们的”，这种想法与其说令人松了一口气，不如说让人们觉得好笑。联邦机构在回应2005年卡特里娜飓风时表现出的无能着实令旁观者吃惊，更别提欺诈行为带来的大约20亿美元的损失。美国政府这样的表现不像一个现代民主国家的表现，而更像一个非洲盗贼政府的表现。而且，美国立法机构的特殊工作方式（尤其是在缺乏党纪约束的情况下）使得人们很难实施连贯的政策议程，这些议程常常被猪肉桶政治或者特殊利益破坏。但是我们这么说不是希望放弃公共部门，而是希望美国政府的机构更加现代化。[4] 我们不能因为美国政府低能就认为“政府”都是低能的，就像不能因为通用汽车表现不佳就认为所有“汽车制造商”都不行。正如管理学理论家亨利·明茨伯格（Henry Mintzberg）所说：“人们

[1] 斯拉姆罗德、巴基亚：《对我们自己征税》，第196～199页。

[2] 林德特：《成长中的公众》，第235～245页。

[3] 恩里克·利普顿：《飓风援助中“令人吃惊的”浪费和欺诈》，载《纽约时报》2006年6月27日。

[4] 更详细探讨见威廉·格雷德：《资本主义的灵魂》，纽约：西蒙与舒斯特出版公司，2003年，第263～299页。

会得到他们所期待的公共服务。如果他们认为政府装模作样，官僚主义严重，那么他们的政府就会是那样。相反地，如果他们认为政府像其称谓一样崇高，那么他们最终会有一个强有力的政府。现在，国家可以提供的也只有强有力的政府了。”[1]

在评估政府花费对生产率的影响时，另一个必须考虑的主要因素是社会福利的正面刺激影响。一旦人们开始探究这些问题，它们的复杂性立刻就展现出来。例如，瑞典国民生产总值较高的原因之一是女性劳动力的参与率很高。女性参与率高的一部分原因在于国家福利的慷慨，例如她们享有产假和育儿假，政府还积极地设置日托机构。而那些保守的社会政策鼓励妇女在家带孩子，阻止她们参与工作，其实降低了经济的增长。（它们似乎也引起了出生率的降低，因为更多不得不在孩子和职业中进行选择的妇女选择了后者。）

家庭支持福利政策还有一些其他的微妙影响，例如提高了女性劳动力的生产率。[2] 由于有补贴的日托使得妇女在生产后重返工作岗位更容易，也更实惠，所以她们更有可能选择重新工作。这又使得雇主普遍更愿意对女性雇员的培训进行昂贵的投资。美国“全职妈妈”的存在，部分地反映了带着小孩子的妇女要找到有偿的工作是多么困难，这就使得雇主有理由把准备要孩子的女性雇员排除在外。这对生产率有负面的影响，即使是那些不打算要孩子的妇女也会受到这种负面影响。

那么福利国家的政策对经济到底有什么影响呢？总体来说影响不大。刺激起作用，可是问题在于很难概括人们所面对的刺激种类。例如，社会地位包含有一系列很有力的刺激，也是和税前收入相关的，而传统经济学对此几乎一字不提。[3] 没人会在意他们同事拿回家的收入有多少——他们

[1] 亨利·明茨伯格：《管理政府，监督管理》，载《哈佛商业评论》第 74 卷(1996)，第 75 ~ 83 页，见 83 页。

[2] 林德特：《成长中的公众》，第 254 ~ 255 页。

[3] 最重要的例外是罗伯特·弗兰克：《选择正确的池塘》，纽约：牛津大学出版社，1986 年。

在乎的是自己的**总**收入怎么样。因此无论要交多少税，人们都有强大的动机让自己的收入最大化。

这只是其中的一个例子。所以，当讨论到劳动力供应和工厂组织时，过分强调传统的金钱动机尽管能揭示一些事实，但也会掩盖一些事实。那种经济学 101 提出的两步演绎论尽管对于公共政策问题是一种有益的探索方法，但对于任何议题来说都只是第一步，而不是最后一步。

经济学家们强调刺激的重要性不过是为了说明人们并不愚蠢。（即使他们笨，也绝不是**白痴**。）后果论和强调外部动机的方法论都只不过是为了转移视线。必须认识到大规模的社会模式是所有人的选择一起达成的一个总体效果，而每个人的选择又受当时当地环境的极大影响，这很重要。因此环境的变化（例如，由公共政策而引起的变化）会带来始料不及的后果。

有两个和出租车有关的例子能很好地说明以上原则。第一个是 80 年代末期所做的“慕尼黑出租车实验”，当时防抱死刹车系统（ABS）刚开始应用。慕尼黑出租车公司的车有一半装了这个刹车系统，这就给了研究者一个绝好的机会来研究这一系统对事故率的影响。然而，令人吃惊的是，他们发现装有这一系统的车的事故率比没装的车略高。

车上装有记录所有信息的“黑匣子”，但为了准确起见，研究人员还安排了观察员来记录司机的行为。（这都是在秘密的情况下进行的——观察员不知道他们是否乘坐的是装有新系统的车，而司机不知道那些人是来观察他们如何开车的。）所有的数据显示了同样的情况：司机们迅速调整自己的行为以适应新的刹车系统，而这样一来新刹车系统的好处就完全没有了。一旦他们发现有效制动距离变短了，他们立刻就开始缩短车距，急速转弯，开得更快，总而言之就是更大意。由于司机们开车方式的变化，新的“安全装置”没有使行车变得更安全，相反地，开车变得更危险了。

实验让我们认识到“车祸率”并不像水的沸点一样是一个自然给定的事实，它是人们选择的结果。即使其中包含有“意外”，这种意外不是人们有意选择的，但选择仍然起作用。因为人们在日常生活中的谨慎程度由自己决定，人们自己选择是小心驾驶还是随意驾驶。开车的时候，没有人强迫你讲电话、擤鼻涕或者涂口红——这些都是你自己的选择。技术参数改变后，人们的行为随之改变，这减弱了家长式干预的效果。

这就是经济学家们能告诉我们的东西。(当调查者发现公司对出车祸的车收取一定比例的维修费后，事故率**确实**降低了，他们又着实兴奋了一把。[1]) 但是第二个和纽约出租车有关的实验又提醒我们要谨慎。调查者们想看看工人对工资变化的反应。[2] 由于他们的绩效工资会随天气变化而改变，所以出租车司机提供了一个完美的“真实实验”。雨天或冷天时，乘客很多，所以他们的绩效工资相对较高。在温暖或晴朗的时候，他们不得不花更多时间来“搜寻”乘客，当然他们单位时间的绩效工资就低得多。

纽约的出租车司机可以想工作多久就工作多久。标准的经济学理论认为人们会一直工作，除非这段时间的休闲价值超过了把它用于工作所得到的工资价值。显然，这就意味着当人们的工资高些时，他们会工作得久一些。然而出租车司机的反应恰恰相反。当乘客很多，他们的绩效工资较高时，他们会早点停止工作；而当乘客较少时，他们的工作时间更长，有时甚至到深夜。这种“不合理的劳动力供应反应”的经济影响是很重要的。调查者们估计：如果无论在何种情况下，出租车司机每天都工作同样长的时间，他们带回家的收入将上升 5%；如果在绩效工资较高时，延长工作

[1] 杰拉尔德·王尔德：《目标风险》，多伦多：PDE 出版社，1994 年。

[2] 见科林·凯莫勒、琳达·巴布科克、乔治·罗文斯坦、理查德·泰勒：《纽约出租司机的劳力供应》，收集在丹尼尔·卡纳曼、阿莫斯·特沃斯基所编辑的《选择、价值和框架》(剑桥：剑桥大学出版社，2000 年) 一书中。

时间，他们的收入增长将超过 15%。[1]

这个实验与人们对刺激作出反应的观点并不矛盾。相反的，出租车司机工作的时长受工资变化的影响很大——只不过这反应与标准经济学理论所预言的正好相反。这和司机们的计算方法有关。他们多数人认为必须赚够钱来支付他们的固定开支（出租车使用 12 小时的费用是 76 ～ 86 美元），再加上一笔带回家的收入。这样他们每天出门都有一个固定的赚钱目标，一旦达到目标，他们就收工。下雨天他们能早点达到目标，因而工作时间较短；而在晴天，要达到目标，需要花更多时间，所以他们工作时间较长。

从本章内容我们能得出什么结论呢？首先是人类心理是极其复杂的。经济学家们对于人类理性及人们对刺激的反应作出的一些传统假设过于简单化了。有时这种简化的模型能得出一些有效的、高度概括的结论；而有时它的结论就完全不着边际。经济学家们越来越清楚地意识到这一点——他们开始向所谓行为经济学的方向靠拢。行为经济学很注意人们的实际行为。但糟糕的是，行为经济学家们还没有得出像经济学 101 那样具有解释力和预见力的“模型”，所以后者仍然令年轻人兴奋不已（或者说中毒不浅）。

---

[1] 凯莫勒等：《纽约出租司机的劳力供应》，第 364 页。

[第三章]

无摩擦飞机的谬误

为什么更多的竞争并不总是带来更好的结果

1956年，两个年轻的经济学家凯文·兰开斯特（Kelvin Lancaster）和理查德·利普赛（Richard Lipsey）在《经济研究评论》（*Review of Economic Studies*）上发表了一篇标题毫不起眼的论文《次优概论》——藉此向左翼人士提出了反对自由资本主义的最强有力的论证之一。人们没听说过？没关系——很多人都没听说过。这一观点一直受到经济学界的“打压”。至少，当我有一次向利普赛问及相关问题时，他就是这样说的。

论文刚面世，经济学家们就采取了全面的打击控制行动。据利普赛估计，在十年内“大约有200篇论文试图反驳它”[1]。他们从不同的角度进行攻击：有人怀疑运算方式的准确性，有人认为后果没那么严重，有人质疑论文的原创性。在一本学术杂志上，有人甚至谴责论文作者是虚无主义者。

但恐慌迅速平息下来。右翼人士发现实在没有什么值得恐慌的理由。并不是理论本身不足信——而是似乎没有一个左翼人士会去阅读《经济研

[1] 约瑟夫·希斯：《经济学家们不想让你知道的事》，载*THIS*杂志2001年3月/4月刊。

究评论》。只要知情者保持缄默，理论很快就会被人遗忘。事实似乎的确如此。利普赛说："他们驳斥不了它，于是干脆忽视它。"很多经济学课程仍然讲授次优理论——通常是在三年级的公共经济学课堂上，但它从来就不属于主流，也几乎从未被政治家们辩论过。

这是很不幸的，因为该论文指出了一个极为重要的谬误。这一谬误在流行的自由市场思潮中起到至关重要的作用。现代经济学思想体系中的最有力的理论性结论之一是所谓隐形之手理论——该理论源于亚当·斯密的一个著名推断——完全竞争的市场就是效率最高的市场。次优理论则认为，即使事实如此，两者也关系不大。原因在于，与最高效率相关的诸多条件中，哪怕只有一个出了问题，也会满盘皆输。我们没有理由认为"次优"市场或竞争力接近最强的市场会比三优、四优乃至完全没有竞争性的市场更有效率。因此我们不能采用微观经济学导论中的支柱理论"一般均衡"模式来假定市场机制是能够提高效率的机制。

这还不是最糟的，作者接下来继续说明一旦和最高效率相关的某个条件被破坏，唯一能达到尽可能高效率的方法就是破坏更多的条件。如果读者只是随意一读，他们可能产生这种印象：在经济管理方面得过且过的政府可能比严格执行自由经济政策的政府得到更好的结果。当然现实世界中事情并非如此简单。但是为了看清问题的复杂性，我们得更仔细地看看利普赛和兰开斯特能提供怎样的证据。

经济学家所讲到的"效率"有一种特别含义。我们所谈到的效率通常和人们使用的**方法**有关。与链锯相比，用线锯来伐木是很没有效率的。但怎么评价把树砍倒这一结果呢？这一行为可能很合适，也可能没那么合适，但不能用有没有效率来评判，除非把树砍倒有**其他**目的，例如为了得到柴火。

而经济学家却确实在讨论结果本身是否有效率。根据这层意思，要提高一个人的满意度，必须降低另一个人的满意度，这样的结果才是“高效率的”（更专业的表达方式是“帕累托最优”）。另一方面，如果一个人条件的改善不是以另一个人条件的恶化为代价的，那么这种情况就是“低效率的”。（经济学家把这个称为“效率”有很复杂的原因，在这里我们只需要记住：经济学家使用的这个词的意思和我们日常使用的有细微的差别。）[1]

这样，第一章所谈到的囚徒的两难境地就是低效率结果的标准范例。两个捕猎者都决定当“免费乘客”，自己不去设置陷阱，而从对方领地里偷猎，最终的结果也是低效率的。陷阱设置得越少，能捕到的猎物就越少。然而有可能在不降低其他人满意度的同时，提高两人的满意度：如果两人都去设置陷阱，不去觊觎对方的领地，两人捕到的猎物都会增加。因此“自然的状态”是由于合作彻底失败而产生的低效率。

这一效率理念与贸易的可行性关系非常紧密。假设你在生日派对上给孩子们分糖果。由于没有经验，你采取了错误的做法：把糖果平均地分给每个人，忽视了他们当中有些人对花生过敏，有些人讨厌葡萄干，有些人有古怪的食物敏感，可能你闻所未闻。结果，一半的孩子拿到了他们不能吃的糖。如果仅仅是这样，那还不算是低效率。问题在于如果你改变分配方式，其他人就**能**吃到那些糖果了。考虑到这个事实，这种做法的效率就很低下了。你完全可以把花生糖从对花生过敏的小孩那里拿走给其他人，这样既不会伤害到那个小孩，又能给吃到糖果的孩子带来快乐。最初的分配方式是低效率的，因为花生糖被浪费了。

当然，要确切地弄清楚应该把那些糖果分给谁是一件困难的事情，所以你可能会让孩子们自己去选。孩子们非常善于交易，而且他们也明白自己喜欢什么糖果（以及自己不能吃什么糖果）。因此就让他们自己交换吧。开始，他们会进行一些令人眼花缭乱的交换活动，但最终问题都会解决，

[1] 约瑟夫·希斯：《效率社会》，多伦多：企鹅出版社，2001 年。

他们会换掉他们不要的糖果，换来他们想吃的糖果。就像经济学家们说的那样，“市场会清账的”。如果再也没有更有利可图的交易了，那么这样的结果就是效率最高的。这时，你从任何孩子那里拿走任何糖果，他都会不高兴，哪怕你从其他孩子那里拿来糖果给他补偿。如果还有更好的交换方式，在自由交换的过程中，他们就已经尝试过了。

这个简单的例子几乎是完整地陈述了隐形之手理论（它更冠冕堂皇的名称是“福利经济学的第一基本定理”[1]）之下的直觉。要想把糖果进行理想的分配，完全满足所有人的需要，其实不必进行复杂的计划工作，只需要让他们自由交换即可。而且他们不必考虑什么公众利益，只要根据自己的喜好来交换就行了。只要他们不偷藏糖果，这种自我本位的行为一定会产生最有效率的结果。

市场调节个人利益和公众利益的能力常使人们觉得很兴奋，有人甚至宣称看到了上帝之手的作用。实际上这没什么了不起的。各种“隐形之手”在影响我们日常生活的各个机构中起作用，其中有许多跟市场根本毫无关系。看看下面这个例子〔引自约翰·凯（John Kay)〕。[2] 假设你是一位超市经理，想让最多的顾客在最短的时间结完账。你不想让有的收银员无所事事，而另一些则面对排长队等交款的顾客。该怎么办呢？你需要一个高科技系统经常扫描人群，再用最佳的计算方式把排队等候的人群分到不同的队伍里去吗？为什么不让顾客们自己找自己的队伍呢？如果他们想尽快回家，那么这种自身利益就会让他们选择最短的或者移动最快的队伍，最终结果将是顾客都排到合适的队伍里去，不会有收银员闲着的。这里，是超市的神明的隐形之手起了作用吗？不是，只不过每个人都作出了最有利于自己的选择，并且不会妨碍其他人作出利己的选择，结果每个人都作出了最佳选择。这时，如果任何人想使结果更好，都会损害其他人的利益。

---

[1] 马克·布劳格：《经济理论回顾》（第 4 版），剑桥：剑桥大学出版社，1985 年，第 594 页。

[2] 约翰·凯：《市场的真相》，伦敦：企鹅出版社，2003 年，第 112 ～ 113 页。

因此，自愿交换体系——这在市场经济中已经制度化了——会带来“公众利益”，提高效率，这没什么好担忧的。一般来说，如果两个人要进行交换，没有理由不让他们这样做。毕竟，如果他们得不到好处的话，他们就不会交换。当然在有的情况下，理由也不一定很充分（例如，协议是通过威胁或者欺骗的手段达成的，或者要交换的货物是不允许交换的）。[1]但无论如何我们都不喜欢别人插手我们的事情。因此，如果想要禁止罗伯特·诺齐克称之为“有承诺能力的成年人的资本主义行为”，“社会”需要一些相当强悍的理由。[2]

当然，隐形之手理论和交换提高效率这种近于陈词滥调的言论是有很大区别的。隐形之手理论从个人的交易之中得出一个关于整个经济的结论。无可否认，**一个**自愿的交易会提升效率，但隐形之手理论认为，如果**所有**经济贸易都成为自愿交易，效率就会被提升到**最高**。因此，一个完全竞争性社会就会有最高的效率。

这种推论听起来似乎非常可信，实际上却很危险。一般而言，经济学中有一个硬性规定：不能从某个市场上发生的事情来推断整个经济中会发生的事情。这种草率概括是经济学推理中谬误的最常见来源之一。假设有一群孩子在玩抢椅子的游戏。音乐停了下来，有一个孩子抢到了椅子，但是我们既不能因此认为所有的孩子都能抢到椅子，也不能认为还有第二个、第三个孩子也抢到了椅子。要想知道会发生什么事情，我们需要从另一个角度来考虑：数一下孩子和椅子分别的数量。对经济也是如此，有一个人得到了能提高效率的交易并不代表所有人都能得到这样的交易。隐形之手理论意味着市场经济能达到完美的匹配——做贸易就像玩孩子的数目与椅子的数目相同的抢椅子游戏一样。

很早以前，人们就意识到关于交换的好处的一些毫无新意的看法不能

[1] 麦克·特比尔考克：《合约自由的限制》，剑桥：哈佛大学出版社，1994年。

[2] 罗伯特·诺齐克：《无政府、国家与乌托邦》，纽约：巴西克出版社，1974年，第163页。

为自由竞争经济作辩护，这就是为什么经济学家们花了这么多时间也没能找到证据证明史密斯猜想的原因。的确，直到 1956 年，肯尼斯·阿罗（Kenneth Arrow）和罗拉尔·德布鲁（Gerard Debreu）的“一般均衡”模型才证明了这样一个证据该如何构建。[1] 结果，为了把对个人交易的论述上升到对由许多交易构成的整个经济的论述，他们戏剧性地对事物进行了理想化。（例如，他们假定每个人都对他们要买的商品的信息非常清楚，商品从不需要从一个地方运到另一个地方，每个人都知道所有人在现在以及可预见的将来对所有商品的出价等。）因此，他们没有证明实际情况下经济是怎样起作用的，或者在真实世界中我们所能期待的结果。相反地，他们构建了一个高度理想化的模型来说明完全竞争的经济模式是怎样起作用的，并且展示了这种模型的结果将是最有效率的。

当然，这种模型并不是毫无根据的，从**某种**程度上来说，它确实和真实世界是相似的。经济学家们（以及其他有兴趣的人们）迅速就这种相似是否足以让人们根据它的结论得出任何关于“真实世界”的结论，展开了辩论。在这些辩论中，他们忽略了一个更为基本的问题。人人都认为如果模型的**假设**和真实世界相似，那么模型的**结果**也会与真实世界的结果相似。这就是利普赛和兰开斯特诊断出来的问题所在。事实证明，模型在竞争方面表现出的与真实世界的相似程度**根本不能说明**它在效率上与现实世界的相似程度。所以即使模型非常真实，在处理公共政策问题时也毫无用处。

假设你住在美国中西部的某个地方，想到夏威夷去度一周的假。当然

[1] 肯尼斯·阿罗、罗拉尔·德布鲁：《竞争经济中均衡的存在》，载《计量经济学》第 22 卷（1954），第 265 ~ 290 页。

你也可以选择去拉斯维加斯，不过会觉得乐趣少了一半。但遗憾的是，你没有足够的钱买去夏威夷的机票，而如果你开车去拉斯维加斯的话，费用会低得多。此时假设旅行社向你提出如下交易："你的钱不够飞到夏威夷，但我愿意卖给你一张减价票，让你飞完98%的旅程。当然，你到不了你梦想的度假地。但是，难道98%的旅程不比只到拉斯维加斯好吗？要知道，拉斯维加斯只能带给你50%的乐趣。"

这显然是个疯狂的建议。离夏威夷2%的地点将是在太平洋的某个地方。因此如果你不能到你的最佳度假地，你的第二选择应该是忘掉夏威夷去另一个地方。此处谬误在于认为得到最接近最佳选择的东西一定要比得到其他东西好。在日常生活中，相反的例子常常出现（如果你要的色拉调料没有，那么你最好是点汤算了；如果你没能加薪，你可能会去别处工作）。

遗憾的是，自由竞争经济的支持者们数十年来都在兜售以这种谬误为基础的观点。为了论证的需要，让我们姑且承认完全竞争社会是最好的社会形式。当然我们知道，没有一个竞争型社会能达到极致。没问题，自由竞争经济的拥护者们如是说——我们只需保证我们市场的竞争性尽可能地强，那么我们就能确定我们所得到的结果是最接近于理想的。错，利普赛和兰开斯特的观点是：如果你认为那是正确的，那么我要卖给你一张去夏威夷的机票…… 或者至少是**几乎**能到夏威夷的机票。

为什么这么明显的问题被忽略了？这可能是因为一般看来经济学思维是"科学的"，而且还有一个很有误导作用的类比：显而易见，阿罗和德布鲁用以描述完全竞争的理想化模型非常极端。他们的理论结论要想在真实世界起作用的前提是没有经济规模的区别（大规模生产没有优势），价格不会受人们的供求决定的影响，没有交易成本（交易成本包括律师费、会计费、交通费和呆账等），没有对未来的不确定（或者，在不确定的情况下，购买保险以防不测），没有信息不对称（特别是对于顾客要购买的产品，他们知道**所有**生产商知道的信息）。而且最重要的是没有"外部因素”，即没有强加于人的无偿的成本或利润。[1] 实际上，这意味着有一个“完整的”所有权制度：人人都有权力控制他们环境的各个方面。

任何住在大城市的人都完全理解外部因素的含义。一天，我的一个朋友坐在他家后院里，这时他发现邻居把一袋垃圾抛过围栏，扔进他家院子里——邻居显然没有注意到他坐在那儿。“你在干吗？”我的朋友问，边说边把头伸出篱笆围栏。邻居回答：“对不起，不小心的。”这就是城市生活。问题在于，对于这种垃圾，财产权系统还是给我们提供了一定的保护（这也是这种事情不多见的原因）。那个邻居迅速道歉的原因可能是，他和其他人都知道把垃圾扔到别人的领地是会有麻烦的。然而，对于其他类型的“垃圾”，财产权就保护不了我们了。邻居可以制造恶臭、噪音或者在草坪上安装丑陋的饰物而不侵犯我们的财产权，因为我们对吸入的空气、听觉环境以及前窗的视野并没有财产权。

“完整的”财产权系统是怎样的呢？我们可以想象一个画面，每个人都在巨大不透明的隔音控温的塑料泡泡里走来走去。除非你明确许可，别人不能把任何东西带到你的泡泡里——无论是光、声音、液体、固体，什么都不行。他们也不能碰你的泡泡，甚至不能挡你的路。任何人要这样做，你都可以告他们（你如果侵犯**他们**的泡泡，他们也可以告你）。在这个泡泡之外，你也可以拥有个人财产，别人也不能触犯或使用。所以，除非你自愿，你不用接受任何视觉或听觉的刺激。你没有义务吞下或吸入任何你不喜欢的东西，你可以想积累多少财产就积累多少，想怎么用你的财产就怎么用，你可以自由漫步而无需顾虑其他人。你再也不用担心吵闹的邻居、二手烟、丑陋的建筑、交通堵塞、垃圾、性骚扰、全球变暖、同事

[1] 注意我使用的是**外部因素**一词的广义含义，这一含义由于大卫·高西尔《基于协议的道德》（牛津：克拉伦登出版社，1986 年）一书得以普及。经济学家对外部因素的定义要狭窄一些，即交易中由于一个本来没有关系的第三方而产生的一种得不到补偿的结果。广义含义使得一个人为另一个人带来外部因素成为可能(例如，在囚徒的两难境地中，那个免费乘客会为另一个人带来负面的外部因素)，而经济学定义则要求至少有三个人。

的臭味、愚蠢的笑话或者在地铁上找不到座位。如果有人让你不好过，他就得因为侵犯了你的权利而赔偿你。

这是完美的资本主义世界，但显然它和真实世界不尽相同。自由资本主义的保护者会说，没什么问题——在构建科学理论时使用理想化模型没有错。我们以理想条件下事物的运行为基础设定了一系列规则。要把它们运用到真实世界里，我们必须记住，情况会和预期有所不同，这要看这些理想条件在多大程度上得到了满足。以牛顿力学为例。重力与物体的质量是成比例的，所以任何落向地面物体的速度都是相同的（伽利略曾经作过一个展示）。这就是为什么两颗子弹，一颗由与地面平行的枪管内射出，另一颗同时从相同高度降落，会同时着地的原因。这是一个非常重要且有用的预测，因为它与大多数人本能的直觉认识相反。[1] 当然，这两颗子弹不可能**完全**同时落地。且不考虑地球的弧度，两颗子弹在降落的过程中都必须在空气中穿行。从空气动力学的角度来说，发射出的子弹是一颗向侧边降落的自旋稳定子弹，而偶然降落的子弹的下降过程可能非常混乱，跌跌撞撞，比起侧落的子弹受拉力（重力方向的）的影响较大。因此那颗偶然降落的子弹可能会晚一些着地（当然，如果在空气动力的布局中，它头朝下，没有翻滚或旋进，它可能会先着地）。

可是，这有关系吗？其实没什么关系。这不仅是因为理想的牛顿模型与真实世界“足够相似”，可以得出有用的预测，而且是由于真实的世界与牛顿力学的理想世界**越相似**，我们的观察就会越接近理想模型的预测。如果我们在一个人造平面上做子弹试验，就没有地球弧度的影响了，这就消除了一个不理想的条件，使我们的观察更接近于理想理论的预测。如果我们在真空环境下做这个实验，就能消除另一个不理想的条件，我们的观察结果就会更接近理想。

[1] 迈克尔·麦克罗斯基：《直觉物理学》，载《科学美国人》第249卷(1982)，第122～130页。

所以，如果仅仅指着某个科学理论中用到的模型说："这不真实！"这不能算是一种反对。模型本来就不是真实的。构建模型——把真实世界的某方面简化并呈现出来——的作用在于把事物分解开来。这样人们就不用一直讨论所有的东西，而是可以把导致某一特定现象的力分离出来加以讨论。伽利略曾用一系列的运算预测过在一架倾斜的飞机里下滑的物体的运动，这种方法通常被称作"无摩擦飞机"法。他完全忽略了摩擦力，所以他的模型和任何真实的实验观察都不完全对应，但是却为各种实际运用提供了一种非常接近真实的分析结果，并且第一次清楚地陈述了产生某种运动时的相互作用力。

所以原则上在科研中使用如"无摩擦飞机"这样的理想化模型完全没有问题，很多经济学家都是用这种说辞来为自己的方法辩护的。米尔顿·弗里德曼（Milton Friedman，臭名昭著的"芝加哥学派"的创始人）就通过与几何学的类比认为在完全竞争社会中，每个人都面对的是一整套固定的（由外部因素决定的）价格：

> 当然竞争是一种理想化形态，就像欧几里得的线或点一样。没有人见过欧几里得线——因为它的宽度和深度为零。但我们却发现把一些欧几里得量——如测量员的线——看作是欧几里得线是很有用的。同样的，不存在"纯粹的"竞争。每个生产者都对他所购买物品的定价有一定影响，无论这种影响多么细微。要理解这种影响并制定相应政策，我们必须弄明白这种影响是很重要还是完全可以忽略，就像测量者可以忽略"线"的粗度一样。[1]

至少在大多数情况下，弗里德曼的回答是"是"。例如，即使有特定

---

[1] 米尔顿·弗里德曼：《资本主义与自由》（第2版），芝加哥：芝加哥大学出版社，1982年，第120页。

的行业垄断，也不等于竞争模式不适用。公司仍然会表现得**似乎**有竞争对手一样，因为他们知道如果不这样还赚取了超常利润的话，很快就会吸引“新来者”，即新的竞争对手。因此，我们可以就真实世界和隐形之手理论中的竞争条件有多大程度的相似进行合理的讨论。而次优理论则显示，**从公共政策的角度来说**，这些都没有意义。如果真实世界与完全竞争的理想模式哪怕只有一方面的差别，那么不仅不可能得到最佳结果，而且最接近最佳结果的结果也必定比某个次优结果要糟糕。无摩擦飞机实际上是个谬误。指望一个**几乎**完全竞争的经济就像指望一个几乎把你送到夏威夷的航班一样。这和物理学及几何学不一样，不是理想化条件满足得越多，真实世界的结果就越接近理想。在完全竞争模式中，你满足的条件越多——而不是满足所有的条件——你离最高效率的理想就越远。

比起无摩擦力飞机，完全竞争市场更像低碳水化合物饮食法。人们可能记得，低碳水化合物饮食法建议只摄入蛋白质和脂肪——炒鸡蛋、牛排、咸肉——完全不吃碳水化合物。这个方法使身体感到饥饿，从而分解消耗脂肪储备。但是要用这个方法，你必须真的骗过你的身体，也就是说**完全不摄入碳水化合物**。100% 完全遵从低碳水化合物饮食法的人确实能减掉大量体重。但这并不意味着遵从 99% 的低碳水化合物饮食法——摄入很多脂肪和蛋白质，只吃一点点碳水化合物——能减掉几乎差不多的重量。相反，这种食谱会增加大量的体重。实际上，“几乎”遵从低碳水化合物饮食法比不节制饮食还要糟得多。

不难发现次优理论对右翼观点是一个极大的打击。人们从未设想过隐形之手理论的前提在真实世界中会被满足。因为总有一些领域是无竞争力的，或者这些领域的公司可能会带来负面的外部经济效应（例如污染、噪音或难闻的气味）。这会导致这些领域产品的价格与它们应有的价格不一致。自由市场经济的倡导者们认为这没有问题。即使某个领域产品的价格与其应有的价格不一致，我们还是能保证在其他领域竞争起主导作用，而在**那些**领域价格是正常的。而次优理论则认为这种政策做法总的来说不可能提高效率。一旦某一领域的价格错误，那么即使其他领域的价格正常也是毫无益处的。换而言之：在一个经济体系中，如果有多种价格不正常，那么固定某种价格只会使事情变得更糟，而不是好转。

例如，看看这个例子：关于国际自由贸易的讨论。自由贸易主要是以效率为基础的——效率当然是不能忽略的。很多人认为贸易限制会导致极大的浪费，没有贸易限制的世界比有贸易限制的世界要更有效率、更繁荣。这基本上是对的。但是他们又接着宣称贸易限制**少**的世界比贸易限制**多**的世界更有效率，这里红色警示灯就亮了。

次优理论认为只要有一处存在贸易壁垒，任何国家都不可能在不设置其他贸易障碍或给予自身补贴的情况下得到次优的结果。事实上，干涉贸易可能是提高效率的唯一途径。最显而易见的是，如果某一个领域商品价格虚高，那么要保持所有商品的适当的交换比率，就必须人为提高其他领域商品的价格。

还有这种情况，市场的两个缺陷因素部分地（或完全地）相互抵消了，这样固定其中一个因素会使另一个更糟糕。有这样一个经典的例子。某公司垄断了某商品的生产，并缩减产量以获得高额利润。如果生产该商品碰巧会产生大量污染，那么消除垄断就会带来不好的结果。竞争会降低价格，导致商品产量上升，从而会产生更多污染。（从这个角度来看，石油输出国组织联合会一直让石油的价格居高不下可能是为世界做了一件好事。石油的价格应该比竞争型市场里的价格高，因为消耗石油会带来一些和环境有关的外部经济投入。）

这一情况告诉我们，国家可以通过在某些领域授予专利权来提高效率，如果它希望这些领域的产品产量下降（酒类商店、赌场等）。当然，目前国家正在这样做。这就是创造因素来抵消市场的缺陷因素。

然而，一般来说，向国家或者公司推荐这种微调方法是很愚蠢的，因为要作出正确的干预需要的信息量大得惊人（而且很难得到）。所以表面看来，次优理论似乎准许那些喜欢干预市场的人大干一场，而事实并非如此。市场不能得出最有效率的结果并不意味着政府就能做得更好些——虽然那些希望政府干预的人有义务证明进行治疗不会比放任不管更糟糕。次优理论实际上说明的是从经济的一般均衡模型中不可能得到有益的政策建议。这些标准工具并不能告诉我们在真实世界中最好的做法是什么——每一个领域、每一块市场、每一个公共政策提议——都必须根据自身的优点进行评估。

我和利普赛交谈时，他说次优理论的重要结果是使经济学家们，至少是注意到这一理论的经济学家们，变得“谦虚一点”。这一理论并不能说明任何**具体**的政策是错误的。（例如，利普赛本人就是美国和加拿大之间自由贸易最狂热的支持者之一。）这一理论只是要说明不能仅仅基于一个简单的高度理想化的模型对市场的效率作出一个全面的预测。但它并不能阻止别人作出这样的预测。看看以下声明，这一声明摘自一本新出的教科书，是关于福利经济和公共政策的：

> 隐形之手理论可能是市场经济学中唯一最强有力的结论，它被经济学家们广泛使用。这些经济学家们相信市场具有竞争性，政府不应干预经济行为。米尔顿·弗里德曼和“芝加哥学派”是这一理论最著名的捍卫者。而且由于其效率特性，竞争均衡为政策分析提供了一个有用的标准。[1]

最后一个句子是令人震惊的，它使人们相信利普赛的理论真的受到了

[1] 理查德·贾斯特、达洛尔·修斯、安德鲁·施密茨：《公共政策的福利经济学》，北安普顿：爱德华·埃尔加出版社，2004 年，第 27 ～ 28 页。

“打压”。

通常，市场是增加人们福利的一个宝贵工具。人们很容易忘记每当两个人进行经济交易时，他们都希望通过交易得到益处。但是，我们不能据此就认为社会越依赖市场竞争来组织商品和服务的生产及分配，我们就会越富裕。有时接近完全竞争的理想，我们会更富裕，有时却不然。隐形之手理论不仅不能保证这一点，甚至不能得出能为市场组织模式辩护的推论。市场中出现问题的解决方案必须逐项考虑，而不是从理想经济如何运行的抽象模型中得出结论。

[第四章]

税收太高

“政府是消费者”是一种神话

人们讨厌税收，但这其实只是普遍规律——人们不愿意买单的一个具体表现而已。不幸的是，人们并没有认识到这一点。生命中两大不可避免的事情是“死亡和税收”，而不是“死亡和别人让你买单”。税收被这样单列出来，并能激发如此深层次的愤怒和不满，这常常令我很吃惊。

记得有一次更换机油后，我排着队等候取车。站在我前面的女人接过账单后问技师：“这里面有多少钱是税款？”技师茫然地看着她，她略解释了一下说：“我只想知道那些混账从我这里拿走了多少钱。”这个对话很快变成了闲话家常，直到她说要走了，因为她是个护士，快轮到她的班了，她不能迟到。“等一下，”我说，“你是个护士？公立医院的？那表示**你为政府工作。**”[1] 她不太明白我的意思。我接着说：“那些‘混账’正在用税款付你的工资，你怎么还能抱怨税收呢？这就像汤姆·克鲁斯（Tom Cruise）抱怨电影票的价格一样。”技师在一旁笑了。

不过，我认为我的这点小小的公共服务性质的干预不能改变她的态度。人们都发自内心地讨厌缴税，而且很想逃税去做免费乘客。但如果只

[1] 广义地看，所有加拿大医院都属于公共领域范畴。

是这样，这一议题也不会得到太多的政治关注。人们可能也不喜欢遵守交通规则，但这并不是废除交通规则的理由。使得税收这一议题与众不同的是，一代代的经济学家们普及了一种理念，即税收不仅给纳税者个人带来不便，而且从客观上也不利于经济的发展。作为一个一般声明，它当然是错的（尽管也有些特定的例子证明它是对的）。然而，它却是一个极其普遍的错误的具有代表性的后果，这一错误就是我所提到的“政府是消费者”谬误。

这一谬误下隐含的情况是相当清楚的。政府服务如医疗、教育、国防等是以社会的形式让我们“花钱”的。我们之所以能支付这些费用正是因为我们在私营部门创造了财富，并且把一部分财富以缴税的形式转交给了政府。赋税太重的政府都会受到“杀鸡取卵”的指责，因为它们为了提供服务破坏了它们本身所依赖的创造财富的机制。

这样政府被当作是财富的**消费者**，而私营部门则被当作是财富的**创造者**。这很令人困惑。实际上，国家创造的财富**恰恰**等于市场创造的财富，也就是说国家完全不创造财富。**人们**创造财富，人们也消费财富。社会公共机构如国家，或者市场既不创造也不消费任何东西。它们只是构建了一种机制，通过这一机制，人们可以协调他们的生产和消费。而且一个人所制造物品的价值与谁付他工资并没有关系。一个保安人员无论他是被称作“警官”，为国家工作，还是被称作“雇佣警察”，为私人保安公司工作，他都一样保护了国家财富。

经济学思维中的很多错误都来自于一种倾向，即把经济体制当作人来看待，我们通常就是这样看待公司和政府的。有相当多的人不理解“让政府为他们的问题买单”等同于“让他们的朋友和邻居为他们的问题买单”。（在这个问题上，我经常认为在播报标题“法院最近关于平等就业的裁决将花费政府一百多亿美元”，或者，专对美国人的“伊拉克战争每天耗费政府两亿多美元”这样的新闻时，如果电台播音员能常常用“我们”代替“政府”，效果会好得多。）同样很多人认为，让公司缴税是变相的让个人缴税（而没有看到这就是一种间接向个人征税的方法）。

所有这些错误都能被克服，只要我们“跟着钱”，看清它的来龙去脉。当然我们也要弄清这些机构到底是什么，有什么作用。近几十年来，管理理论家们一直把公司称作“契约的纽带”，目的是为了让人们注意到尽管在法律上有虚构的法人，公司其实并不是人的存在，公司只是组织整套复杂的个人交易的机制。没有公司，人们也可以通过其他方式组织同样的交易——当然，其他方式可能没那么便捷，这也正是人们选择组成公司的原因。

国家也是如此，至少在经济方面是这样。国家和公司的最大差别就在于前者的成员是全民的、强制性的，而后者则不是。（我们应该看到，正是由于这两个特征国家才能提高经济效益。）尽管从某种程度上来说国家是契约的纽带，但由于它的强制性特征，我们不能把它仅仅称作“契约的纽带”。那么，我们就称之为“契约的关键”吧。

右翼人士不厌其烦地提醒我们，20 世纪以来政府大规模地扩张了。我们有必要看看西方政府 20 世纪初和 20 世纪末的“社会开销”（见表 4.1）。[1]

表4.1 在福利、就业、养老金、医疗和住房上的开销所占国民生产总值的百分比

国家＼年份	1900年	1995年
法国	0.57%	26.93%
德国	0.53%	24.92%
美国	0.55%	13.67%
加拿大	0.00%	18.09%

[1] 数据来源于彼得·林德特：《成长中的公众》第 1 辑，剑桥：剑桥大学出版社，2004 年，第 12 ~ 13 页。

这不仅是一种量变，这代表政府作为一种公共机构其本质上的质变。在这方面，把21世纪政府看作是和19世纪政府同样的公共机构是有些误导的。就经济而言，政府从一个局外人变成了最重要的角色。这就像冰球的裁判突然跑出来拿到棍子，并有权在任何时间抓住冰球，在任何地点射门一样。这不仅从根本上改变了游戏规则，而且还提出了严肃的问题：这些人还能被称作"裁判"吗?

有一种合适的称谓能把这种作为经济巨兽的政府与其前身区别开来，即称之为"福利政府"。这不是什么了不起的说法，因为它暗示现代政府的主要功能之一是派发福利支票，而事实并非如此。"福利"一词在这里的意思有所不同，但这种不同可能没什么大不了的。不过更好的主意是把它更名为"公共商品政府"之类其他的说法。这一说法反映了保罗·萨缪尔森（Paul Samuelson）于1954年发表在《经济研究评论》上的一篇论文中所明确提出的一个观点：政府之所以变得如此巨大的原因在于它处于独一无二的地位，能提供市场永远无法提供的商品，即所谓的"公共商品"[1]。萨缪尔森把公共商品定义为非排他性——任何人都可以享受到——并且在消费上具有非竞争性——一个人对于这种商品的消费不能使任何其他人对它的消费数量减少，质量变差。他认为这种商品就像灯塔，可以一视同仁地给附近所有的船只照亮道路，又不会因为一直使用而功能减弱。

萨缪尔森论点的重要之处在于他指出了福利政府能提高效率的逻辑依据。但遗憾的是，他对于公共商品的定义是基于建立模型的考虑，而不是真正想描述政府所提供的商品。事实上，在萨缪尔森的心目中公共商品并不存在——即使是国防——无论公民的数量是多少，国防都一视同仁地让所有公民受益——也不能算是公共商品，因为它只针对**公民**（或那些在国家疆域之内的人们）。更重要的是，他似乎要说明有一种特别的与众不同

[1] 保罗·萨缪尔森：《公共支出的纯理论》，载《经济学与统计学评论》第36卷(1954)，第387～389页。

的商品，而这种商品从本质上说只能由国家提供。实际上，很多政府提供的商品与私营企业提供的商品是同一类别的，问题只在于作为消费者的我们是怎样购买的。

尽管“公共商品”和“公共部门”听起来既悦耳又相似，但是政府提供的大部分商品并不是公共商品，而是经济学家所谓的**俱乐部商品**。这一术语是经济学家詹姆斯·布坎南（James M. Buchanan）提出的，他想以此来缩短他所谓的“纯粹私人物品和纯粹公共商品间的极大的萨缪尔森差距”[1]。他指出每件商品都有所谓的“最优共享群”。例如，你的牙刷的最优共享群是一个人，它是典型的纯粹私人物品。但其他的东西并不是这样。例如，人们没必要花太多钱在健身器材上。虽然在地下室里放一个太空漫步机便于人们在自己的私人空间里锻炼，但这个昂贵的器材一年里可能有 362 天是闲置的。如果你的邻居有一个同样闲置的班霸健身器材，还有人有固定自行车，那么如果共享这些健身器材，效率就会明显提高。我们可以在邻居之间安排一个复杂的轮换计划，也可以像大多数人所做的那样，办健身会员卡。

健身房其实就是这样一种约定，人们可以通过它一起购买、共享各种各样的健身器材。这种约定是有利的：因为器材的使用是非竞争性的，器材很耐用，所以短期内反复使用不会有明显损耗。而且，任何人使用器材的时间都很短，这样器材就非常适合共享了。所以我们就执行这样的消费约定，即只对人们收取加入俱乐部的固定费用，然后他们就可以“自由地”使用里面的所有器材了。

[1] 詹姆斯·布坎南：《俱乐部的经济学理论》，载《经济学刊》第 32 卷(1965)，第 1 ~ 14 页中的第 1 页。

关于这个约定我们必须注意几点。首先，通过收取固定费用来收费会掩盖其隐含的经济交换的本质，这是很糟糕的。例如，去健身房的人经常意识不到他们其实是在为所有的东西买单——跑步机、桑拿房、游泳池——无论他们用了这些东西没有。他们认为俱乐部收了钱，购买了器材(并支付俱乐部工作人员的工资)。他们没有认识到俱乐部只是中间人，其实是所有会员集体购买的。

第二个要点在于俱乐部购买极大地减少了消费者的选择。如果我去买健身器材，我只买我想要的，不用买任何其他的东西。而当我加入俱乐部，收费结构决定了无论我使用与否，我必须为每样东西付一部分钱。这就是为什么喜欢游泳的人成为健身会员最划算的缘故，泳池的维护是最贵的，有泳池的俱乐部会进行交叉补贴——俱乐部有时会通过收取附加费来减少差额，例如向使用泳池的人收取毛巾或衣柜费。

交叉补贴显然是俱乐部所购商品中很不划算的一部分。提供不同商品组合的俱乐部的出现能使人们避免这种情况，人们可以仔细寻找最适合他们要求的俱乐部（不喜欢游泳的人可以加入没有泳池的俱乐部)。尽管理论上这样人们就能达到最高的消费效率，但实际上各俱乐部所提供服务的区别并不大（任何比较过健身俱乐部的人都可以证明这一点)。[1] 这意味着集体采购（即形成最优共享群）能极大地提高效率，这使得不适应单个消费者需要的一些商品所带来的损失变得不那么重要。

在公寓的问题上，情况也很相似。每一个公寓都为其住户提供了一些“私人”设施（住房、停车位）和一些“公共”设施（电梯、保安、暖气)。后者完全是通过每月公寓费支付的，而且每位入住公寓的人都可以“免费”享用。而且每一幢公寓都提供不同的公共（俱乐部）福利，例如游泳池、垃圾清除甚至是门房服务。在有些情况下，由于商品具有非竞争

---

[1] 人们能从中得到最高效率的相关理论见查尔斯·蒂博：《地方公共支出的纯理论》，载《政治经济学杂志》第 64 卷(1956)，第 416 ~ 424 页。

性，所以所有人都能享受到；在另一些情况下，由于商品具有非排他性，每个人都被迫为之买单以避免共同行动问题（入口处的保安就是这种情况，保安的存在不自觉地使公寓里所有的居民受益）。

希望这些已清楚地说明了健身俱乐部和公寓是如何组织经营的，但现在如果有个人走过来问："公寓费应该收多少呢？""要取得健身房会员资格应该付多少钱呢？"答案当然是**这要看情况**。原则上，唯一的限制是人们愿意付多少。人们愿意付多少又完全由他们想要消费这些集体购买商品的愿望的强烈程度决定。如果健身俱乐部的成员想要一个新的桑拿房，或者公寓的住户想要扩大停车设施，他们应该知道为了购买这些东西他们要付出的相应费用会增加。

那么想以尽可能低的价格购买公寓有没有意义呢？答案仍然是这要看情况。有些人并不在乎是否有游泳池或者电梯是否能得到及时的维修，这样住在一个价格极低的公寓里，他们可能也很满意。而另一些人却对这些集体购买的东西要求很高，想要住在费用更高、设施更齐全的公寓里。换言之，重要的不是绝对价格，而是人们从中得到的价值。

这个道理在公寓费用的收取上看来似乎非常明显。然而轮到税收时，人们却又犯糊涂了。就像俱乐部成员交纳一定的费用进入俱乐部，在里面享受一定范围内的"免费"商品一样，作为国家公民的我们也交纳费用以"免费"享受某些商品。这个费用就是"税收"，但它实际上和俱乐部费用的实质是一样的。

一些商品由国家提供，由税收支付反映了这些商品的最优共享群。有时候最优共享群是**所有人**（例如国防、排污和供水系统、公路）。这样的商品由"所有人的俱乐部"，即国家提供。基本上警察和公寓前台的保安没有区别。而且这些服务的支付——以税收的形式——是强制性的，这和公寓费是强制性的原因一样：这些福利相对而言是非排他性的（排他性指价格高得离谱，从而把大多数人排除在外）。

用缴纳的税款购买的最有效率的一种商品是保险。因为保险的好处在于能共同承担风险，收益的多少通常与储备金的多少成比例。因此，很多时候通过全民税收和公共供给机制来购买保险对我们是有利的。这就是加拿大医疗系统的工作机制。人们缴纳税金，并因此而获得国家提供的基本医疗保险政策。因此，如果加拿大人想享受更全面的医疗保险、新地铁或者更平整的道路，他们该怎么做呢？这种情况和想要新桑拿房的公寓住户的情况是一样的：如果想买更多的公共商品（其他的东西想少买点），那么就必须通过投票来提高税收购买。提高税收对经济发展的阻碍实际上并不比公寓住户协会投票提高公寓费对经济发展的阻碍大。

人们可以看到，认为税收本质上很糟糕，或者低税收比高税收好是很荒谬的。税收的绝对标准并不重要，重要的是个人究竟多想通过公共部门（“所有人的俱乐部”）来购买公共商品，以及政府能够提供的价值有多少。这就是为什么低税管辖区并不比高税管辖区更有“竞争力”（费用低的公寓比起费用高的公寓也并不更具吸引力）。而且，并不是政府“消费”了税收得来的钱——这是一个极大的谬误，政府只是我们进行开销的媒介。因此，税收实际上是一种集体购物。我们集体购买了多少东西，我们有多少人实际上对经济繁荣并没什么影响。

人们在这一点上有很多混淆不清的观点。每年，在全世界几十个国家，右翼反税集团经过计算后，庄严地宣布一个“税务自由日”，让人们了解在哪一天他们“不再为政府工作，开始为自己工作”。但是宣布一个年度“按揭自由日”也同样有意义。让房主们都了解哪一天他们“不再为银行工作，开始为自己工作”。每年普通房主都至少要花好几个月来偿还他们的年度抵押贷款利息。但谁在乎呢？房主们并没有“为银行工作”，他们只是在为自己的消费买单。毕竟，住在房子里的是他们而不是银行经理。缴税也是一样。你并没有为政府工作，因为你的孩子要去上公立学校，你要在公路上通勤，你年老体衰时希望政府为你付医药费，所以你只是在为自己的消费买单。

有一个广为流传的信念：减税能“刺激”经济发展。这里存在一个同样的谬误。认为立法降低公寓费用将刺激经济增长也是如此。当然，如果公寓费下降，人们口袋里就有更多的钱用来消费。但是这意味着公寓董事会能花的钱就变**少**了，结果只会是由俱乐部提供的商品变成了由私营企业提供的商品。减少税收也是一样，意味着在学校和医疗方面花费减少，而在汽车和房屋上的花费增加。除了储蓄方面的影响外，在一个领域里增长的需求实际上被另一个领域里降低的需求抵消了。（但也有一个例外，如果国家没钱，就必须借钱来弥补税收的亏空，那么减税实际上减的不是税——而更像是国家为每位公民扣除的强制性个人消费贷款。无论哪种方式，只要政府把钱花在医疗、减轻污染、公路建设及任何其他公共消费上，效果都是一样的。）

当然，通过税收制度来购买商品或者服务也会产生费用。由于各种原因，税收不能像俱乐部费用一样以“固定费用”的形式征收〔玛格丽特·撒切尔（Margaret Thatcher）在英国尝试过，但不太成功〕。这意味着必须通过其他的方式来征收，如个人所得税和消费税，这些都是不利的经济刺激，会带来各种起反作用的逃税行为（人们会雇佣一些狡诈的会计师来钻税收的空子）。但这并不是税收特有的现象。私人市场也有交易成本，例如有受骗的风险，或者要雇律师来检查合同等，但这并不意味着不应该雇律师或者不应该交税，这里所隐含的问题其实是人们的不合作行为。结果，我们就会担心在商业交易中受骗或被占便宜，我们就会担心遭到殴打或财物被偷。要作出最好的选择，我们必须比较经过深思熟虑后所进行的交易带来的利益和这样安排交易所需要的成本；计算请律师的花费和一旦被骗后的损失；考虑缴税的额度（会不会是无谓损失）和市场崩溃后的生活成本。

换言之，问题仅仅在于形成最优共享群所带来的益处是否大于达成某种共享协议所需的花费。米尔顿·弗雷德曼曾经说过，减税总是好的，但这只是武断地认为达成某种购买协议不好罢了。这就像认为最低公寓费一定最好一样。很多初次购买公寓的人都抱有这种态度，但他们通常会为此感到后悔。

同一件商品通过集体购买时的名称和通过个人购买时的名称会有所不同，而这常使我们对俱乐部商品的理解更为混乱。以养老金为例。养老金是人们为了规避退休后的存款不足以支付生活费的风险而购买的一种保险产品。其细节很复杂，但中心理念就是提前支付一定金额以便退休后能定期获得一定的收入，直到去世（例如，一个人现在可以支付 1,000 美元，那么他退休后每个月就可以得到 10 美元，直到去世）。

为什么要买养老金呢？统计数据能告诉我们人们的平均寿命，因此我们知道需要为退休后的生活存多少钱。但糟糕的是，对于不同的人，这个平均数的上下波动较大。结果我们就会有储蓄过多，或更严重的是储蓄不足的危险。对于任何人来说，可能都没有必要存那么多钱以保证自己到了 90 岁还能过得很舒服，但事实是很多人现在都可以活那么久。因此，购买养老金就成了一个很好的解决方法。如果一个人去世较早，那么他得到的钱就少一些；如果一个人活得较长，他还是每个月都能拿到钱。保险公司把养老金卖给成千上万的顾客，寿命较短者剩下的钱就可以平衡寿命较长者的支出。所以每个人购买养老金的支出和他们看了死亡率表及平均寿命后的预期是一样的。

但在养老金的购买上有一个“逆向选择”的问题。如果你认为你会长寿，购买养老金就很划算，但如果你认为你不会长寿，购买养老金就不太划算。结果，想买养老金的人一定是那些由于某种原因，认为自己的寿命会长于平均寿命的人。在有些情况下，人们的理由是显而易见的。例如，一般来说，女性的寿命比男性要长 5 年，所以她们买养老金会更有价值。

这样，如果保险公司设定的养老金的价格是“不分男女”的，就只能吸引女性购买者，因而会导致大于预期的负债。

因此，女性的养老金要贵一些（一般来说，交同样的预付款每个月拿到的钱要少一些）。但还有很多其他会影响寿命的因素是保险公司不易查到的（例如年轻时是否抽烟）。因此，保险公司总是会吸引那些他们最不想要的顾客。实际上，一个人如果想买养老金，保险公司就应该怀疑了，因为那意味着他认为自己会长寿。在设定养老金价格的时候应该考虑这种“逆向选择”效应。但是这样一来，很多“良性风险”——例如那些可能不会长寿的人——会由于价格过高而不去购买。他们无法明确地告诉保险公司他们是良性风险，对他们来说，养老金太贵了，不值得购买。

然而，如果人们集体购买，问题就不是很大了。例如，一个老板到保险公司说：“我要为我所有的员工购买养老金”，这就没那么可疑了。因为几乎没有公司雇佣员工时是以他们的预期寿命为判断标准的，所以一个公司的所有雇员可能是一个很有代表性的人口样品（其中既有长寿的人，也有寿命较短的人）。保险公司把养老金卖给团体的价格就会低于卖给个人的价格，这样养老金就是最优共享群大于个人的商品：集体购买优于个人购买。

但糟糕的是，当老板为我们集体购买养老金时，它就不再是养老金了，而是“养老金固定收益计划”。这个名称上的变化令人困惑。人们倾向于认为养老金计划是一个储蓄协议而不是一个保险产品。而养老金其实就是一个保险产品：为了返还预付款（“养老金缴费”），老板保证从员工退休到去世定期给他们发放固定的金额。

当然，花钱团体购买养老金，人数越多越好。这种好处源于团体是一个可信的有代表性的人口样本，而最好的人口样本就是全体人口，所以养老金的最优共享群是整个国家。因此难怪国家也为公民购买公共养老金（如加拿大的养老金计划、美国的社会保险）。

由于人们没能认识到这就是养老金，所以还是感到非常困惑。在美国的关于社会保险“私有化”的辩论中，人们总是把储蓄和投资股市的回报率与社会保险的回报率相比。但是分析后者的回报率是一个分类错误。这意味着把投资与保险相比。在这方面，就像计算汽车保险的回报率一样：如果你不出事故，你的回报率就很低；但如果你把自己的新梅赛德斯在投保的第一个月就撞坏了，你的回报率就很棒了。社会保险也是一样：如果你活到 120 岁，那么回报率就很可观。但这并不是重点。人们购买保险不是为了获利，而是为了心安，在面临某些风险时能得到保护。有了国家养老金计划和其他养老金产品，你就知道自己的储蓄足以维持到你去世的那一天，这就是最大的收益（还有，这让人们不需要生太多孩子）。

因此，美国社会保险"私有化"的拥护者们倡导的不是真正的保险体系的私有化。私有化将使得人们各自购买养老金，而不是集体购买——这交易显然不划算。他们所倡导的是人们干脆不买养老金，通过储蓄养老。（很多支持养老金"固定缴款"计划、反对"固定收益"计划的人也持同样观点）换言之，他们就是想解除一个对双方都有利的风险共担协议。他们也没什么特别好的理由要这么做，只是出于意识形态上对政府的敌视，所以难怪他们的提议没什么影响力。

当然，向俱乐部缴费和向国家缴税有一个巨大的区别。共享消费有一个几乎是无可避免的结果，即消费者的选择会受到限制。没有一个公寓为你提供的"公共"设施恰恰是你最想要的，没有一个健身俱乐部为你提供的器材恰恰是你打算购买的。但是对于俱乐部，人们还是有**一些**选择的。人们不仅可以四处寻找最适合的俱乐部，而且如果俱乐部的决定与他们的要求相差太远，他们还可以选择退出俱乐部。虽然人们不喜欢缴纳公寓费和健身会员费，但他们是自愿交的。

而对于国家，人们就不能退出了。（即使你因不愿缴税而离开了某个国家，其他的国家也不会收留不缴税的你）。这样你通过交纳会员费而得到的商品组合可能完全不能满足你的需要（“公立学校——我要它干什么？我又没有孩子……”）。国家提供的公共商品不仅是一种集体购物，还是一种强制性集体购物。所以尽管缴税和缴费具有相同的经济特征，但缴税侵犯了个人自由，很多人认为这是一种极大的侮辱。

这儿想要说明的是一个什么问题呢？当然，情况确实如此：你得缴税，你得为各种各样的公共商品买单，即使你根本用不着那些东西。所以，除非出现了严重的市场危机，使得政府提供的一刀切的商品比其他的选择更好，否则政府提供的商品根本不值得考虑。这就是为什么国家处理一些相对具有同一性的商品，如保险，更成功的原因，因为不同的顾客的要求差别不大。（可以把保险和食物或服装比较一下，购买食物或服装时，如果能允许顾客多看几家再作选择，当然吸引力要大得多。）更笼统地说就是顾客要求差别不大的商品的最优共享群会大一些，因为这样一来“要求不匹配”带来的损失就会小一些。

虽然上述情况是事实，但我们必须明白政府提供的打包商品的统一性常常被夸大了，对于联邦国家尤其如此。因为联邦国家的主要功能通常被下放到地方，而且人们在不同地方流动也没什么障碍。就像不同的俱乐部提供不同的健身器材，美国不同的州或加拿大不同的省所提供的公共商品也不同。如果你希望小孩能享受有补贴的日托，就搬到魁北克省去，可别搬到亚伯达省去了。如果你想就读于公立大学，你可以去加利福尼亚住，可别住在南卡罗莱纳州。

即使是非联邦国家也把大量的公共服务交给了自治区政府。自治区政府互相竞争，通过尽力提供有吸引力的税收政策和公共服务来吸引民众和企业。如果你愿意对地域和流动性作某些理想化设想，那么就能理解经济学家查尔斯·蒂博（Charles Tiebout）展示的地方政府可以达到和市场一样的效率水平。[1] 当然，我们应该对此持一定的怀疑态度。但是，它说明那

[1] 蒂博：《地方公共支出的纯理论》。

些以选择为理由认为私人市场优于公共供给的人其实夸大了私人市场里实际存在的选择的数量，而少算了在公共领域里存在的选择的数量。

我们还必须注意到在大多数情况下，当福利政府提供某项商品时，都是在一个很低的水平上提供的。购买者可以自由地在私人市场购买更多的商品来“补充”他们的需要。在福利政府所有的主要花费上都是如此：养老金、教育、安全、残疾保险、健康保险、通讯（如邮政服务），有时甚至还包括交通网络。因此，穷人对消费选择的限制感觉最糟——但他们不可能抱怨，因为他们得到的一刀切商品的价值远远超过他们能独立负担商品的价值。

最后，我们必须把那些想行使退出权力的人和那些只是想免费乘车的人区分开来。作为健身会员，你可以自由地选择退出，如果你认为你的钱花得不值的话。而健身房也有权把你踢出去——不让你享受它的好处——如果它不喜欢你的行为方式的话。但是国家却不能把人民踢出去（除了一些特别的例子以外）。国家的医保不能在你得了糖尿病后中断与你的合约，这和私人保险公司可不一样。这儿国家有一个明显的优势：不能退出是和不能排除联系在一起的。后者为我们带来内心的宁静，虽然我们总认为这是理所应当的。

[第五章]

在所有领域都没有竞争力

为什么国际竞争力并不重要

即使是最有同情心的观察者们都必须承认在过去的几十年里，新自由主义、全球化和自由贸易的信徒们没能很好地宣传他们的理念。他们越希望人们对国际贸易产生好感，人们就越表示怀疑。问题可能出在一个像咒语般被他们一再提到的常用语上 :“国际竞争” [1] 。如果一个来自印度班加罗尔市呼叫中心的人抢走了**你的**工作，你会怎么做？你准备怎样竞争？下一个十年里，上百万受过教育且勤劳肯干的亚洲工人即将到来，他们的成就会超过预期。人们希望对这种情况的恐惧能像“恐怖监狱”节目一样治疗西方的堕落。当通用公司主席瑞克 · 瓦格纳（Rick Wagoner）抱怨美国经济正处于“在所有领域都失去竞争力” [2] 的危机中时，他实际上对这种焦虑作了完美的总结。

但有一个问题 : 一个经济实体不可能在所有领域都失去竞争力，即使真有这种可能，也没什么关系，因为从根本上来说，贸易不是一种竞争关系。竞争一定有赢家和输家，而贸易是一种合作关系，双方都要获利，否

[1] 见保罗 · 克鲁格曼 :《兜售繁荣》，纽约 : 诺顿出版社，1994 年，第 285 ~ 291 页。

[2] 瑞克 · 哈格伦德 :《通用总裁炮轰令人沮丧的分析员们》，载 Mlive.com 网站，2007 年 5 月 4 日。

则就不会交易了。当然，交易双方的内部，即卖方内部和买方内部有竞争，还有一些外部影响，但是买方和卖方**之间**没有竞争。从这个角度来看，所有的竞争都是内部竞争。当我们和中国、印度或墨西哥交易时，我们并没有和他们及他们国内的企业竞争。你可以读一读经济学教科书，国际贸易的关键概念并不是“竞争优势”，而是“**比较**优势”。两者完全不同。而比较优势是一个不太直观且难以理解的概念，很多时候似乎没法解释。但是，很多国际贸易的热心拥趸者们没有去谈论它的双赢结构，而是粗心大意地把它说成是一种竞争，强调全球化是一种零和博弈，赢家获利、输家受损，这就使得国际贸易变得不那么吸引人了。

为什么自由贸易的信徒这样蓄意破坏他们的立场呢？部分原因是他们没有认识到这种说辞很符合左翼分子对于全球化的评论。说交易中有赢家和输家等于是说交易是一种剥削，这和老套的马克思主义观点：在这些交易中榨取“剩余价值”是不谋而合的。而且，如果贸易是一种竞争，贫穷的非洲国家面对西方的大恶霸还有什么机会呢？难道我们不应该帮助他们而要打垮他们吗？

除了这些无意之中带来的副作用外，“竞争”这一说辞也有其特殊意图：它能推进国内的一些右翼议程，是政治上的一种很好的权宜之计。有些人总说我们在和贸易伙伴竞争，尽管事实并非如此，但那些人却能以此来要求减税、降薪、放松管制、放宽环境标准。另外，这一说辞通常基于对国家竞争和企业竞争的错误类比。例如，《纽约时报》的专栏作家托马斯·弗里德曼（Thomas Friedman）——长期为全球化摇旗呐喊——使用这一说辞给全球化带来的伤害可能比那些最激烈的批评家们都大。他认为“公司”和“国家”两个词可以互换。“如果你要对付像全球化这么复杂无情的体制，并在这个体制内兴旺发达，你需要一个战略来使你的国家或者公司繁荣。”他这样写道。[1] 这段摘自于《凌志与橄榄树》（*The Lexus and*

[1] 托马斯·弗里德曼：《凌志与橄榄树》，纽约：铁锚出版社，2000年，第232页。

the Olive Tree）中的一个章节，标题为“你国家或公司的管理能行吗？如果不行，你能不能改变这种管理？”

这种错误的类比就是要告诉我们，政府应该“缩小”，政府应该变得像企业，甚至是被精简。我们必须学会“射杀伤者”，他如是写道。税率、劳工标准、环境管理——这都是些没用的花费，都应该减少以增强竞争力。福利国家是一种奢侈，一种装扮和修饰，我们必须习惯没有福利的生存。这不是一种选择，而是一种必须：“在这个被抹平的世界里，全球竞争会使得许多旧的政府和公司的安全网络消失。”弗里德曼在他的后一本书《世界是平的》（*The World is Flat*）[1] 里这样写道。他也试图讨论比较优势的问题，但却屡屡回到竞争这一说法上。我们应该奋发图强，打起精神，不再懒散！我们应该严肃面对、不断学习、努力工作，否则我们就会尸骨无存！

而实际上，我们根本不必这么做。国家并不是公司，它们也不应该像公司一样。实际上，为了对弗里德曼无情地把它们混为一谈表示敬意，我很想把这个类比称为“凌志与橄榄树”谬误。公司互相竞争，国家则不。这一点不弄清楚会带来极大的混淆。

国际贸易自由是少数能成为选举议题的经济政策问题之一。1988 年，加拿大政府为了落实美加自由贸易协定，被迫举行大选（之前参议员拒绝通过必要的法案）。随后的竞选活动完全是围绕这个问题展开的。和许多同龄的加拿大人一样，我对政府投了反对票，因为我确信自由贸易协定对国家来说将是个灾难。不过，我这么认为主要是因为当时我连基本的经济

[1] 托马斯·弗里德曼：《世界是平的》，纽约：法勒、斯特劳斯与吉鲁出版社，2005 年，第 377 页。

学都不懂。在这方面，很多人跟我一样。实际上，大多数左翼知识分子（尤其是作家和艺术家）都反对自由贸易协定。在此过程中，他们表现出一种令人愤慨的对经济的无知。事后我仔细地查阅了相关文件，我可以负责任地说，几乎全国所有的左翼保守当权派根本不理解国际贸易。

事实证明，我们对自由贸易影响的看法是完全错误的。(20 年后，通过人们是否愿意承认这一点，我们能很好地判断他们在学术上是否诚实。当然，我这么说没什么，因为当时我不过是个本科生。) 谁能想到安大略省能取代密歇根成为北美最大的汽车制造中心？（谁能想到加拿大的全民医疗系统成为使日本的汽车制造商们决定把他们的企业落户在安大略而不是底特律的关键因素？）[1] 谁能想到好莱坞的电影工作者们会举行街头抗议，抱怨大量的电影电视生产被转移到了多伦多和温哥华？（谁能想到科幻节目中曾和南加州非常相似的外星世界会很快变得像不列颠哥伦比亚省的热带雨林？）

人们对自由贸易协定的反对是基于各种理由的。一个反复出现的论点就是所谓**廉价劳工谬误**。[2] 约翰·罗尔斯顿·索尔（John Ralston Saul）在 1988 年曾提出过一个很好的例子：没有一个欧洲国家能在开放的竞争中战胜韩国或泰国，因为这两个国家都维持着 19 世纪的劳工条件。因此，欧盟的国家通过制定各项规则，包括设置关税来限制竞争。[3] 他认为加拿大如果开放边界，与那些各项生产成本都较低的国家竞争，那它一定是疯了。一个国家为了“有效率地”竞争，那么至少在有些领域，它的生产成本要比较低——所以，富国同“廉价劳工”国交易时，不可能获利。

当自由贸易区扩大到把墨西哥包括进来时，这种富有诱惑力的论点得

---

[1] 保罗·克鲁格曼：《丰田，向北进发》，载《纽约时报》2005 年 7 月 25 日。

[2] 保罗·克鲁格曼：《李嘉图的深奥想法》，http：//web.mit.edu/krugman/www/ricardo.htm（2008 年 8 月）。

[3] 约翰·罗尔斯顿·索尔：《今天加拿大，明天墨西哥……》收录于劳里埃·拉皮耶编辑《如果你爱这个国家》，多伦多：麦可兰德与斯图尔特出版公司，1988 年，第 189 页。

到了更大的发挥。罗斯·佩罗（Ross Perot）曾就美国南部边界传来的“巨大的蚕食的声音”发表过著名讲话。这两人的观点其实非常简单。之前，人们认为加拿大怎么能和南卡罗莱纳州竞争呢？南卡罗莱纳州的薪酬极低，几乎没有工会组织。现在人们则认为加拿大（和美国）怎么能和墨西哥竞争呢？那儿的人的工资是以美分而不是美元计的。

这里的背景是如下画面：假设一条街的两边各有一个面包店。一个处于富裕的一边，工人的工资是每小时10美元，另一个处于贫穷的一边，工人的工资是每小时1美元。两个店其他的花费是一样的，设备和技术相同。工人们不能过街，但顾客可以。那“富裕”一边的面包店怎么竞争得过“贫穷”一边的呢？很明显，竞争不过的，因为它卖的东西肯定要贵一些。那么富裕一边的面包店只能减薪，或者向对方学习，搬到对面去。

有些人认为这种论点很有说服力，能有力地驳斥自由贸易（或者，至少证明全球化只对面包店主有利，对面包店工人却不利）。实际上，这就是一个廉价劳工谬误的例子。这个谬误的问题在于它是以把公司和国家进行错误类比为基础的。公司之间为了和第三方，也就是顾客，交易而竞争。然而，在国际贸易中**没有第三方**，没有外部客户，只是国家间互相交易。当然，加拿大公司与墨西哥公司竞争，要把东西卖给第三方，但是这和自由贸易没有关系。向墨西哥的商品征收关税并不能使加拿大的商品对其他国家的人更有吸引力。贸易壁垒只能使加拿大人和墨西哥人之间的交易困难，问题是这有什么好处呢？

为了更妥善地把面包房的情形进行类比，我们可以假定在一定条件下面包房之间可以进行交易。例如，我们给街道两边的人一些代金券来消费，这些代金券只能买自己这边的面包。富裕一边的顾客可以去贫穷一边的面包房消费，但他们只能用代金券支付。那么，如果你是贫穷一边的面包房，你为什么要收富裕一边的代金券呢？这些代金券只能在富裕一边的面包房换得一些东西，那么它们有什么用呢？富裕一边的面包房工人的工资是你们的十倍，那么比起从他们那边买，你们自给自足不是更好吗？换言之，如果接受富裕一边实际上没什么价值的代金券，贫穷一边的面包房就不得不到富裕一边的面包房去买东西。这对他们有什么好处呢？富裕一边的面包房难道不是“在各方面都没有竞争力”吗？

这里恰恰暴露了这个论点的缺陷，同时人们也有机会重温一下大卫·李嘉图（David Ricardo）关于比较优势略显过时的观点。如果富裕一边面包房的工人特别会做面包圈，而贫穷一边面包房的工人特别会做糕点，这就意味着两个面包房里的面包圈和糕点的相对价格会有所不同。(两个店里两者价格的绝对值不能比较，因为它们是通过“本地”代金券来体现的。）具体来说，如果贫穷一边面包房里的糕点售价只有面包圈的一半，而富裕一边面包房的糕点售价是面包圈的两倍，这就意味着贫穷一边的面包房可以这样提高收入：多做一些糕点卖给富裕一边的顾客，这样积累一些代金券到对面去买一些面包圈来卖给贫穷一边的顾客。如果他们能这样每卖出一个糕点就得到一个面包圈，他们就能把花在为自己顾客准备面包圈上的时间减半了。

还有一种思考方法。贫穷一边的面包房有两种做面包圈的方法。一种是自己做，一种是做糕点卖给富裕一边的顾客，然后用这个收入去对面买面包圈。第二种方法是否比第一种好完全取决于与富裕一边做糕点和面包圈的技术相比，贫穷一边的技术如何。那么贸易收益来自于贸易双方的比较优势，而不是**竞争**优势，跟富裕一边的工资水平较高完全没有关系。

当然，贫穷一边的顾客可能得到风声，于是就不在自己这边买面包圈，直接到街对面去买。富裕一边的面包房也很乐意收他们的代金券，因为他们可以到对面去买糕点。这种交换必然是可逆的，因为只有双方都能获益，交易才能进行下去。这样，两个面包房通过交易都能获利：尽管两边的工资水平和生产成本不同，但是通过贸易，他们都能够以较低的成本向顾客提供跟原来相同的产品。

把“代金券”引入到以上例子中并不是偶然的。许多关于国际贸易的困惑源于货币模糊了隐含的交易本质。要了解这是怎么发生的，我们可以看看以下情形。假设两个面包房都疲于使用两种代金券，更别提总是过街买东西了，所以贫穷一边的面包房决定不收富裕一边的代金券，不做面包圈了，而富裕一边的面包房则不收贫穷一边的代金券，不做糕点了。那么从此以后，富裕一边的人如果想吃糕点，就得找人买贫穷一边的代金券以便在贫穷一边的面包房使用。当然，他得找一个贫穷一边想吃面包圈的人来交换代金券。这样就会产生货币交换，而货币的兑换率反映了两边面包圈与糕点生产力的比率。这样，人们互相交换代金券，然后去能买到他们想买的东西的面包房消费。

这个情形和前一个有什么区别呢？在第一种情况下，面包房交换面包圈和糕点。在第二种情况下，顾客交换代金券。那么后一种情况可能有误导作用，因为代金券本身没有价值，它们只是能买到的商品的代替物。第二种情况下发生的事情**其实**和第一种情况下相同：糕点在和面包圈交换。货币错觉模糊了事实。无论是面包房之间交换商品，还是顾客之间交换代金券，其中隐藏的交易都是一样的。

在国际贸易中我们要牢记这一点，因为国家货币其实就是代金券。欧元本身只能在欧元区使用，所以它是欧洲商品的代金券。这里，持有货币就像要求退款却得到商店的代金券，或者圣诞节时得到礼券一样。我仍记得，自己曾多次拿着并不想要的礼券在大型五金卖场的通道上或者服装店里徘徊，想找到一些对我有用的东西。这种经历和在国际机场的礼品店里搜寻，试图在登机回家前花掉外币是一样的。

我们很容易认为从国外进口商品和从街角处的商店买东西一样，是用货币支付的。但是我们不能忘记我们的货币对于外国人来说是没有价值的。例如，他们不能像本地店主一样使用这种货币来付他们的房租。他们只能在**我们这边**兑现来交换他们想要的东西（或者和**其他**想到这边来买东西的人交换）。如果我们从中国进口了价值 100 万美元的商品，理解这笔交易的最佳方法是设想随后有一群中国人在我国徘徊，考虑着："哇！这里有什么我想要的东西吗？枫糖浆？小麦？"——就像一个拿着礼券在五金店徘徊的人在考虑"我需要一个台式电锯吗"一样。

当然，这不是真的，有些中国人可能已提前购物了，在把他们的商品卖给我们**之前**就挑好了想要的东西。因为问题的关键在此：如果这边没有中国人想要的东西，**他们就不会接受我们的货币了**。我们将没法从他们那里进口任何东西，因为我们没有有价值的东西可以支付给他们。（所以，即使"在任何领域都没有竞争力"的情形确实存在，也不会以财政赤字的形式表现出来。如果没有人想从我们这里买东西，那么也没有人想把东西卖给我们，因为我们没办法支付。）

可这也没什么——如果他们不愿意接受我们的货币作为支付手段，我们可以去货币市场购买他们的货币来从他们那进口商品。但这把问题往回推了一步。我们用什么来交换他们的货币？**我们的**货币。那么为什么别人会买我们的货币？除非他们能把这些货币兑现，在我们这边买到他们想要的东西。

当然，中国人可能并不想要我们的东西，只不过想挣一点我们的货币来换取**其他的**货币。这又把问题往回推了一步。只有当我们这有**他们**需要的东西时，拥有其他货币的人才会用他们的货币交换我们的。当然，除非他们又找到**其他**想买我们货币的人…… 但这个钱总要在某个地方停下来。假设有这么个网站，一些得到他们不想要的礼券的人可以聚在一起互相交换。无论进行了多少复杂的交易，你能把你的宜家礼券换出去的唯一方法是某地有某个人想买宜家的货物。

最后，如果任何地方都没有人想买我们的产品，拥有我们代金券的人就会想把它们处理掉。他们会以折扣价来卖这些代金券。这些代金券就会贬值，一直到某个地方有某个人认为我们的商品在这个价位上还有点吸引力为止。

因此，货币是一种非常重要的调节国际贸易的机制。但是，这种种复杂的情形都不应该掩盖这样一个基本的现实：在国际贸易中，所有进口商品最终都是要以出口商品来支付的。这是贸易作为交换体系的直接后果。中国不是在向我们倾销，他们也需要一些东西作为交换的。当然，他们不要求我们立刻偿还（repayment）（用“偿还”这个词，我指的是用实物而不是纸币支付）。通过购买政府债券或进行其他形式的投资，他们可能会让他们的货币在我国呆上一阵。我国会因此而出现财政赤字。进口额超过出口额仅仅意味着**今年**的进口超过了出口，因为跟过去相比，他们拥有更多我们的货币（或者以持有我们货币的形式拥有更多我们的债务）。最终，无论如何这些货币都会以出口商品的形式偿还。毕竟，他们不是傻瓜，他们不想要我们的钱：他们想要的是我们的货物。[1]

所以如果美国的一家工厂倒闭，工厂主把生产转移到中国，美国人并不一定失去了工作。他们虽然不再生产这家工厂的产品，但却可能开始生产更多其他的产品，以支付从中国进口的商品。这个过程会让一些东西崩溃，使美国社会的不公平现象恶化。为了支付进口商品，一些新的就业机会产生了，但是得到这些工作的人当然不会是那些由于生产被转移到境外而失去工作的人。因此，通过强调这一点来反对自由贸易是非常有力的。但是反对国际贸易的人常常忽略一个事实，即由于外包而失去的工作会通过其他领域的国内生产的增长得到弥补，国内的工作并不是就这样消失了。说国家“出口的是工作而不是商品”肯定是错误的。在经济领域中工作可以重新分配——如果不是这样的话，我们就没办法支付那些我们希望进口的商品了。

值得注意的是，到目前为止，我还完全没有提过生产力的情况。这是不同寻常的，因为那些全球化和国际贸易的拥护者们通常就是这样安慰

[1] 有一个例外是美元，人们有时确实愿意持有美元。这就意味着美国处在一个比大部分其他国家都更能承受财政赤字的地位，当然这样它也冒着“清算日”总会来的风险。有一个评论员曾把美国的情况和一个能签持有者不会兑换的支票的人相比较，持有者们用支票来进行进一步的交换。这对签支票的人来说当然很棒，但总有一天持有者们会把支票兑出去。

那些担心失去工作的人的。“别担心，你会没事的——你比那些墨西哥的（或中国的、孟加拉的，或其他地方的）工人的**生产力**高多了。”他们如是说。而且，必须提高生产力以维持竞争优势正是托马斯·弗里德曼之流不厌其烦地宣扬的“现在正是奋发图强的时刻”的中心主题。

生产力有点像罗夏印记——是一种不确定的模糊实体，每个人都可以根据它提出自己在意识形态或政治上的要求。有些人认为日益提高的生产力需要政府在教育和“创新”方面进行大量的投资；而另一些人则认为需要大幅减税，并且积极地放松对企业的管制。谁对呢？天知道！因为统计学家们认为生产力的增长是剩余物。他们的计算方法是找出经济增长率，然后分离出任何有明显解释的因素。如果有的增长源于更多人工作，或者人们工作更长时间，他们会把它分离出来；如果有的增长源于资本支出的增加，如购买新设备或新机器，他们也会把它分离出来；他们留下的是增长率中这些明显的投入增加所无法解释的部分。这就是我们所谓的“多因素的”，或者“全因素的”生产力增长。

当然，人们对于这种增长有各种各样的解释——更高的受教育程度、技术创新、更好的管理、不再游手好闲。但人们真的知道吗？这些多半是推测。实际上，在不同的年份，对不同的公司来说，影响生产力增长的因素并不相同。“生产力”是我们用来描述所有我们知之甚少且难以衡量的促使经济增长的因素的术语，这就是其本质。因此，任何以能提高生产力为理由提出特定政策议程的人都有贩卖经济万金油的嫌疑。

但是，人们以生产力较高来安慰那些担心国际贸易的人，这种做法还有一个更为根本性的问题。看看“赤裸裸的经济学家”查尔斯·韦兰（Charles Wheelan）是怎样阐述这个论点的：

> 当墨西哥工厂工人的平均工资只是美国工人的一小部分时，公司为什么不搬到墨西哥去呢？是因为生产力的缘故。美国工人能和工资只有他们的一半甚至更少的外国工人竞争吗？大部

> 分人应该是可以的。要知道我们的产量比墨西哥工人的大——在很多时候大很多——因为我们受教育程度更高、更健康，我们有更多机会享受资本和技术，有更好的公共基础设施。一个只受过两年教育的越南农民能干我们的工作吗？很可能是干不了的。[1]

韦兰是一个很懂经济的人，可是以上这些话并不正确。至少他的话**听起来好像**完全是错误的。因为他似乎在对美国工人说："尽管我们付你们更多的工资，可那也没什么，因为你们大部分人的产量更高，这样我们的公司仍然有竞争力。"换言之，他似乎在说尽管工资率要高一些，但国内的工作是安全的，因为"计件工资率"（制造每件产品所付出的工资）实际上比国外工人低。这实在不能算是安慰。首先，人们可以感觉到这并不是事实。不发达国家的工人们到底有多无能？当通用汽车公司把装配厂搬到墨西哥时，那儿的工人能得到同样的培训，能接触同样的装备，和美国工人一样。较好的教育可能使得美国工人每小时能多生产几辆车，但是能多生产出 10 倍的车吗？美国人的教育水平没有**那么**高。

韦兰论点的问题在于他鼓励读者相信富裕国家要想保持竞争力必须要有绝对的优势（客观来说，"我们"必须"比墨西哥人的产量高"）。这相应地又带来了一种人为的恐慌，认为我们必须"保持竞争力"。毕竟，如果我们得到高工资是**由于**墨西哥工人装配汽车的效率低下，那么我们不能指望他们总保持这种低水平。这就意味着为了保持领先，避免生活水平下降，我们就必须一直努力工作。而这是完全错误的。

生产力很重要，但重要的只是一个国家经济内部的**相对**生产力。美国的汽车工人可以保住他们的工作（如果他们**确实**保住了他们的工作）是因为**比起其他美国人**，他们的生产力更高。换言之，在汽车制造方面，美国有（或曾经有）比较优势。一般来说，由于相对充足的资金和技术以及更

---

[1] 查尔斯·韦兰：《赤裸裸的经济学家》，纽约：诺顿出版社，2002 年，第 108 页。

好的基础设施，富裕国家通常在高生产力领域有比较优势。而贫穷的国家则在需要大量低技术劳力的领域有比较优势。这就是为什么贸易会使富裕国家的资金密集型行业的岗位增加，而使较为贫穷国家的劳动力密集型行业的岗位增加的原因。[1] 这和生产力高的工人“战胜”他们的第三世界对手毫无关系。

在这方面，美国的汽车工人就像富裕一边的面包房里做面包圈的师傅，而不是做糕点的师傅。（美国和墨西哥的贸易增加了，而他们却没有失业，这说明其他行业有人失业了。全球化的拥护者们是不会深究这一点的。）只有当墨西哥人制造的汽车比美国人自己生产的汽车更便宜时，美国人才会买墨西哥人制造的汽车。然而，事实证明，美国人生产汽车的水平比他们生产墨西哥人想用来换车的产品的水平高。要理解这一点最好是仔细思考一下大卫·弗里德曼（David Friedman）的“爱荷华汽车庄稼”寓言：

> 美国人有两种制造汽车的方法：要么在底特律生产，要么在爱荷华种植。如果在爱荷华种植，他们就得用一种特殊技术把小麦变成丰田车：把小麦装船，驶向太平洋。过了一会，船回来了，上面装的就是丰田车了。在太平洋上把小麦变成丰田车的技术被称作“日本”，但它也很可能是夏威夷沿海的一个未来生物工厂。无论如何，底特律的汽车工人正直接和爱荷华的农民竞争。[2]

从这个角度来看，提高公司税率如何影响美国经济的“竞争力”就很

[1] 这一观点的数学表达，即比较优势的赫克斯克 - 奥林模型。详细讨论见爱德华·里默：《赫克斯克—奥林模型的理论与实践》，载《国际金融普林斯顿研究》第 77 卷，1995 年。

[2] 故事的这个版本出自于蒂姆·哈福德的《卧底经济学家》。见《卧底经济学》，哈佛：哈佛大学出版社，2006 年，第 211 页。原始版本见大卫·弗里德曼：《生活中的经济学》，纽约：哈珀柯林斯出版集团，1996 年，第 69 ～ 72 页。

清楚了。假定汽车制造商和种玉米的农民的税务负担是一样的，那么就**完全不会**有影响了。这样的税收不会影响两者的相对地位，也就不会影响国内的比较优势结构。这实际上不会影响竞争力，完全不会使美国“在所有领域都失去竞争力”。那么，在教育和培训方面投入大量的钱会得到什么结果呢？这就要看情况了。这种投入可能不会使汽车行业受益，但如果能带来获得新专利的“绿色革命”庄稼，那么优势就可能会转向农民那边，导致汽车制造或其他工业生产外包量增加。

本章的论述只是再次试图对保罗·克鲁格曼（Paul Krugman）称之为“李嘉图的深奥想法”[1]的观点做一个通俗易懂的介绍。当然，李嘉图的理论并不是国际贸易的最高权威，但却非常关键。他对于比较优势的分析是现代国际贸易理论的基石。除非充分理解了这一理论，并且明白它的一些限制，否则不可能对国际贸易进行真正的探讨。

尽管如此，在各种各样的讨论中，比较优势这一和谐的逻辑并不吃香。例如，国家之间为了外国的直接投资而互相激烈竞争。当丰田决定要在安大略、肯塔基及加利福尼亚半岛之中选址建新的生产基地时，用国际竞争来描述这种情形倒没什么错。我们还必须注意，比较优势这一概念比它看起来更微妙复杂。李嘉图提出他最初的观点时，是以英国用布料和葡萄牙交换红酒为例的。与英国相比，葡萄牙的葡萄种得更好似乎是由于更有利的自然气候，那么，这就意味着比较优势来自于一些难以被人们掌控的条件，例如：自然资源。有时确实如此，但更多时候情况并不是这样。知识、生产技术，乃至组织形式都不像它们表面看起来那么容易被带出国门。时至今日，葡萄牙仍是葡萄酒的主要出口国，这并不是由于气候优势，而是由于几个世纪的

---

[1] 保罗·克鲁格曼：《李嘉图的深奥想法》。

生产积累的知识、经验和传统优势。当然，葡萄牙也有作为红酒酿造“先行者”而具备的规模经济优势，同时还有很大的国内市场。

很多最重要比较优势的来源完全没有在对公共政策的讨论中被提及。例如，在有些特定领域，如媒体和出版，还包括法律、金融服务、科研、软件开发等领域，拥有大量以英语为母语的人才（或英语说得很好的人才），就是一个极大的优势。[1] 地方文化和国家文化也能产生优势，而这一点人们也常常不明白。（人们常常说硅谷并没有丰富的硅矿，只有很多加利福尼亚人。）网络效应也很重要——一个产业的出现和成功通常能直接给相关领域带来优势。法律体系也给一些产业带来了优势。例如，所谓知识资产也只有在具有能合理保护专利和版权能力的法律环境的司法管辖区内才能兴盛繁荣。

所以，比较优势不仅是一个国家碰巧拥有的，也可以是由这个国家积极培育的。[2] 特别是对某一产业的补贴可能是一种纯粹人为的优势，但经过一段时间，形成了适当的支持网络、培训系统、该产业所需要的地方知识储备，那么真正的比较优势就形成了。巴西政府对于巴西航空工业公司的支持（由于想要在商用飞机的国际市场上分一杯羹）和英国对视频游戏的补贴就是很好的例子。当然，从很多方面看，这种政治干预都很不明智，但是至少这种干预不是基于误解或谬误。国家可以通过计划周密、执行到位的产业战略大大获益。（特别是在全世界只需要一两个供货商的赢家通吃的市场里。）从这个角度看，国际竞争的说法也不算误导。如果一个国家由于某种原因想成为某个领域的出口国，就必须与其他国家竞争，形成自身的优势。

比较优势一定是源于国家之间的**不同**。然而，当右翼人士提出议案以增强“竞争力”时，他们总认为国家之间很**相似**。特别是当他们与不发达

[1] 约翰·凯：《经济学的事务》，牛津：牛津大学出版社，1996 年，第 79 页。

[2] 保罗·克鲁格曼：《流行的国际主义》，剑桥：麻省理工学院出版社，1996 年，第 96 ~ 98 页。

国家竞争时，他们总是只想到通过减薪、减税、放松管制来降低整个生产成本。（廉价劳工谬误，从某种意义上来说，在右翼人士和左翼人士中间都同样受欢迎。唯一真正的不同之处在于，左翼利用它来论证应限制贸易，而右翼利用它来说明应把劳工廉价化。）

水门事件的录音带中有一个有趣的花絮，是一段尼克松总统、亨利·福特二世（Henry Ford II）和李·艾柯卡（Lee Iacocca）之间关于汽车安全标准的对话。汽车高管们对尼克松施压，要他干预交通部的决定，使他们无须执行新颁布的联邦安全标准。尼克松是这样开始这段对话的：他认为“环保主义者”和“保护消费者利益主义者”“根本对安全和干净的空气毫无兴趣。他们只想毁了这个体制。他们是体制的敌人”。而与之形成鲜明对比的是，他宣称：“我是支持这个体制的。”

可能是由于受到这段话的鼓励，艾柯卡认为汽车制造商不应该执行安全规定，因为“日本人已经准备好把我们生吞活剥了”。如果必须装上新的安全设备的话，日本人“将把美国法律要求的所有设备都装上去，每小时只用花费 1.5 美元，而我们每小时要花 7 美元”。福特附和了这种观点，他指出：“从根本上来说，实际上我们担忧的——已不是产业问题——而是美国经济问题。如果这些花费太高，人们将不会买美国车，而是去买外国车。你就会面对平衡国际收支的问题。”[1]

这是廉价劳工谬误的一个典型范例。尼克松怎么回答的？他说：“对，我完全同意。”

我们从以上能得出什么结论呢？首先，我们知道在 70 年代早期，面对日本汽车制造商进入美国经济的巨大挑战时，无论是美国总统，还是汽车产业的高管们，对国际贸易的逻辑都没有一个清醒的认识。其次，我们明白“环保主义者”和“保护消费者利益主义者”对全球化和国际贸易会

[1] 引自弗朗西斯·卡伦、威廉·马凯斯塔德、格雷·卡文德：《利润 VS 安全》，收录于道格拉斯·比尔斯、约翰·菲尔德：《福特平托案例》，奥尔巴尼：纽约州立大学出版社，1994 年，第 267 ～ 268 页。

导致在环境管理、消费者安全保护和劳工标准方面的“恶性竞争”的忧虑完全是有道理的。如果产业负责人们不是经常把国际贸易作为一个凶神恶煞的武器来要求放松环境管理、免除消费安全规定、降低劳工标准，他们也不会这么担心。国际贸易本身不会带来压力，但右翼的意识形态却会造成压力。所以，只要意识形态对高管们的影响比经济学对他们的影响大，我们就有理由担心全球化，因为它可能会带来糟糕的公共政策。

[第六章]

个人责任

如何正确理解道德风险

左翼人士对于当代保守主义很难理解的一个事实是大多数右翼人士认为他们的政治观点不仅是他们自身利益的表达，也是更广泛的道德承诺的结果。不仅是在性道德这种保守分子显然会自我标榜的领域如此，右翼分子似乎还觉得削减福利计划和公共服务、减弱消费者保护和市场监管、忽视人类行为对环境的影响不仅对他们个人有利，而且是一种道德义务。他们认为成为右翼人士意味着他们——或显得他们——是更好的人。怎么会这样呢？

约翰·肯尼斯·加尔布雷斯曾说过，“现代保守派正在从事人类最古老的道德哲学练习，即为自私找一个优越的道德上的理由。”在像艾茵·兰德（Ayn Rand）这样的人身上，这种说法不无道理。她的观点非常直截了当。她认为自由派相信利他主义，因而想利用国家的力量使强者帮助弱者；而保守派相信个人权利，支持自由市场，反对国家权力，因为他们认为人们没有义务互相帮助。不侵占你的地盘？可以。给你买晚餐？想都别想。这样，左派和右派的选择就很简单了：想做利他主义者还是自我主义者？兰德认为应该做自我主义者。

当然，今天的大多数右翼人士并不是这样看待自己的。他们坚持认为自己和左翼人士一样无私，不同之处在于他们还相信**个人责任**，而这也使得他们的政治理念更为优越。就像乔治·沃克·布什（George W.Bush）总统在他的就职演说中讲到的，“美国的最佳状态是成为一个个人责任得到尊重和备受期待的地方。鼓励人们承担责任不是为了寻找替罪羊，而是为了唤起人们的良知。尽管这需要牺牲，但会带来更深层次的满足感。”[1]

当保守派看到有人乞讨时，他们不会不由自主地把手伸向钱包。他们会停下来思考，“这个人怎么会变成这样的？”“到底为什么他的晚餐应该由我而不是他自己买单？”而自由派则会忽略（或觉得**必须**得忽略）这些问题。保守派认为忽略个人责任只会让人们更加不负责任。这样，自由派的“不问问题，只掏钱”的态度就会削弱我们社会的道德基础，因此自由主义被认为是一种道德腐朽的思想体系。

这种观点有一定道理，但事情往往比他们最初看起来的要复杂得多。保守派提倡个人责任是为了应对一个很普遍的现象，经济学家们称之为**道德风险**。这个说法最初用在保险业。在保险业内，人们发现为了防止“坏运气”而买了全险的人恰恰就更容易走“霉运”。例如，过去我们不仅能为自己买人寿保险，还能为其他人买。[2] 而据观察，那些刚买了大额人寿保险的人总是会发生严重事故，这很奇怪。因此，人们得出结论，出售这种保险不是个好主意（从此以后就不卖这种保险了）。但很多其他种类的保险也有同样的情况。买了火灾保险的人更容易遭遇失火，买了盗窃保险的人更容易被抢劫，买了健康保险的人更容易产生大额医疗费用，等等。

出现以上现象当然是由于保险使人们免于承担个人责任。它接受了个人损失，并把这种损失变成了其他人的事情。更严密地说，它允许个人行为的成本由外部支付。结果，这种成本上升了，而这一点令保守派非常不快。这种不快本身没什么错，但道德风险是几乎**任何**保险制度，或**任何**互

[1] 就职演说，2001-1-20，http：//www.whitehouse.gov/news/inaugural-address.html（2008 年 8 月）。

[2] 弗朗索瓦·埃瓦尔德：《福利国家》，巴黎：格拉塞出版社，1986 年，第 185 ～ 186 页。

助制度都会有的一个普遍后果。因此我们不能抛弃所有保险制度。毕竟，没有保险，现代文明社会——更别提经过精密调整的经济体系，如资本主义——是完全行不通的。

呼吁个人责任实际上是想以自我保险来应对道德风险。保守派的错误在于他们认为，只要指出道德风险就足以使人们回归对“个人责任”的寻求。然而，自我保险既有收益也有成本。尽管道德风险确实也有一些成本，但我们也应该看到保险（或更普遍地说，互助制度）所提供的极大收益。而保守派对个人责任的呼吁经常涉及“计算成本、忽略收益”谬误，而这一谬误使得成本收益分析毫无价值。而且当保守派面对他们喜欢的保险制度时，他们总是选择性忽略道德风险；而面对他们不喜欢的保险制度时，他们却以道德风险为借口进行反对。尤其是，他们以道德风险效应来反对政府保险计划，却完全忽略了私营保险计划所带来的道德风险问题。

很荣幸，我曾经在香港住过一个夏天。在这曾经的殖民地上有一个英国航海文明的古雅遗迹：用于表达热带风暴等级的预警系统。当我看到电视公告上出现“信号3已挂起，黄色暴雨警报”时，我想了半天才反应过来。后来发现，信号系统表示风力的大小，而颜色则表示预计的雨量。台风玉兔的来袭很令人兴奋，因为信号8挂了起来，并伴有黑色暴雨警报。结果情形很可怕，整个城市基本上停顿下来。商场关门、公交停运，人们都待在家里。令人恐惧的安静笼罩着这个地球上最喧闹的城市之一，真是在家待着的好日子。

但我的妻子是一个外科医生，必须得去医院上班。她一般坐公交车，但由于那时公交停运，便决定坐出租车。可是所有出租车公司都没人接叫车电话，她不得不到街上去拦车。在空无一人的街道上站了20分钟以后，总算过来一辆小车把她接走了。路上，她问司机为什么还要工作，难道法律不是强迫商店关门、小车停开吗？“噢，没有，”司机回答，“没有这样的法律。只是信号 8 挂起的话，**保险就会失效**。但如果愿意冒险的话，还是可以开车的。”

换句话说，街道上空无一人，整个城市交通瘫痪并不是由于台风的缘故。也不是由于太平洋上几小时后即将来临的暴雨——最终暴雨根本没有袭击这座城市。人们担心的并不是台风和暴雨——因为最终没有受到袭击——使城市瘫痪的是使用道路的人突然失去了保险的保护。就像狮子的脚下扎了一根刺，香港这只亚洲虎由于经济中一个相对模糊领域的小小变化而躺了下来。

这就是保险的奇特之处。酒精有时被说成是“社会润滑剂”，保险也是如此，只不过它是一个通用的经济润滑剂。它系统地降低了所有经济交易和经济活动的成本，使得人们冒险为他人做各种事情都是值得的。而如果没有保险，这些行为在经济上都是行不通的。你可能没有意识到这一点，如果没有保险，水管工不会给你修管子，杂货店不会卖肉给你，医生不会给你检查——或者他们不会同意以合理的价格帮你做这些事。因为相对于出了差错将带来的损失，交易的价值实在是很低的。（事实上，香港出租车司机在没有保险时要价是平时的三倍。）但是保险在促成这些交易时所起的作用在很大程度上是无形的，即使是那些既得利益者也不是很清楚。

实际上，保险是一个很简单的协议，但它所带来的好处却很微妙，因为它不像市场交易，不会产生通常的“贸易收益”。在一般的经济交易中，双方由于不同的需求而获益。一个人需要用自己的东西去交换另一个人的东西，另一个人也是如此，因此对二人来说交易是皆大欢喜的事情。而保险则是通过“大数定律”现象产生共同利益的。它并不依赖于需求的不同——两个人处于同种境地，有相同需求，通过同意“分担”某种二人都面临的风险使彼此受益。这样即使最后没有商品交换，金钱易手也能产生益处。

保险起作用的机制非常简单。虽然某种不幸降临在两个人头上的几率是相同的，但不太可能同时降临在**两个**人头上。所以如果他们同意共同承担损失，那么他们承担较小损失的可能性变大，而承担较大损失的可能性变小。如果双方都不愿意冒风险，那么这会给双方都带来安全感。为了更好地说明“大数”效应是怎样起作用的，我们可以看看抛钱币的例子。尽管抛出正面和抛出反面的几率是一样的，但如果你只抛十次的话，你不太可能正好得到五次正面和五次反面。[1] 然而，当你把这组游戏重复十次时，你在每组中抛到正面的百分比将会围绕 50% 这一平均数呈“正态分布”(或“钟形曲线”)。

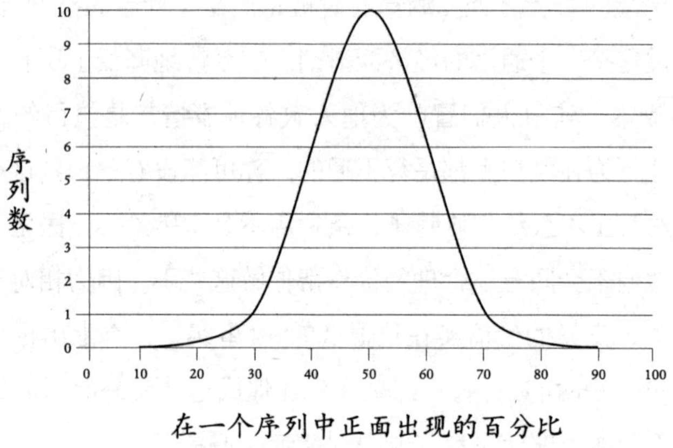

图6.1　抛10次的正态分布

现在假定每组不是抛 10 次，每组抛 100 次，那么你得到 50% 正面的几率将大大上升。(例如，抛 10 次得到 6 次正面的几率很大，但抛 100 次得到 60 次正面的几率就小得多了。) 表面上，这意味着钟形曲线压缩集中在平均数两边（如图 6.2 所示)。严格来说，这意味着**方差**变小了。

[1]　伊恩·哈金：《概率和归纳逻辑导论》，剑桥：剑桥大学出版社，2001 年，第 191 页。

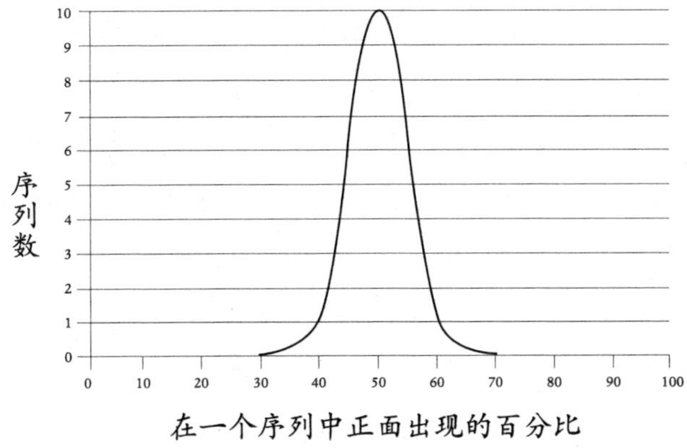

图6.2 抛100次的正态分布

抛钱币过程中出现的逻辑也可以应用于人类活动中。假设人们以打猎为生，每天早上猎人都到灌木丛去找猎物，有些人找到了猎物，而另一些人则空手而归。假定一个人能在捕猎失败率为70%的情况下存活下来，但是之后出现营养不良，这就意味着尽管打猎的平均回报率比其他谋生手段的回报率要高得多，人们还是得考虑方差。如果打猎收获的差异像图6.3显示的那样，那么打猎就不是个很有吸引力的谋生手段了。虽然平均回报率很不错，但饿死的风险太高了。

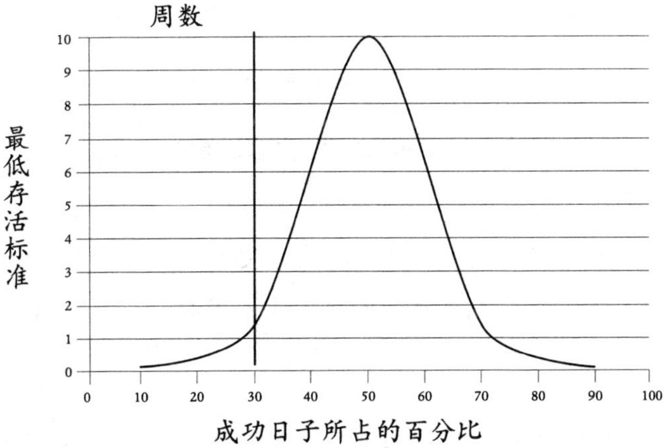

图6.3 回报不稳定的捕猎

当然，可以通过提高捕猎成功率来解决这个问题（发明新武器，想出新办法）。这可以把曲线向右移动，甚至有希望把整个分布移出挨饿范围。但是还有一种方法，这种方法不改变回报率就能解决问题。假定有一组10个猎人同意分享猎物，这样那些幸运地打到很多猎物的猎人就可以把猎物分给那些倒霉的两手空空的猎人。这就是保险，或风险共担的最原始形式。这会使得方差变小。这时如果出现空手而归的情况，那么不仅是你，你们所有的10个人都分别被三振出局了。[1] 但即使发生一次，也不太可能第二天再次发生。因此，效果就和把钱币抛10次为一组改为抛100次为一组一样（图6.4）。

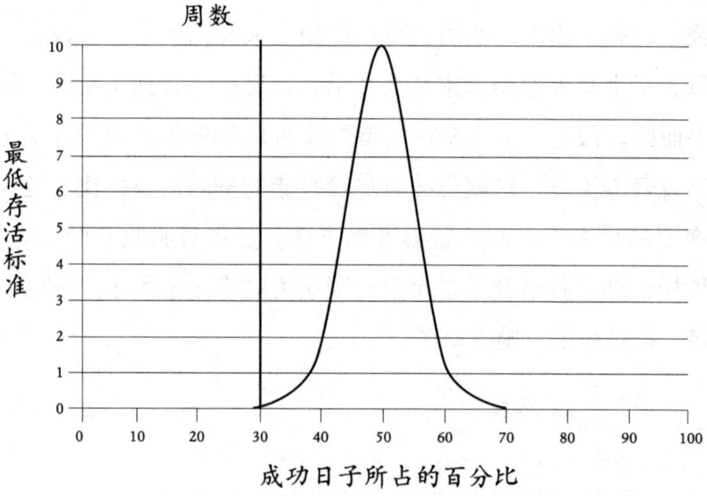

图6.4 达成风险共担协议的捕猎

高高在上的旁观者可能觉得什么都没有改变——10个猎人还是每天早上就去灌木丛打猎，平均每天还是有5个人不走运，空手而归，这些人能

---

[1] 假定回报是随机独立的。更确切地说，失败是由于运气不好，而不是由于猎物的绝对数目少(这对所有猎人的影响是一样的)。

分到的肉并不比之前多。然而，通过风险共担协议，这个团体所面临的饥饿的威胁完全消失了。这就是保险无形的魔力。（当然，由于每个猎人都有义务在猎物充裕时把猎物分给其他人，这样他们基本上就没有大快朵颐的机会了，但与此同时他们挨饿的几率也大大降低了。为了避免挨饿，大多数人都会愿意放弃偶尔的盛宴。）

通过这个分析，我们很容易明白为什么在仅靠勉强能为生的食物生活的传统采猎社会里，人们更关注分担风险而不是通过交易获利，觅食社会里大面积的食品分享和赠送网络就是这种情况的直接结果。（事实上，这种网络在很大程度上导致人们认为在这种社会里生活的人们比现代资本主义社会的人们更“无私”，更有“集体主义”倾向。）[1] 典型的采猎社会，如其名称所示，由两种基本的谋生活动构成：由男人承担的打猎和由女人承担的采集（主要是因为采集流动性不大，并且不会影响育儿）。打来的猎物占食物的大部分（以热量来计算），但猎物数量不稳定。因此，正如人们所预计的那样，狩猎的人们会更多地分享食物，交换礼物。[2]（而通常在采集时基本上没有再分配的过程。）

有很长一段时间，社会科学家们都明显地忽视了这种协议的经济效益。他们惯常地对“公共财产”协议进行尖锐的指责，因为这些协议会带来共同行动问题。“公地悲剧”就是一个很好的例子。人们都明白英国的公地制度——即允许社区的所有农民在一块共享牧场上放牧的制度——逐渐导致了过度放牧。由于在牧场放牧的大部分成本由其他使用者负担，所以个人收益总是超过了个人支出。这样人人都不节制地放牧，直到整个草场被毁掉。（同样的机制导致了很多公有资源的毁灭，如北美东北海岸的大沙洲上的鳕鱼渔场。）对于这种情况，通常的解决之道是，在可行的情

[1] 卡尔·波兰尼：《大转型》，波士顿：灯塔出版社，1957 年，第 49 页。

[2] 具体例子见希拉德·卡普兰、金·希尔、马格达莱纳·乌尔塔多：《艰难生存的人们中的风险、觅食及食物共享》，收录于伊丽莎白·卡什丹编辑的《部落经济与农民经济中的风险和不确定性》，博尔德：西景出版社，1990 年。

况下把公共财产平均分配，每个人只能使用自己的那部分财产。只要你放牧的地方是你家后院，你就不会过度放牧，因为此时所有的成本都已经“内化”，由作决定的个人承担。

这一分析告诉了我们很多东西，然而人们经常认为，向财产私有制度过渡是一种不合格的帕累托改进。在很多情况下，尤其是在农业经济情况下，这起不到应有的作用。因为圈地意味着“不分担”各种风险。如果这块地上有的地方被虫害所扰、被冰雹所毁、被昆虫吃光，公地制度会自动把损失分摊给社区所有人。但如果把地分给个人，那么有的人就会发现自己已一无所有，而另一些人则完全不受影响。因此，财产私有固然会提高生产力，完善土地管理的刺激机制，但也会使回报变得不稳定。这样做是否有价值由很多因素决定，尤其是环境因素。[1]

这并不是说分享和互助从来就不是以纯粹的利他主义为基础的，而是从狭义上来说，人们很容易低估它们以理性的利己主义为基础的程度。许多我们通常认为是“社会主义”的社会运动和制度协定与风险共担有很大关系，远胜过与平等和公平分配的关系。有时这些运动产生了永久的制度变革，也只是因为它们提出的协议会带来双赢的效率提升，而不是有输有赢的收入再分配。

如果我们从这个角度再审视一下 19、20 世纪的“阶级斗争”将是非常有趣的。很多加拿大人很奇怪为什么一直以来最社会主义的萨斯喀彻温省恰在一直以来最保守的阿尔伯特省旁边。如果从社会**保险**的角度来考虑社会主义制度就没什么可奇怪的了。政治上的左右之分与萨斯喀彻温省几乎完全以农业为主的经济和阿尔伯特省日渐以大牧场（后来是石油）为主的经济是几乎完全吻合的。由于草原上的生长季节不够长，不能满足作物的需求，降水量很小，且分布极不均衡，农民们长期以来都有互助的传

[1] 加里·汤普森、保罗·威尔森：《公共财产是对环境变化的回应》，载《当代经济政策》第 12 卷(1994)，第 10 ~ 21 页。

统。在萨斯喀彻温省蓬勃发展的社会主义运动主要是由于基于这种情况的风险共担协议。这些风险共担协议最初是为了应对价格波动和作物歉收，最后演变成应对其他可共同承担的风险（最重要的是通过引进“社会化”的政府保险实现在医疗方面的风险共担。）[1] 而牧场主们则不会被这些“外在”的风险，如糟糕的气候所影响。最令他们头痛的问题是偷盗，这就使得政治上他们强调得更多的是财产权，而不是团结互助。这就能说明为什么一旦发现你在他的地盘上，牧场主会朝你开枪，而农民则会邀请你留下来吃晚饭。

然而，糟糕的是，世上没有免费的午餐。风险共担协议虽然可以通过降低方差来提高效率，但也不是无需付出代价的。我们常常认为很多事是无法控制的，但是当事态严重的时候，我们确实有能力做点什么来改善。而且即使我们无法完全控制，也能从一定程度上控制不利事件所带来的损失。例如，没有人希望房子着火，而且我们也能做一些事情来降低房屋着火的可能性（避免在床上吸烟、更新电路板等），我们还可以做很多事来减少火灾损失（安装自动喷水灭火器，把贵重物品存放在房屋外的保险箱里等）。问题在于这些行动都是有成本的。而如果人们加入风险共担协议（例如，所有房屋可能烧毁的人都向一个公共基金缴纳一定款项，而这个公共基金被用来补偿那些房屋真正被烧毁者的损失），那么人们就不太可能愿意承担这些成本了。保险实际上就是这种基金，所有保险客户缴纳的保险金都被用来支付那些遭受损失的客户的索赔。结果，投保的房屋着火的几率一定比没有投保的房屋高，这就是道德风险。

---

[1] 这是我们过去在萨斯喀彻温省彼此之间经常谈到的事情(我们谈论时多少还有点沾沾自喜)。更细致的分析见西摩·马丁·李普塞特：《农业社会主义》，纽约：双日出版社，1968 年，第 153 ～ 158 页。

很明显，10 个猎人打猎也有道德风险。当每个人都只能吃自己的猎物，而且真正地面对饥饿时，他们一定会全力以赴。（管理学的说法是这些人都得到了适当的“刺激”。）但是，一旦达成食物共享协定，空手而归就不那么可怕了。而且，如果有人明显比其他人更能干、更可靠，那么恐怕就有人不禁想做他们的免费食客了。这就是为什么在传统的采猎社会，食物共享和互助总是伴随着对懒惰的严厉指责（同时还有那些想当免费食客者的不断骚扰）。当然，道德风险并不是要么全有要么全无的，那些免费食客并没有整天躺着晒太阳。问题只是他们会不那么努力，不那么专注，或者更容易疲劳。这种事情很难控制，因为其他人不太可能知道如果得到适当的刺激他们到底能做得多好。而且，这种“懈怠”的效果可能看起来也没什么大不了的，除非每个人都这么做，后果才会明显。

如果这种趋势得不到纠正，那么打猎的平均回报率将会下降。**风险共担协议**甚至可能**会导致**挨饿的情况再次出现。尽管这种结果好像很疯狂，但是在人类社会的历史中有很多例子证明这种事情发生过（包括在美国早期的殖民地时期）。[1] 尽管我们总认为贫穷是物质环境，其实它通常是社会协定的产物，很多时候是由于缺乏有效的机构，而有的时候则是由于这些机构太有利于团结了（或者是太有利于分享了而不太有利于促使人们努力工作）。这样，我们最好是“不分担”风险，回归个人努力。这种情形见图 6.5，通过分享方差降低了，而平均数则由于道德风险的缘故向左边移动了。

---

[1] 罗伯特·埃里克森：《土地所有权》，载《耶鲁法律评论》第 102 卷(1993)，第 1315 ~ 1400 页。

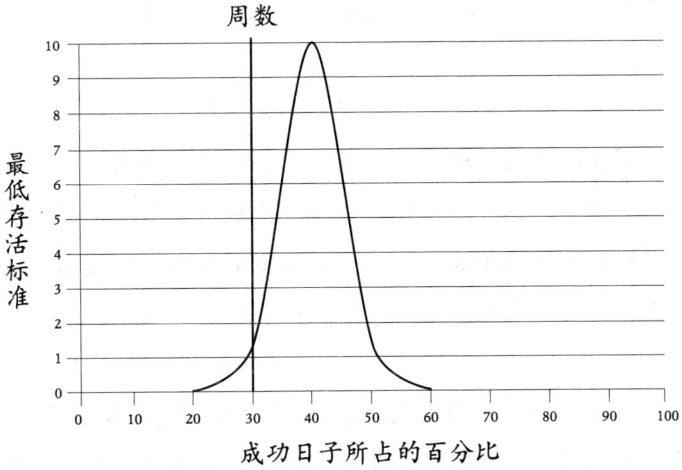

图6.5　风险共担和道德风险影响下的捕猎

更普遍地看，任何慈善和互助体制都会面临道德风险问题。例如，在著名文章《饥荒、富裕与道德》（"Famine, Affluence and Morality"）中，哲学家彼得·辛格（Peter Singer）提出以下情况作为一个合理的道德判断："如果我路过一个较浅的池塘看见有小孩溺水了，我就应该蹚水进去把小孩拉出来。虽然这样我的衣服会糊上泥，但也没什么关系，毕竟小孩要是死了就太糟糕了。"[1] 这可以被看作是笼统的仁爱原则的一个具体例子，它最不会引起争议的表述可能是这样的："如果你有能力去防止一些不好的事情发生，而且不需要付出很大代价，那么你就应该这样做。"据此，辛格得出结论：既然当今世界仍有很多人在挨饿，而要救他们只需要相对较少的现金捐赠，那么富裕地区的人们就有道德上的义务做更多的事来减轻全球饥饿。

很少有人能否认这种道德直觉，至少乍一看起来是这样。但如果人们

[1]　彼得·辛格：《饥荒、富裕和道德》，载《哲学和公共事务》第1卷(1972)，第229～243页。

把仁爱原则作为行动的基础，那么就一定会出现道德风险的问题。哲学家戴维·施密茨（David Schmidtz）请我们考虑以下情形：

> 一个婴儿在你旁边的池塘里溺水了，如果你要救他，你就得给他家里 100 美元；如果你不救他，他就会被淹死。你救了那孩子。人们围了过来。看到你的所作所为后，有两个旁观者把他们的孩子也扔到了池塘里，如果你不给他们每人 100 美元，孩子就会被淹死。更多人围了上来，等着看你怎么做。[1]

这时，你处于一个两难的境地。从人们对你遵从道德行为的反应来看，似乎你如果遵从道德行为情况会变糟，而不是变好。〔多年前托马斯·罗伯特·马尔萨斯（Thomas Robert Malthus）就宣称“我认为，经验证明，毫无例外地，越是滥用仁慈，越会增加贫穷和苦难。”〕[2] 然而这实际上意味着什么呢？在你有权说够了之前，你要救多少孩子呢？

令人吃惊的是，有些人似乎认为正确的答案是一个也不救——甚至连第一个也不救。实际上，保守气质的一个构成特征似乎就是对道德风险的零容忍态度。换言之，很多右翼人士似乎认为仅仅是道德风险的存在就完全解除了任何更重要的道德义务，甚至削弱了风险共担的收益。如施密茨所说：“无论我们的直觉怎么认为……事实证明把资源倒进一个向公众开放的水池里是不会有好结果的。”[3] 道德风险一举战胜了捐款来救济饥荒的义务（或任何其他马尔萨斯称之为“滥用仁慈”的行为）。

呼吁承担个人责任通常就是这种零宽容态度的表达，就是“各人自扫

[1] 戴维·施密茨：《义务海洋上的岛屿：拯救责任的界限》，载《法律和责任》第 19 卷(2000)，第 683 ～ 705 页中的第 686 页。

[2] 托马斯·罗伯特·马尔萨斯：《人口原理》（第二辑），帕特里夏·詹姆斯编辑，剑桥：剑桥大学出版社，1989 年，第 161 页。

[3] 施密茨：《义务海洋上的岛屿》，第 688 页。

门前雪”的态度。[1] 实际上，有很多人对这种“不值得”的怨恨达到了一种狂热的程度，以至于除了对孩子和动物，他们无法对任何其他人的痛苦感到同情。（这样经常会出现移情的情况，由于对人类的同情变得匮乏，对动物的同情就会扩大以填补道德上的空白。）根据这一观点，人们不负责任的行动（把他们的孩子扔到池塘里）是因为他们知道行动的成本将由他人负担。如果继续遵从道德行为，那不仅是请别人来欺负，而且由于该行动的刺激效应，不会产生任何益处。

这个观点的另一个极端，是道德准则要求我们完全忽略道德风险问题。这可能是基督教道德中最特别、要求最高的特征。实际上，基督教之所以是一个如此困难的宗教，原因之一就是耶稣绝对禁止人们考虑道德风险的影响（虽然说法有所不同）。我们可以回想一下“把另一边脸送过去”的命令、浪荡子的典故等。

在这种情况下，比较合理的选择应该在两个极端之间。道德风险是一个大问题，但它不是能解除一切道德义务的“万能酸”。有些人骗保，或者由于知道成本由他人承担而行为不负责任并不构成取消所有保单的理由。为车买了保险后，人们开车确实更危险一些，一旦出现车祸，他们也会在索赔时狮子大开口。但这并不意味着我们应取消交通意外险。我们要衡量风险共担协议的好处和它所产生的成本孰轻孰重。道德风险很难完全消除，人们能做的只是经常通过检查、免赔额、共同支付和保险金估算人的拜访沟通对它进行管理。有时我们有必要容忍道德风险，因为风险共担协议的收益大于它的成本。

[1] 在美国，雅各布·哈克称之为“个人责任圣战”，见《风险大转移》，纽约：牛津大学出版社，2006年，第51页。

没有什么比这种场景更容易减弱美国人对福利政策的支持：一个十来岁的西班牙裔的或黑人女孩把她的小孩放在膝盖上颠着玩，用奇怪的贫民窟俚语说作为一个妈妈，她是多么**骄傲**。正如比尔·克林顿的顾问威廉·盖尔斯顿（William Galston）所说，美国经济可能看起来有点像赌场，但实际上有很多简单的规则，有三点尤为突出：读完中学，先结婚后生孩子，并至少20岁以后再生孩子。在遵守了这些规则的家庭中只有8%陷入贫困，而在没有遵守这些规则的家庭中有79%陷入了贫困。[1] 而且，即使控制收入，美国少女母亲的孩子从任何社会和经济的角度来说，处境都更糟糕。他们读完中学的可能性更低，而且很可能被收养，最后入狱。无论如何，18岁之前生孩子是**完全不负责任的**。

关于少女怀孕的辩论之所以如此激烈，是因为很多保守派人士认为这种不负责任的行为是道德风险效应。根据这种观点，少女选择怀孕是因为她们能得到政府补助。(用施密茨的例子说明，就是想象旁观者有孩子以便可以扔到池塘里)。而这种认知又被这一事实加强：美国最接近于"福利"制度的是——贫困家庭临时救助计划（之前被称为未成年子女家庭补助）——实际上除了父母，任何其他人都不能从中受益。而且，前克林顿时期的未成年子女家庭补助则几乎只适用于单亲家长。其结果，在经济学家罗伯特·莫菲特（Robert Moffitt）看来，是"一个明显诱因，推迟了婚姻，提高了离婚率，延迟了再婚率，增加了非婚生子"[2]。实际上，据观察，未成年子女家庭补助的待处理个案，无论是加入还是退出这个补助计划都和劳力市场变化无关，但却和美国家庭结构的变化有莫

[1] 詹姆斯·威尔森：《为什么我们不结婚》，载《城市杂志》，2002年冬。盖尔斯顿对此进行了重要阐释(个人沟通)："不止是违反一个，而是违反三个，那么就是79%。这一统计数据来自于尼古拉斯·吉尔的研究，并在近期又更新了。现在的比例要低一些，但是违反和遵守这三条规则的人们基本的10∶1的比例是一样的。"

[2] 罗伯特·莫菲特：《美国福利制度的激励效果：综述》，载《经济学文献杂志》第30卷(1992)，第1~60页中的第27页。

大的关系。[1]

左翼人士通常是这样回应这种担忧的：他们完全否认道德风险是导致这一切的因素（这通常是基于孩子如此珍贵，所以不应该让金钱因素来影响生孩子的决定这一诱人的资本主义理念的。）如果十几岁的孩子怀孕，那么一定是非自愿的，一定是由于不利环境的影响。由于是非自愿的（毕竟哪个头脑清醒的人会选择在高中时怀孕），那就不会有道德风险。即使改变了诱因也不会改变行为。这样，保守派的措施不仅是不公平的——因为它要求少女妈妈对她没法控制的事情负责——而且甚至不可能生效。

这种“应该谴责她们的环境”的反应几乎成了左派的自动反射性反应。确实，受“先进”的教育似乎包括学着去接受任何自我毁灭、不负责任、令人不快或彻底的反社会行为，并且用贫穷、性别歧视、种族歧视或者一些现存的社会公平水平中的缺失进行解释。这种反应的问题在于，即使其中有正确的方面，但它是通过否定预定受益人作理性决定的能力来达到想要的道德结论（“我们必须帮助这些人”）的。这就让保守派们占据了道德制高点，他们认为自由主义把人非人化了，因为它不让人们对自己的行为负责。

左派其实有一些合理得多的说法。其中一个经常被忽略的选择是允许人们做决定，承认道德风险效应可能出现，但同时坚持用广泛风险共担协定的益处来平衡这些成本。以福利为例，这种益处举足轻重。应该记住，在我们的社会中，妇女面对的唯一最大的经济风险是离婚，尤其是带着被男性遗弃的未成年子女。每个社会都投入了大量的道德能量来控制这种行为（从名誉上的谴责到因为怀孕而不得不举行的婚礼），但没有一个社会能完全地消除这种现象。所以，这是一个很严重的风险，而且它确实是妇女能通过“分担”受益的风险（其中那些幸运的未被遗弃的妇女对不幸的被遗弃妇女进行补偿）。但不幸的是，任何这种协定都被很多道德风险问

[1] 莫菲特：《美国福利制度的刺激效果》，第 27 页。

题困扰着。

为什么会这样呢？我们考虑一下如果私营保险公司开始销售离婚险或“单亲家长险”会发生什么事。首先会有无法克服的逆向选择问题，仍然相爱的人肯定不会买这种险，而那些私底下，甚至公开彼此憎恶的人才会买这种险。其次，还会有道德风险问题。如果后果不那么可怕，将有更多妇女和丈夫离婚，而更多父亲会抛弃他们的孩子。而且，妇女将更有可能和那些不可靠的人生孩子，如果之后她们不需要依赖他们。无论怎样，最后私营保险市场将破产。（更确切地说，这个险种**确实**破产了：没有一个保险公司卖这个险种。）[1]

人们可能会认为妇女的运气很差，因为她们生命中可能会面临的最大的经济风险不能投保。但这是否意味着我们只能耸耸肩膀，就让妇女（和孩子）自己承担这种事情的风险呢？这么做的社会成本将是巨大的（尤其是考虑到育儿对社会繁殖的重要影响）。所以社会并不愿意坐视不理，让那些遭到不幸的妇女自生自灭，而且也不愿意让孩子来承受他们父母的决定所带来的主要压力。即使是不合适的或者是糟糕的保险政策也比没有保险要好。而这正是我们所提供的——不合理的、糟糕的保险政策，俗称“福利”。这种保险的金额很低（比失业险要低得多），这正是因为它会产生的道德风险造成的。

在美国，这种福利是以针对“没有能力照顾自己孩子”者的保险形式出现的。在加拿大和欧洲的大部分国家，它涵盖的范围略广一点，成为应对“生活被搞得一团糟”或“通常的坏运气”的保险。当然，如果这种保险的赔偿额很高的话，那么不可避免地会产生各种负面的刺激。同时，福利计划是为了缓解大量的人类苦难，但也会带来道德风险。如果后果不那么严重，更多人会搞砸他们的生活。问题在于到底有多少人

---

[1] 在许多国家都有以“离婚”或“婚姻”为名的保险产品，但到目前为止它们都不是真正的保险产品（它们通常是贷款或者复杂的养老金计划）。

是这样的？

有着最明显负面刺激的美国福利计划——未成年子女家庭补助——对这个问题的回答是“这样的人不多”。在20世纪60年代和70年代早期，随着未成年子女家庭补助金额的持续上升，离婚、单亲和非婚生子的情况也同时增加。但是尽管未成年子女家庭补助金额在1975年达到最高值，之后离婚、单亲和非婚生子情况却没有减少。而且，无论未成年子女家庭补助金额如何，妇女的整体生育率降低了。在一个更细密的水平上，未成年子女家庭补助享受资格与人们所预计的这种补助的各种刺激对家庭结构各方面的影响有一定相互关系。然而，在一个对当前经济研究的全面综述中，莫菲特指出，这类文献的最突出特征是“找不出这种福利的大的益处”——都不足以产生人口统计学层面的影响。[1] 这正是牵涉到婚姻和家庭的研究通常面对的问题，这些研究的刺激因素过于复杂。不得不承认道德风险是因素之一，但重点在于承认道德风险是导致低效率的原因之一并不能让我们完全放弃这个计划，是否放弃要根据损失相对于更大规模风险协定共担所带来的效率提升是否严重来决定。有私有财产就必然有偷盗，有保险就必然有道德风险。

这终于让我们明白了右派们对于“个人责任”的坚持下隐藏的谬误。保守派们认为政府救助削弱了人们自力更生的精神。这是把保险制度中的一个普通问题道德化了：赔偿金（“补助”）会产生道德风险（“不负责的态度”）。但是他们没有认识到道德风险是所有保险制度的一个普遍特征——这和保险是共有的还是私营的没有任何关系。还有一个优先选择的效应被忽略了，由于私营保险市场很容易因为信息不对称而崩盘，所以那

[1] 莫菲特：《美国福利制度的激励效果》，第31页。

些容易遭遇道德风险或逆向选择的险种只有“最后的承保人”——国家提供才可行。所以我们不应该以道德风险来责备政府，正是由于道德风险问题，所以这些险种才由国家承担。

在批评“社会安全网络”的方方面面时，保守派习惯于犯一个令人不满的错误：把政府保险的道德风险效应和完全**没有保险**的道德风险效应相比较。毫无疑问，后者的道德风险较低。这就是“计算成本，忽略收益”谬误的一个明确例子。虽然没有保险意味着你不必承担道德风险带来的损失，但也意味着你得承担**没有保险**的损失。自力更生虽然成本较低，但也没有保险的收益。所以保守派要维护自己的立场只能采取这种只考虑成本、不考虑预期收益的办法。

遗憾的是，在公共辩论中，没有保险通常是指保险“私有化”，而不是“废除”保险。要真正地把保险私有化就必须把政府提供的保险和私营保险公司提供的保险进行对比。例如，社会保障私有化意味着让个人到开放的市场去购买养老年金，而不是投资于共同基金。进行这样的比较时，政府保险通常表现得很不错。

再看看医疗保险的情况。美国评论家经常认为“公费”医疗会导致过度消费，然后实施医疗配给制度，他们认为这是一个颠扑不破的真理。在他们看来，“如果你觉得现在看病很贵，那就等着瞧看病免费时你得花多少钱吧”。如果政府开始分发免费奶酪，那么人们就会吃太多奶酪。那么为什么要提供免费医疗呢？

然而，这种想法存在两个明显的错误。首先，单一支付模式的公费医疗并不意味着**医疗**免费，它意味着医疗**保险**免费。例如，在加拿大，医疗完全是由私营部门提供的。（我可以向你保证，因为我的妻子就是个外科医生。我还可以很高兴地告诉大家，她不仅经营私营企业，而且她的公司利润很可观。）显然，“免费”向公民提供医疗保险并不会导致**保险**被过度消费，因为它是以一种标准的普遍受益的形式提供的。其次，除了个别情况，美国人很少自己掏钱治病。他们也参与各种风险共担协定，包括私营保险和健康管理组织，以及政府提供的医疗保险和补助。这样，在美国和加拿大普通医疗保险的消费者们直接面对同样的刺激，从购买的角度来说，医疗保险完全是“免费”的。

因此，保守派对公费医疗的批评并不是对政府拥有和政府提供的批评，而是对普遍医疗保险的批评，无论是公有还是私有。人们可以看到保守派为防止道德风险而在医疗保险制度中采取的补救措施，即建立医疗储蓄账户。[1] 这种措施通常是基于这样一种假定：政府之所以介入医疗领域是因为有的人看不起病。（这本身就是错误的，因为公共医疗保险并不是为了进行公平的分配，而是由于有些事情私营市场做不到，所以才由国家接管。社保计划中只有保费的非精算结构是基于分配公平的考虑。）这个方案是每年给予公民一定补助，存在一个特别的储蓄账户里，个人可以根据需要把这笔钱存起来或者用于医疗。保守派认为由于花完这笔钱就得自己掏腰包看病，那么人们就失去了过度花费的诱因了。

这些提议的症结在于效率非常低下。在整个社会中，医疗的花费一般遵从一个 80∶20 的比例：20% 的人口为大约 80% 的医疗费用负责，因此美国 2 万亿美元的年度医疗费用和人均 6,700 美元的数据有点误导作用。[2] 更合理的数据情况应该是这样的：一个人每年花费 26,800 美元的医疗费，同时另有四个人每年只花费 1,675 美元的医疗费。那么政府如果每年在特殊的小户头里给每个人拨 6,700 美元会怎么样呢？你应该存多少钱呢？我想这要由你是否打算得糖尿病决定……当然，你不知道自己是否会得糖尿病，就像大多数人不知道他们未来会需要多少医疗费一样。而且，由于人们的医疗花费分布很不均衡，那么给每个人同样数目的津贴就意味着对大多数人来说，这笔钱都给多了；而对那些真正需要的人，这笔钱又绝对不够。

然而，对于一个大群体来说，医疗费用（更别提患病率了）是可以预

---

[1] 戴维·格拉策：《蓝色警报》，多伦多：ECW 出版社，1999 年。

[2] 经济合作和发展组织：《经济合作和发展组织健康数据 2006》，http://www.oecd.org/health/healthdata（2008 年 8 月）。

计的。这意味着不仅分摊医疗储蓄的效率问题会带来极大的争议，而且当你考察一些更主流的关于健康储蓄账户的提议时，就会发现他们多是嘴硬心软。认识到理性安排巨额医疗花费的唯一途径是通过保险的形式，保守派们通常先提出一笔相对额度较小的津贴（大概 2,000 美元），然后再附上一个“重大疾病险”[1]。这样的话，此储蓄账户最终会成为一个有力的阻止手段：每次小约翰尼流鼻涕时，父母不会把他送到急诊室去就医了。主要是重大疾病险挑大梁，它覆盖所有主要疾病的花费，占了医疗花费的大头。[2] 如果想在公费医疗制度下实现同样的政策目标，那只能对看病收取小额的费用才行（就像在瑞典一样），或者建立正当的私营保险制度，并有大额的自付扣除金。

如果这样，个人责任又到哪里去了呢？保守派认为老式的个人自由、责任和自力更生的理想与欧洲知识分子喜欢称之为“风险社会”的做法从根本上是有冲突的，这种看法并没有错。但是他们把个人责任的弱化归罪于政府却是有问题的，这实际上是因为保险业的兴起。正如弗朗索瓦·爱华德（Francois Ewald，他可能是对福利国家这一主题最具原创力的法国思想家）所见，19 世纪，随着保险精算科学的发展和私营保险业的兴起，人们与老式个人责任理想的联系已经彻底断了。[3] 20 世纪，政府建立社会安全网络只是借鉴了私营领域的早已发展成熟的经营技巧。“个人责任”在得以实现之前早已死去。

无论认为这是否是件好事，人们必须记住综合保险制度的发展和资本主义作为一个相对稳定的经济制度的形成是在同一时间。保险的作用不仅仅是让香港的街上有出租车，我们的金融和商业系统的每个方面，我们所进行的每笔交易在某种程度上都由保险承担损失，保险实在是一个通用的

---

[1] 例子见格拉策：《蓝色警报》，第 192 ～ 194 页。

[2] 戴维·德兰诺夫：《红色警报》，普林斯顿：普林斯顿大学出版社，2008 年，第 131～132 页。

[3] 弗朗索瓦·爱华德，《福利国家》，巴黎：格拉塞出版社，1986 年。

经济润滑剂。然而，当谈到让人们承担责任时，保险又要求我们不要那么挑剔。但是我们又能怎么样？现代社会就是这样！

只要看看次级贷款彻底垮台的例子，人们就能明白个人责任的局限性了。次贷危机导致了美国投资银行部门的崩溃，使全世界的经济陷入混乱。这都是因为道德风险。但是各种决定之间的相互作用非常复杂，以至于不可能找到一方来承担责任。

整个崩盘是基于一个新的风险共担协定。历史上，银行在借钱给房主时是非常谨慎的。原因很简单：抵押贷款的“好处”没多少——你借出去的钱仅能获得相当微薄的利息；而坏处却极大，你可能不仅收不回利息，而且会损失大部分借出的钱。而股本贷款，如股东的投资收益则要大得多，如果资产的价值上扬，他们就能从中获利。这就是为什么股市的投资者愿意冒比传统银行大得多的风险的原因。

然而，对于一般房主来说，去股市筹钱买房是不可能的。他们唯一现实的选择是向银行贷款。但是由于银行太想规避风险，所以很多能够承担按揭的人贷不到钱。

在这种情况下，人们似乎就需要一种风险共担机制了，人们也确实是这样做的——担保债务凭证出现了。与人们想象的不同，这种做法一点也不疯狂，其基本理念非常简单。如果接受一个信用不佳、经常失业者的贷款请求，那么他不能还款的可能性是相当高的。但是假设你接受 100 个或 1,000 个这样的人的贷款请求呢？尽管有些人无疑还是会违约，但其中至少有一半的人很可能是可以偿还贷款的。如果你接受的是其中最好的 10% 的人的贷款请求，这就意味着他们能偿还贷款的几率是非常高的。

所以银行所做的就是把“次级”贷款打包——以传统的按揭方式来做的话，这些人是贷不到款的——银行不仅把从所有贷款中获益的权利卖给投资者，还把从特殊“级别”的贷款人那里获益的权利卖给投资者。这样，他们就把低级别的贷款转化成了高质量“投资级别”的债券。当你把钱贷给1,000个人，而其中900人都还不了贷款的可能性似乎非常小。（同样，所有猎人都空手而归的几率也接近于0，见表格6.3。）因此，从其中最好的10%的人中获取收益的权利似乎是一种很安全的投资，即使所有被贷款人看上去还款能力都不强。

这样，银行得以点石成金。但问题在于他们是通过风险共担协议达到这一目的的，而风险共担协议有两个基本的弱点：首先它们不能防止系统性风险，其次它们会带来道德风险。

首先看看道德风险。既然银行能把贷款违约的风险转嫁给投资者，而投资者又能说服自己大数定律会帮助他们防止个人违约，避免不良贷款的诱因或多或少消失了。银行——或抽取佣金的私人抵押贷款经纪人——开始把钱借给根本不可能还款的人（如现在已经臭名昭著的**忍者们**，“没有收入，没有工作或资产的人”）。这就是典型的道德风险效应。如果你不顾贷款违约提供保险，那么就会有更多的贷款违约情况。

似乎觉得担保债务凭证提供的风险共担还不够，很多保险公司提供书面保单防止违约。他们认为资产不可能失去价值，所以几乎没有留出钱来承担这些保单可能带来的损失（这种做法得到了美国政府的帮助和鼓励，政府明确决定不去干涉这些合同）。这当然又增加了一层道德风险。这样，买下抵押贷款的投资人就不那么关注他们是从谁手上购买的或者他们到底买的是什么——毕竟他们可以把任何过度的风险都甩给保险公司。

整个情况的崩盘是由于投资者忽视了所有风险共担协议的致命弱点：系统性风险。让我们再回到10个猎人同意分享猎物，以保证大家都不挨饿的情况。当我初次提及这个例子时，我加了一个小小的限制：只有当概率相互独立时，风险共担机制才能起作用。这意味着一个猎人空手而归的几率必须和其他猎人空手而归的几率没有关系。这样，坏运气和好运气就能相互平衡，从而使人们手中的猎物接近平均值。但是如果有什么事情

（如森林大火）同时降低了**所有人**获得猎物的机会该怎么办？如果出现这种情况，风险共担协定就完全失去作用了。

住宅抵押贷款也面临同样的问题。为了降低担保债务凭证的风险，一个贷款人违约的概率必须独立于其他人违约的几率。但是很明显，情况并非如此。贷款如此容易使得更多人涌入了房地产市场，这又导致美国房产的价值被大大高估。而且在全美大部分地区，按揭金融的结构很容易受到极大的道德风险效应的影响，因为这些贷款是“无追索权的”，如果一个人拖欠抵押贷款，借款人只能收回他的房子，不能收回他的其他财产。这样，任何房产净值为负（抵押贷款超过了房产本身价值）的人完全有理由把房产弃之不顾。

这样就很容易理解为什么一个人的违约会带来梯级效应了。许多贷款都有起始优惠利率，这个利率在两三年内不断攀升（有时攀升得非常迅速）。很多人买房都没出一分钱，他们付出去的钱还不够贷款所需付的利息，更不用说偿还本金了。一旦利率升高，这些忍者们就开始拖欠还款。这时，银行就把房子收回拍卖。而一旦银行开始拍卖赎回权类别的地产，房地产价格就会下跌。价格一跌，更多的房主发现他们的房子是负资产，这又促使他们拖欠抵押贷款。结果，担保债务凭证中**所有**人都拖欠抵押贷款的风险开始变大了。

很快，持有担保债务凭证的机构和投资人开始报告巨额亏损，有的甚至面临破产。但是谁也不能确切地知道谁手上掌握着什么，这就产生了一些可厌的意外（例如，法国巴黎银行，即法国最大的银行，报告由于卷入了美国次级贷款而产生了巨额的亏损）。这使得银行对于借贷变得异常紧张，从而冻结了信贷市场。这时，中央银行开始介入，起到“最后应急借贷者”的作用，要么支持银行，要么把银行完全国有化。然而，这种措施本身也有其道德风险效应。一旦私营贷款认定政府会介入以保证偿还能力或买下所有不良贷款，他们就更不愿意进行风险贷款，甚至不愿意摆脱不良债务。这样，情况就会进一步恶化。

整个混乱的局面该由谁负责呢？想找出这其中谁最“不负责任”是徒劳无功的。银行、投资人、消费者、政府官员和政客们都有份。谁该负这个责任呢？买了根本买不起的房子的消费者，还是把钱借给他的银行？还是投资人，由于他们愿意承担贷款，从而促使银行贷款给他？还是该怪保险公司，由于它们愿意承担信贷风险，从而促使投资者承担贷款？还是该怪政府，它没有让保险公司留出一笔钱来支付这些保单？

随便你怎么选。问题在于**每个人**都做错了一些事，可是如果每个人都要负责任就意味着没有人需要负责任。因而，要解决这个问题必须清理制度以消除道德风险。

第二部分

左翼谬误

在这一部分，一厢情愿的同情博爱和天真的道德准则将受到经济合理性的严厉考验，这种考验虽然充满同情，但却毫不手软。

[第七章]

合理价格谬误

想要插手价格的冲动以及应抑制这种冲动的理由

2007 年 2 月 15 日，安大略省楠蒂科克市巨大的帝国炼油厂发生了火灾，工厂不得不停工数周。这时，一次严重的寒潮袭击了安大略省南部，人们急需燃油取暖，而寒潮冻结了五大湖区的运输线，把本可以运回更多汽油的运油船困在港口里。同时，加拿大国家铁路的工人举行了罢工，这样就无法用火车把汽油从相邻的魁北克省运过来。

一个工业部的官员曾说这“完全”是一场“风暴”。一周内，整个南安大略的 100 多个加油站出现了油荒。通勤者“恐慌购买”的谣言开始浮出水面。油站每升油的价格上涨了超过 20 美分（每加仑上涨了 75 美分），但油荒仍然持续。加拿大最大的社会民主党新民主党领袖杰克·莱顿（Jack Lyton）插手了这种混乱状况，他为弱势群体讲话，严厉地谴责了石油公司的行为，他说：“油价上涨是不合理的。”[1]

有时，人们认为左派就是不明白市场。尽管有了 20 世纪的经验，他们现在仍然在兜售反资本主义，而反资本主义在现代社会中根本是不可行的。当然，像莱顿这样温和开明的左派们是会强烈否认这一点的，他们是

[1] 《司机们“恐慌购买”因为下一周供应依然紧张》，载《环球邮报》2007 年 2 月 27 日。

这样说的："只要市场知道自己的定位，我们是很喜欢市场的。"

如果你想知道这种反资本主义的担忧来自何处的话，只要看看莱顿对于油价上涨的评论就明白了。油价不该上涨吗？问题出来了：**究竟**在何种情况下莱顿会认为油价上涨是合理的呢？市场经济中价格的作用在于调节商品量，以达到供求平衡。2007 年 2 月汽油价格上涨并不是一些汽油公司任性阴险的决定，而是由于**汽油不够**。作者并不是要纠缠于这个观点，但如果出现油荒时，汽油公司不能涨价，那么就根本没有必要让他们定价了。我们还不如让这项产业国有化，而且可能已经把它国有化了。

总的来说，在汽油短缺时，人们减少自己的汽油购买量，从而使那些真正需要者有汽油用，这不是很合理吗？（例如，那年冬天有好几个月，我汽车后备箱里的十升汽油罐都是空的。我的草坪拖拉机里也没有汽油——因为是隆冬，并不急需加油，所以我等到价格降了一点后才加的油。事情就应该是这样。）实际上，表面上是否合理并不重要。如果你认为价格反映供求关系不合理的话，那么从根本上来说，你就是反对市场经济的，因为这就是市场经济的本质。

长期以来，人们都在抱怨"价格虚高"和"暴利"。公元 301 年，罗马皇帝戴克里先（Diocletian）强令实行现在臭名昭著的最高价法令，限定了 900 多种商品和 150 种服务的最高价格。[1] 法令的序文说明了它的意图——为了打击"无耻的定价"——这些文字肯定让莱顿觉得深合吾心：

> 为了制裁那些总想谋取私利，急于把公共财物据为己有，甚至置上帝的恩典而不顾的人；为了制裁那些常年从事非法交易的

[1] H. 米歇尔：《戴克里先法令：关于罗马帝国固定价格的研究》，载《加拿大政治经济学文选》第 13 卷，1947 年，第 1 ~ 12 页。

> 商贩们——他们榨取了本应极大地使人民受惠的巨额财富，只追求私利，追求自身利益的最大化——为了制裁他们的贪婪，表达对普通人的尊重，本地居民促使我们设定一个限制。[1]

这是一些左派现在仍抱有的情怀。(即便如此，戴克里先确实给那些“胆大包天，敢于违背这条法律的人”定了死刑。很多左派可能不支持这一点——尽管由于预计到这些反对声，戴克里先加了一个特别说明：人们只要守法就很容易避免这种刑罚。)

这里要注意区分两个不同的问题。戴克里先认为他是在对抗“暴利”，这些“暴利”源于人们利用经济领域的特殊状况，提高了某些商品的价格。但人们后来发现，如果**所有商品**的价格都上涨的话，他对抗的其实是通货膨胀。当然我们这样说时要小心，因为实际上所有商品的价格都上涨是不可能的。价格实际上是成比例的：它是一些商品相对于另一些商品的价值。如果你逛进一个波兰的超市，发现 1 公斤胡萝卜的售价是 4 兹罗提 (波兰的货币单位)，你可能还是很茫然，不知道贵不贵。只有当你看到了 1 磅土豆的价格，1 只鸡的价格，或者 1 品脱啤酒的价格，你才会明白胡萝卜到底贵不贵。

因此，所有商品的价格都上涨实际上等同于价格都没有上涨。如果所有商品的价格**似乎**都上涨了，那一定是因为至少有一样（隐蔽的）东西的价格下跌了。通常这个价格下跌的隐蔽商品是藏不住的——货币。我们常常忽视货币，因为它并没有直接被消费；它只起流通的作用，所以我们常常忘记它也是有价格的。我们认为“1 公斤 4 兹罗提”是胡萝卜的价格，但忘记了胡萝卜的量也是兹罗提的价格。

有时货币贬值是因为人们提高了所有其他商品的价格。这通常是由于经典的“工资价格螺旋”的缘故：由于“生活成本”上升，工人要求

---

[1] 约翰·罗尔夫、弗兰克·塔贝尔：《戴克里先法令前言中的一个新片段，“关于被卖物价格的告示”》，载《美国考古学杂志》第 5 卷，1889 年，第 428 ~ 439 页中的第 433 页。

涨工资，而工资成本则会以商品价格上涨的形式转嫁到消费者的身上，而这又会使工人再次要求涨工资，如此循环。这样，每个人都要求更多，想赶到螺旋的前面，最终一起得到了最坏的结果。这个结果无疑就是货币贬值。

但是，在戴克里先时代，有可能通过降低质量使货币单独贬值。由于罗马帝国货币的价值由它们的含银量决定，所以可以通过熔化货币，混入一些“贱”金属，铸成新币以增加预算。正是由于这一过程，**便士**（古罗马货币）由一开始的纯银，变成3世纪末含银量仅2%的货币，然后戴克里先用**银币**取代了它。价格法令实际上是他试图让罗马帝国价格稳定的重要举措。

人们常常犯的一个错误是把牟取暴利和通货膨胀混淆。如果货币贬值，为了避免破产，人们别无选择，只能提高价格。（我们必须记住，工人要求涨工资实际上提高了劳动力的价格。）但由于通货膨胀是一个共同行动问题，所以实际上没人通过这种涨价获取了暴利。这样，指责他们涨价似乎是不公平的。但是他们还是会受到指责。例如，2007年委内瑞拉总统乌戈·查韦斯（Hugo Chavez）颁布法令，限定了许多生活物资的最高价格（并且威胁要把那些以高于最高定价价格销售牛肉、牛奶和糖的商店收归国有）。[1] 该法令颁布时，年通货膨胀率是18.4%，所以很多超市被迫停止销售生活物资。

因此，无论价格控制能否打击通货膨胀，我们都必须认识到这和牟取暴利是两码事。当人人都想去“牟取暴利”时，那么谁都别想成功。所以没有必要为通货膨胀时期“昧着良心”的要价感到愤怒：它们**实际上并不算高价**。这只是货币贬值给人带来的一种经济上的错觉。

所以莱顿只有一点是对的：他没有犯令经济平民主义者戴克里先和查

[1] 《查韦斯威胁要没收食品商店》，BBC新闻，2007-2-15，http：//news.bbc.co.uk/2/hi/business/6364515.stm（2008年8月）。

韦斯备受折磨的同样错误。他所指责的油价上涨并不是由于通货膨胀：相对于其他商品的价格，油价确实上涨了。换言之，开车成本提高了，而坐公汽等其他交通方式则变得相对便宜（只是相对便宜，并没有降价）。

莱顿的道德直觉在此情况下还是合情合理的。在商品短缺时，人们“别无选择”，只好以更高的价格来购买基本物资，从直觉上来说，这似乎不公平。很多人都有这种道德直觉。[1] 这背后的一个更深层的担忧是：价格完全由市场决定会导致分配极不公平。且不论油价和郊区的通勤者——看看那些无家可归、露宿街头的人；收入固定，被迫晚餐吃猫食的老人；觉得寒冷却付不起电费的单亲父母们。一个公平的社会怎么能拒绝人们的基本生存要求，而理由仅仅是“供求关系”决定了价格是 x 而不是 y？公司怎能一看到短缺的迹象就抬价，让那些经济能力最差者遭受最大的苦难？

这个问题很合理，但是它也有一个同样合理的答案。

毫无疑问，我敢说任何左派，甚至是人道主义者，都会认为这种情况是完全不能接受的：在富裕的工业化社会里居然有人买不起食物和房子。但是，对于这个问题有两种不同的理解方式。如果人们买不起房子和食物，那么问题可能在于东西太贵，或者人们钱太少了。同样，对于这个问题也有两种解决方式：降价或者增加人们的收入。但是，由于某种原因，人们常常忽略第二种选择，这就导致了一种思维方式，我们称之为“公平价格”谬误。因为分配的不公平，价格受到责难，而从资金上提供帮助的效果则常被忽略。

熟谙经济的左派人士几乎有一个共识：组织公平竞争的市场，让市场决定价格，然后从收入入手处理公平分配的问题。伟大的社会主义经济学家阿巴·勒纳（Abba Lerner）曾说过：穷人的问题不在于商品价格，而在

---

[1] 马克·豪瑟：《道德思想》，纽约：哈珀柯林斯出版集团，2006 年，第 92 ～ 93 页。

于他们的钱太少了（因此他提出“解决贫困问题不在于调控价格，而在于收入分配”[1]）。然而，由于某种原因，通过调控商品价格来达到分配公平，始终是左派们难以抗拒的诱惑。（因此，杰克·莱顿和新民主党不仅在燃油短缺时提倡低油价，而且要求低房价、低学费、低银行服务费……总之，任何穷人有可能消费的商品都必须价格低廉。）

以电费为例。加拿大人喜欢取笑美国人，认为他们对于低价油有一种不体面的偏好。然而他们却没有注意到自己对低价电的偏好也不怎么光彩。2004 年，加拿大每度电的平均收费为 6.8 美分，而欧洲的电价至少是它的两倍（德国是 19.8 美分，法国是 14.2 美分，英国是 13.8 美分）。[2] 即使在美国，平均电价也达 9 美分。这样，加拿大人一边在尽情享受廉价能源，一边又受到政府广告的狂轰滥炸，让他们节约能源。因此，人们经常就是否（以及如何）履行京都协定中关于气候变化的义务进行令人烦恼的辩论。

两个问题的答案都极其明显：提高电价。在美国，不同州之间的比较显示：平均每度电提高 1 美分，总耗电量就会降低 7%。[3] 在加拿大提价则较为困难，因为全国大部分地区的低电价都是由政府补贴维持的。换言之，政府需要做的只是停止提供免费能源。（补贴是这样提供的：“每买四度电，第五度电就免费！”）但是，任何人提出这个建议都会受到左派的指责，他们会抱怨提高电价会伤害低收入家庭。

这也是事实。电价如果提高 30%（这是根据美国的标准）将会严重伤害最贫穷的那部分人——这里的“伤害”指的是让他们过真正清苦的生活，而不是促使他们改变行为。我们必须明白，加拿大穷人的生活和马拉维穷人的生活是不一样的。2005 年，占加拿大五分之一的低收入家庭每年

---

[1] 阿巴·勒纳：《20 世纪 30 年代的边际成本定价》，载《美国经济评论》第 67 卷，1977 年，第 235 ~ 243 页中的第 236 页。

[2] 统计数据来源于美国政府能源情报署，http：//www.eia.doe.gov/（2008 年 8 月）。

[3] 《难以琢磨的节电措施》，载《经济学家》2008 年 5 月 10 日，第 79 页。

在电费上的平均花费是 663 美元，占总收入的 3%。[1] 他们每年在有线或卫星电视上的平均花费为 344 美元，还有 165 美元是花在家庭娱乐上的，如音频视频设备、DVD 播放器、录像机及租录像带。这并不意味着他们的生活质量很高，这只意味着即使是在较贫穷的家庭，电的使用都很随意。

但是，为了讨论的需要，我们可以假定低收入人口完全用不起电。他们已经尽量节约了——离开房间就关掉电视，把衣服拿到外面去晾晒，即使在家也把恒温箱的温度调低几度。提高电价将使他们不得不缩减其他的必要开销，如食品和房租，否则就难以为继。让我们姑且认为这是事实，并假定低电价就是为了避免这种情况。

现在来想想这是多大的一笔钱。一般电费账单中有一半是传输费用，电费涨价不会提高这笔费用。那么即使电费上涨 30%，如果用电量与现在相同，贫困家庭的平均电费每年也只提高了 100 美元。加拿大人口的五分之一大约有 250 万家庭，因此要保持低电价，政府对低收入家庭的贴补实际上不到 2.5 亿美元。这看起来似乎是一大笔钱，其实却微不足道（相比之下，加拿大儿童福利金给有子女的低收入家庭的补贴达 85 亿美元）。

但是为了对低收入家庭进行这种相对较低的补助，加拿大政府让**所有人**都享用低价电。很难找到一个比这效率更低的公共政策了。它不仅会导致普遍的过度消费，带来严重的环境后果，而且联系收入来看，整个政策是一种极大的倒退。当然，穷人的电费支出占收入的**比例**较大，但即便如此，穷人和富人之间的差别也没有人们想象中那么大。中等收入的五分之一年均电费支出为 1,117 美元（收入的 2.4%），而高收入的五分之一的年均电费支出为 1,522 美元（收入的 1.1%）。这意味着政府每年补贴贫困人口 2.5 亿美元的同时，补贴了中等收入家庭 4.08 亿美元，并对最富裕的 20% 的人口补贴了 5.56 亿美元。不用说，如果一项福利计划每补贴穷人 1 美元，就要补贴富人 2 美元，这当然是一种倒退（尽管以收入的百分比来

[1] 所有数据来源于加拿大统计局 2005 年家庭支出调查。

算穷人得到的“较多”)。但电费补贴就是这么实施的。[1]

换言之，通过调整电价来解决分配不公的问题是很糟糕的，因为并不仅限于穷人，每个人都能享受到低价电。(同样，租金限制制度也是每个人都能享受到的，包括那些轻轻松松就能买得起房的人。)更严重的是，这种价格调控会给供求关系带来负面影响。严格来说，如果电价较低，人们就会用得比本来需要的更多。在此情况下，想让人们节约，就像把重量检测器放在自助餐车的外面。[2](很多健康食品餐厅都采取了一个有效控制食量的方法，即你可以从餐车中选择任何你想吃的东西，但出去之前你的盘子将被称重，你将根据重量付钱。任何质疑定价系统对人们行为的强大影响的人可以试着到这种地方去吃吃看。)

无论是出于公平还是效率的考虑，让人们承担电的真实价格（这里是指市场价格加上反映环境因素的“绿色税”)，然后对穷人进行补贴来缓解涨价带来的拮据，这种做法都是一种好得多的选择。这不仅能解决公平分配的问题，而且不会产生负面刺激，使人们浪费电。正如勒纳所说：“如果要进行收入的再分配，最好是直接转移收入，牺牲商品的最佳分配方式从经济角度来说是没有必要的。”[3]

社会可以运用各种不同的原则来决定某件商品的合适价格。在西方

[1] 詹姆斯·威尔逊曾说过，道德议题的关键在于它们会“模糊一些实际的议题，即使当实际的议题很严重，而道德议题相对来说不算什么时也是如此”。见威尔逊：《腐败并不总是可耻的》，载《城市中的偷盗行为》，J·A·加德纳、D·J·奥尔森编辑，布鲁明顿：印第安纳大学出版社，1968 年，第 29 页。

[2] 安德鲁·波特：《并非包里最明亮的灯泡》，载《麦克林斯》2007 年 4 月 9 日。

[3] 阿巴·勒纳：《控制经济学》，纽约：麦克米伦出版公司，1946 年，第 48 页。

社会的历史中，这个议题一直饱受争议。[1] 亚里士多德（Aristotle）认为，“公平价格”应该通过平衡交易双方的利益来决定。[2] 奥古斯丁（Augustine）则认为，想要“贱买贵卖”是一种堕落，物品的价格应该由其内在价值决定。[3] 约翰·邓司·司各特（John Duns Scotus）的观点却是商品的价格应该以“成本加成”为基础（这样供货方的考虑就占支配地位了）。而文艺复兴“萨拉曼卡学派”（Salamanca School）则更多地强调需求方，认为应该根据商品“受欢迎”的程度定价。[4]

然而，后来占支配地位的观点是价格应该由商品的**相对稀缺**程度决定。（稀缺程度是相对的，因为某件商品的量是否满足需求，取决于有多少人需要它：稀缺与否是由供求关系决定的。）莱顿坚决反对的正是这种根据稀缺程度定价的概念，他要求油价在油短缺时依然保持平稳。现在，竞争导致价格由商品的稀缺程度决定，这似乎成了市场经济的特征。然而对基本原则的诉求远远超越了人们对于市场的热爱，20 世纪早期，“社会主义计算”辩论的一个伟大结论就是**任何**经济制度，无论是资本主义还是社会主义，如果不想浪费大量的资源和劳力，都会根据商品的稀缺程度定价。

不幸的是，人们有时把整个供求关系——稀缺问题——完全看成是一种资本主义现象。而社会主义社会将会进入一种“后缺乏”经济。这其实是完全错误的。必须明白，在多数富裕国家，服务业的产值是制造业的好几倍。某种和环境有关的观点促使我们从能源和自然资源的角度来考虑消费问题。这会起误导作用，因为我们消费的大部分东西并不是有形商品，而是**他人的时间**。只要他人的时间是有限的，那就一定会出现稀缺的状

---

[1] 约翰·鲍德温：《关于公平定价的中世纪理论》，费城：美国哲学协会，1959 年。

[2] 亚里士多德：《尼各马可伦理学》，罗杰·克里斯普译，剑桥：剑桥大学出版社，2000 年，第 88 页。

[3] 奥古斯丁：《论三位一体》，加雷斯·马修斯编辑，剑桥：剑桥大学出版社，2002 年，第 110 页。

[4] 马乔里·格莱斯-哈钦森：《萨拉曼卡学派》，牛津：克拉伦登出版社，1952 年，第 48 页。

况。而且，在某些领域，如医疗保健，在人们能花多少钱及愿意花多少钱（例如，把他们的生命延长几周或几个月）方面显然是没有上限的。因此，根据商品的稀缺程度定价是一种有独特吸引力的道德理想，资本主义的拥护者和经济观念成熟的社会主义者都认为它是对的。[1]

奥斯卡·兰格（Oskar Lange）——20世纪另一位伟大的社会主义经济学家——曾经写道：如果组织合理，资本主义的核心吸引力在于“竞争使得企业家们的做法跟社会主义制度下的生产经理的做法是一样的”[2]。这是一种很适当的说法。燃油短缺时，汽油公司提高价格，这并不是贪婪——想象他们只是**模仿理想的社会主义经济中经理们的做法**。糟糕的是，这时人们的道德直觉又消失了（不仅仅是杰克·莱顿）。社会主义计划经济者们怎么会这么做呢？平衡供求关系有什么了不起的？

理解这个问题答案的最佳方法是我们必须了解，供求完全平衡时就是单个消费者付的价钱完全反映了商品的“社会成本”的时候。每当有人消费了一件商品（如一杯咖啡），就可以看成此人受益了，而其他社会成员则受到了损失（制造那杯咖啡所花费的所有时间和精力就消失了）。为商品付钱就是我们补偿那些由于我们的消费而蒙受损失者的方式。（下次你在星巴克买咖啡时，想象你对那里的员工说：“抱歉你得给我提供咖啡，这个时间你本来可以做其他的事情。请把我的歉意转达给其他人：店主、房东、运输公司、哥伦比亚的农民。这1.75美元是补偿，你们分了吧。”）

“社会成本”代表个人消费给其他社会成员带来的损失的程度，或者

---

[1] 对于这一议题有一个很有代表性的错误阐释：亨利·赫兹里特嘲笑人们对“公平”定价的追寻，相反地他认为经济学家们采用了“功能”定价的理念——“功能定价使得产量最大化”，见《一课经济学》第3版，纽约：三河出版社，1979年，第152页。可是，所谓“量”并没有什么关系，问题在于对人们需求的满足程度。因此，根据商品的稀缺程度定价完全是道德决定的，而不是功能决定的。

[2] 奥斯卡·兰格：《关于社会主义经济理论 第二部分》，载《经济研究评论》第4卷，1937年，第123～134页中的第123页。

因为这种消费而放弃的其他消费。这个概念很抽象，因为它并不仅指这件商品本来可以被其他人消费掉，而且还指用以制造这件商品的劳力和资源本来可以制造其他的商品，而这另外的商品也本可以被其他人消费掉。(所以，当我喝一杯咖啡时，我不仅从所有其他想喝这杯咖啡的人手里夺走了它，还从想用那块地种粮食的人手里夺走了蔬菜，想雇佣那些农业工人开服装厂的人手里夺走了服装，等等。)

喝一杯咖啡到底给其他人带来了多大的不便由两件事决定：一是其他人有多想喝那杯咖啡；二是生产更多的咖啡要消耗多少人力物力（或者，从技术上来说，咖啡的供求曲线是怎样的)。如果咖啡的价格随供求关系变化，那么就能反映这种不便的程度。[1] 如果我们其他人真的很想喝咖啡，那么我们就愿意多付点钱，咖啡的价格就会上涨。由于喝了这杯咖啡的人使其他人享受不到他们非常想要的东西，咖啡就会变得更“贵重”（英国人常这么讲)。他剥夺了其他人的权利，那么他最好是真的想喝咖啡。而他愿意出更高的价钱正是他真想喝咖啡的表现。

同样的，如果咖啡很多而且易于生产，那么是否多消费了一杯咖啡并不重要；但是如果生产咖啡需要更多的资源，或者某个其他领域很需要这种资源，我们可能就会想减少咖啡的生产，而把资源投放到别的领域。这样，由于把资源用于生产**其他**人们想要的东西是一种更好的选择，咖啡又会变得很“珍贵”。如果人们愿意付更高的价钱，这就说明生产咖啡所付出的时间和精力是值得的。如果不愿意付更高的价钱，人们可能应该改喝茶了。

这儿有一个简单的一般原则：无论一个人的消费行为给社会带来了怎样的损失，都应通过他从该消费中获得的满足得到**补偿**。如果人们能从喝茶那儿得到和喝咖啡一样的乐趣，而喝咖啡的社会成本更高，那么他们就

[1] 哲学家罗纳德·德沃金在《至上的美德》（剑桥：哈佛大学出版社，2000 年）中曾说过：市场将“一个人所拥有的任何可转移的资源的价值”都定为“由于他的拥有，其他人所放弃的价值”。（第 149 页）

不应该喝咖啡了。要了解这一点，就要窥视一下人们心目中到底有多喜欢茶和咖啡，再从生产的角度看看两者所需要的成本如何。另一种更实际的做法是定出一个价格，在这个价格水平上，人们愿意买的商品总量和人们愿意卖的商品总量是一致的。这就是“保证市场供求平衡”的价格。(一个竞争的市场是达到这种价格的一种途径，但不是唯一的途径。)

要理解为什么这种价格水平是消除道德顾虑的唯一途径（社会成本必须得到补偿)，我们需要考虑一下如果任何商品的价格不是这样定的会出现什么情况。如果价格较低，这就意味着消费者获利，但是这种利益没有把生产这种商品的资源用来生产另一种商品**能**得到的利益多；那么这种消费行为的社会成本就没有得到补偿。如果价格较高，这就意味着消费者没有得到他们应该得到的利益，因为他们消费的社会成本相对较低。当然一件商品的价格太高，从分析的角度来说等同于所有其他商品的价格太低，所以这就意味着**其他**人消费的社会成本没有得到补偿。

所有以上这些都说明当价格不能保持供求平衡时，生产消费模式就达不到帕累托最优。这意味着可以把生产消费从一个领域转移到另一个领域，而不会使任何人的情况变糟，却能使一些人的情况变好。这儿唯一的问题是很多人忘记了潜在的道德直觉的力量。勒纳曾说过，对他来说很显然，“社会主义社会必须和资本主义社会一样关注经济效益问题”[1]，因此无论是资本主义经济还是社会主义经济，价格都必须以保持供求平衡为目标。但是很多人从来就不理解他的思考。因此这里有必要详细展示一下为什么这样定价是保证个人消费给社会带来的损失被他们从中得到的好处所抵消的唯一实际途径。认识不到这一点将会导致完全不必要的物资损失。社会贫穷时，这会转化成不必要的苦难；而整体富裕水平提高时，这可能会转化成不必要的失望。

当然，如果最初的收入分配是公平的，价格体系将会更有道德说服

[1] 勒纳：《20世纪30年代的边际成本定价》，第236页。

力。那样，每个人都有同样的权力来决定哪里最“需要”资源。但是这是收入分配的问题。根据商品的稀缺程度定价不会使情况更糟糕，相反地，它能从现有情况下得到最好的结果。如果希望经济制度既有效率又公平，我们应该学会把道德本能分离开来。价格体系就是为了实现效率。实现公平是收入政策的任务（首先是税收制度的任务）。只要价格体系正常运作——随着反映商品稀缺程度的供求关系的变化而变化，我们就不应判断价格的公平与否。无论我们抱有怎样的关于公平分配的道德直觉，都应该通过收入分配来解决，也只能通过收入分配来解决。[1]

我们现在有两个很有说服力的理由来证明不应通过调控价格来追求社会公平的目标：从分配公平的角度来说，这是无效的。不当的资源配置会产生浪费和低效率。另外，还有一个重要的政治原因：价格扭曲会导致市场上的负面反应——房东不能提供足够的出租房，消费者使用过多的电，等等，而这会让政治家们治标不治本。“治疗手段”通常是一些强制性措施，禁止某些完全合法的市场行为。最终的管制通常是一种干扰，成本很高但却完全无效——正是这种管制让所有的管制蒙上了污名。

人们很容易受到这种诱惑。例如，经过多年的严格的租金限制以后，蒙特利尔出现了严重的房屋短缺。人们发现他们想得到一间公寓必须和20到30个其他可能的租户竞争。在北美的大部分城市，中产阶级的孩子在二十八九岁之前会安顿下来——他们完成了大学学业，找到了稳定的工

[1] 这一观点在亨利·西蒙斯的《自由社会的经济政策》（芝加哥：芝加哥大学出版社，1948年）一书中得到了最清楚的表述。西蒙斯写道：“我们一定要摆脱为了减轻不公平的状况所采取的一些调节相关价格和工资的令人困惑的措施。真正的经济学家和江湖骗子的区别之一在于：在这一点上前者会稍稍考虑一下交换经济的规律，使自己不要过于感情用事。”（第83页）

作，开始认真挣钱，然后准备买房。在蒙特利尔，孩子们也是如此，除了最后一项。租房很划算以至于没人愿意买房。结果，接受福利救济的单亲妈妈不得不和公司律师及特约制片人们竞争以获得一间公寓。[1] 毫无疑问，她们没有胜算。

由于价格扭曲导致的供货紧缩以及需求上升使得租金限制规定恰恰伤害了那些它想要帮助的人。但是该怎么办呢？取消租金限制又似乎是向实施“经济讹诈”的房东们低头了，所以魁北克的地方政府开始考虑不允许房东询问租客的经济状况（或者禁止收入成为拒租的理由，因为这是歧视）。

在电的问题上，诱惑也是相同的。最好的例子是禁用白炽灯运动。由于紧凑型荧光灯管比老式的白炽灯泡的耗电量要小得多（后者发出一流明的光的耗电量是前者的四五倍），不知为什么，有人提出了一个怪异的点子，政府应该通过禁用白炽灯泡而不是调整电价来鼓励节约。他们说服澳大利亚政府通过了相关法规，并使其他地区盲目模仿，包括加拿大和英国。

人们可能认为在加拿大这个点子的愚蠢之处应该尤为明显，根本无需讨论。毕竟，白炽灯所“浪费”的能源并没有神奇地凭空消失，而是以热能的形式进入千家万户。在一个人们每年要用八九个月暖炉的国家，从整个家庭的用电情况来看，白炽灯的能效是 100% 的。（同样的，在加拿大使用即热式热水器也没什么好指责的。确实只有当使用空调时，逃逸的热能

[1] 见爱德华·格莱泽、艾佐·鲁特莫：《租金限制下房屋的不当分配》，载《美国经济评论》第 93 卷，1997 年，第 1024 ～ 1046 页。也见罗尔夫·格策：《租金限制：穷人负担不起，特权阶层才能负担的房屋：剑桥租金限制影响研究》（剑桥：地学数据分析，1994 年）。格策写道：“这项研究是以大量实验数据为基础的，它清楚地显示租金限制承诺的对贫困家庭和老年人的特别保护没能实现。相反地，它使得大量贫困的租户租不起房子，而一些更年轻、收入更高、受过更好教育的单身人口取代了他们。简而言之，租金限制促进了下层住宅高档化，它导致的结果完全与预期的相反，是一项有良好意图，但破坏性极强的自相矛盾的住房政策。它减少了房屋供应，伤害了穷人，使有需要的人流离失所。”（第 24 页）

才会产生严重的资源浪费。)

而且我们还必须记住那条基本原则：人们并不愚蠢。环保主义者的目标是节约电，而他们所做到的却是限制灯泡的购买。消费者们很容易让环保主义者们感到事与愿违。多年以来我一直很喜欢用紧凑型荧光灯管。但是由于用这种灯管，我经常 24 小时不关灯，因为它们耗电量低。(我也很喜欢节能充氩窗，但是由于这项技术，我得以把我内室的小窗户换成了一个巨大的视野上佳的大窗户——由于该技术，这种变化很可能使整个屋子的能量损失保持不变。)

当人们试图通过向“高油耗”的车征收附加税来限制燃油使用时，同样的问题也出现了。**买**悍马没什么，**开**悍马就反社会了。要达到目的，人们应该采取收取燃油税的方式，而不是向车收取附加费用。混合动力的车也是一样。2005 年我买了一辆丰田混合动力车，并且因此从政府那得到了一笔相当丰厚的税收补贴。但是我不得不说，由于买了部混合动力车，我开车开得比之前多得多。这个心理机制相当简单：作为一个环保主义者，我不经常开车；如果经常开车，我就会觉得内疚。开混合动力车让我不那么内疚，因此我就经常开。我并不为之感到自豪，但情况就是这样。

“禁灯泡”运动不仅没有效果，而且还会带来一个更为基本的问题：它代表政府权力的干预，而这种干预对自由民主原则是极大的冒犯。这种论点包含一个很细微的政治哲学观点，值得详细讨论，因为它直接反对用价格体制来处理环境问题。

现代多元社会，尤其是多元文化社会的主要特征在于人们对怎样才能生活得最好有很大的分歧。不同的人有不同的目标、规划和价值观。几个世纪以来的经验总体来说也证明了政府最好是不要去管那些生活方式之类的问题。政府可以限制每个人在追求美好生活时对他人的干扰程度，但不应该偏袒任何一方或者是以其他生活方式为代价倡导某一种生活方式。例如，正是由于这个原因，政府并不大力阻止人们成为耶和华见证人（Jehovah’s Witnesses），尽管这些信徒拒绝接受输血引起了很大的争议。

许多哲学家认为为了以“同等的关怀和尊敬”[1]来对待公民，政府应避免奉行以一些特定生活方式有可能具有的长处为基础的政策。当然，任何过于危险的或者是反社会的行为都必须禁止，但是如果是面对理性人群可能或者确实不能达成共识的问题，政府最好是保持中立。但是在我们不希望政府插手这些决定的细节的同时，政府仍然能起到很大的作用，它们能保证每个人在做决定时充分重视自己的决定对他人的影响。特别是每个人都必须自愿节制自己的要求和期望，因为不是每个人都能同时得到所有他们想要的东西的。

把这个原则应用在节电的问题上会有什么结果呢？每个人都需要电，但是不同的人目的不同。有的人想用空调，另一些人想上网，还有些人想吹干头发。任何社会都不可能搞清楚这些不同的需求哪种更优越。那么我们最好是让每个人自己决定怎样用电，但是要设置一个总体的预算限制，也就是说，电的总量是有限的，每个人用的每度电都不能被其他人使用了。最简单的方法就是根据总的供电量来定价，然后让每个人用多少电就付多少钱。

为了把不同的问题分开讨论，假定某个社会供应的电被平均地分给所有人。该社会决定需要生产多少电（要考虑总需求、发电和送电的工作、环境影响等），然后向全体公民发放一套代金券，让每个人都能用到等量的电。我们把这个社会称为代金券世界。现在的主要问题是：在代金券世界里我们能否禁用白炽灯泡呢？至少在我们保持中立的情况下，答案将是不能。人们把电用在各种不同的地方，可能有些用途在我们看来完全微不足道，可是对选择它们的人来说却有重大意义。（想想那个关于安装户外圣诞灯的辩论吧。）

代金券世界的关键点在于人们必须对自己的选择负责。如果你要用电

[1] 罗纳德·德沃金：《自由主义》，载《原则问题》，剑桥：哈佛大学出版社，1985年。

来吹干、拉直或烫卷头发，那就意味着在别的方面，如做饭、看电视或上网方面，你就得少用点电。有些人不愿意这样，就会剪一个“洗后免做”的发型；另一些人愿意这样，那么他们就会在其他的方面节约点，以便有电来打理头发。关键在于只要每个人的用电不超过他的限额，他怎么使用电就不关其他人的事。实际上，如果一个社会规定人们该怎么用电，那么它就没有以同等的关怀和尊重来对待人们，因为这样会不可避免地让某种生活方式凌驾于其他生活方式之上了。这种违反中立的行为不仅对自由是一种冒犯——对平等也是一种侮辱。

灯泡的例子也是如此。跟很多人一样，我对照明非常讲究。紧凑型荧光灯管的问题在于它在可见光谱的范围内发射出刺眼的光，而且显色指数很低。（简单地说，就是光线的颜色不对，在这种光线下，物品看起来很糟糕。）在有些地方我很喜欢用白炽灯泡，所以我额外花钱买了一个“全光谱”白炽台灯。这可能显得有点挑剔，但我就是这种人。有些人是音乐发烧友，有些人对食物挑三拣四，我则对照明要求很高。

另一方面，我不太喜欢空调，我不喜欢空调开着时干燥的空气，所以我一般不开空调。这样，尽管在照明方面浪费了一点电，但在降温方面我却节省了大量的电。那么我这样的人在代金券世界里会有怎样的处境呢？我会过得很好。因为空调比所有其他家用电器的耗电量都大，在整个用电预算中，我就不必为几个白炽灯泡所消耗的电发愁了。

由此看来，在代金券世界里禁用白炽灯泡不仅是一种粗暴的干涉，而且对有些人来说完全是不公平的。很多人用电满足他们的一些古怪特殊的嗜好（例如不在家也把空调开着）。为什么要找那些喜欢用白炽灯泡的人的茬？只要他们以自己的方式支付——为了满足他们的特殊嗜好，减少**其他**某方面用电——那么无论他们决定使用何种家电对他人都没有影响。他们特殊消费的成本都已经“内化了”。

那么代金券世界和我们的现实社会在道德上有没有什么显著区别，以至于在那里禁止白炽灯是不合理的，而在这里却是可行的呢？我认为答案是没有区别。在这两种情况下，电的消费都有预算控制，而这种预算控制反映了社会成本。如果想在某件东西上拥有的更多，那么就不得不放弃另一件东西。由于我喜欢高能耗灯泡，所以在其他方面我能支付的就少一些。由于我用的是钱，而不是专用券，我没有必要减少其他方面的用电量以支付灯泡用去的电，但是我一定得减少**某样东西**的消费。我可能会决定少吃点比萨饼。总的来说是一样的：我的收入实际上就是一张代金券，用它我可以去消费一定量的社会产品和服务。只要我付的价格反映了这些产品和服务的真正社会成本，那么我怎样使用自己的收入应该由我决定，也只能由我决定。如果我认为值得花四五倍的价钱得到更好的照明质量，那么这些电就没有浪费：这些电被用来满足我的嗜好——其社会成本由于我的获益而得到了补偿。

代金券世界和我们自己的世界在道德上有两个重大的差异，但它们都不会影响这个结论。第一个差异是我们使用的电量是不同的。我们并没有代金券，我们只能用普通货币来购买电，而社会财富的分配是不公平的。比起穷人，富人可以浪费更多的电，享受更多古怪的嗜好。尽管这是事实，但这和灯泡没有关系。如果真要扯上关系，也就是讨论如何让收入分配更公平。第二个差异是由于各种环境外部因素，电价不能反映它的真实社会成本。结果，相对于人们的真实需要和偏好来说，我们发的电过多了。但是，这也和禁用白炽灯泡没关系，只是说明了要根据电的真实成本定价（取消补贴、征收碳税等）。

但无论怎么说，禁用白炽灯都是一项令人不快且毫无价值的政策。人们不能以这只是“一小步”，或者这表示人们愿意为了改善环境而接受改变为借口。这就是一个无效的政策，它违反了最基本的平等原则。它也毁了环保运动，因为它让人们觉得环保主义者就是那些希望政府禁止所有他们不赞成的生活方式的好管闲事者。

到目前为止，我们讨论的情况都是左派们希望降低物价好让贫穷的消费者们喘口气，而且我们也发现这种策略的局限性非常明显。但其实还有另一种情况：左派们希望价格升高好让贫穷的生产者们生活得好一点。这里最引人瞩目的例子就是国际贸易。当我们从不发达国家购买商品时，商品生产者的贫穷是显而易见的。这正是"公平交易"运动的中心议题。

必须从一开始就区分"公平交易"主题下的不同观点。有些人只是想要"符合道德的"供应链管理（达到环保标准，在工作场所没有压迫等），并且减少第一世界的关税壁垒和补贴。约瑟夫·斯蒂格利兹（Joseph Stiglitz）和安德鲁·查尔顿（Andrew Charlton）所著的《国际间的权衡交易》（*Fair Trade for All*）是这一趋势的代表。[1] 其中，公平的概念包括当不发达国家的生产者们试图加入世界贸易体系时，消除他们所面临的不利因素，并且要保护那些维持较好的生产条件，对环境负责的生产者们，使他们免于与本国的一些不择手段的生产者们进行"不公平"竞争。总的来说，就是要避免发达市场经济中的一些"狡诈的做法"伤害那些没有经验的生产者们，保护他们免受价格波动的影响。这都没什么错。

但是公平交易运动的另一个方面却多少有些令人怀疑。根据这个观点，发达国家的消费者们由于更为富裕，所以在从不发达国家进口商品时，有道德方面的义务支付比市场价更高的价钱。因而人们建议无需把钱捐给慈善机构或"发展"计划，只需以高于市场价从第三世界进口商品即可。1991 年，美体小铺发起的略显虚伪的"交易而不援助"运动使得这一观点变得很受欢迎。

实际上，很多人认为非洲需要的是更多的交易和较少的援助〔包括一些左派，如斯提格里兹和查尔顿，以及一些右派，如卡托研究所（the Cato

[1] 约瑟夫·斯蒂格利兹、安德鲁·查尔顿：《国际间的权衡交易》，牛津：牛津大学出版社，2005 年。

Institute)〕。但是，美体小铺所指的并不是以“有利可图的”市场价格交易，而是以满足全球分配公平要求的价格交易。这就是慈善定价政策。必须注意到这个运动和勒纳的倡议正好相反：“交易而不援助”运动不是不管价格，重新分配收入，而是否定了收入再分配，赞成价格调控。

对很多人来说，慈善定价的概念通常都是和“公平交易”咖啡联系在一起的。尽管这种咖啡已经存在了很长一段时间，该运动还是在2001年的“咖啡危机”中得到了很大的推动，那时，由于全世界范围内咖啡豆供应过量，结果咖啡豆的整体价格惨重下跌，很多国家陷入贫困状态。为了解决这个问题，人们首先提出了公平交易咖啡策略。[1] 然而奇怪的是，没有人否认问题的根源在于咖啡生产过量。乐施会（Oxfam）曾计算过2001年世界咖啡供应量为11.5亿袋（每袋重132磅），而总需求只有大约10.5亿袋。出现这种供过于求的现象不仅是由于产量增加，而且也是因为发达国家的咖啡消费量急剧下降。（尽管咖啡馆的数量增加了，美国年度咖啡的消费量却从1970年的人均36加仑下降到2000年的人均17加仑。[2]）咖啡的低价并不是由于市场失灵，而是因为稀缺定价机制在起作用。

供过于求也和美国高价咖啡的日益流行有关，像星巴克这样的连锁店发售的一杯高档咖啡的价格几乎和很多人一顿午餐的价格一样。有一段时间，为了对抗公平交易潮流，星巴克强调他们的咖啡之所以这么贵是因为他们给国内雇员的工资高于市场标准——而且给他们提供了医疗保险。但是无论如何事实摆在这里，一小杯拿铁收费高达3美元，而种植咖啡豆的人只能得到1到2美分。星巴克作出了让步——很快成为了世界上最大的公平交易咖啡承办商。

[1] 要了解整个情况，见加文·弗里德尔：《公平交易咖啡》，多伦多：多伦多大学出版社，2007年，第53～63页。

[2] 查丽斯·格雷瑟尔、索菲亚·蒂克尔：《被抢劫了：咖啡杯里的贫穷》，伦敦：国际乐施会，2002年，第19页。

有关公平交易的文献资料中充斥着咖啡豆种植者受到房东、咖啡烘焙者、中间人以及跨国公司无耻剥削的血泪故事。但事实就是事实，如果生产出来的咖啡比人们需要的多出1000万袋，那么正确的做法应该是减少产量。（必须记住这些用于种植西方消费者根本不需要的咖啡的土地和劳动力本来可以用来种植人们真正需要的东西，如**食物**。）但是由于投入到种植咖啡树，等待树木长成的“沉没成本”，许多咖啡生产者一直坚持着，等着其他人先退出咖啡市场。

在这个经典的治标不治本的案例中，乐施会和其他热衷于公平交易的人们提议针对咖啡供过于求的情况，西方消费者应该支付更高的价钱。这是一个相当可悲的笨拙提议。这种做法不仅是错误的（因为它不能解决问题），而且恰恰与正确的做法相反（因为它不但不能解决问题，还会使问题恶化）。

乐施会2002年发布的关于这个问题的高调报告引用了国际咖啡组织领导人巴勃罗·杜布瓦（Pablo Dubois）的话：“公平交易运动清楚地表明，向咖啡生产者们支付两倍于当前灾难性低价的价钱并不会影响消费者们购买优质咖啡的意愿。”[1]这很不错，但没什么作用。如果咖啡能卖到两倍于市场价格的价钱，咖啡生产者们还会减少**产量**吗？常识告诉我，这只会让减产变得更加困难。

不过乐施会值得称道的是，它明确承认了它的提议可能带来的后果（不像其他公平交易咖啡的承办商）。[2]乐施会认识到公平交易定价根本不能解决潜在的咖啡供应过量的问题，所以乐施会的慈善定价政策的反面是承诺毁掉现有咖啡豆的存货。它提议“政府和公司”购买大约500万袋咖

[1] 格雷瑟尔、蒂克尔：《被抢劫了》，第40页。

[2] 格雷瑟尔、蒂克尔：《被抢劫了》，第46页。弗里德尔在《公平交易咖啡》中前300页没有提到扭曲定价可能会导致的过度生产，他忙于用“历史唯物主义的观点考察事情的发展”，以便“找到权力的宏观结构，以及这些结构的历史根源、社会根源和政治经济根源”。（第11页）

啡豆（价值约 1 亿美元），然后销毁掉。

此处，我们可以看到在“交易而不援助”的全盛时期出现的一些后果。我们不是直接把钱给穷人，让他们种一些人们需要的东西，而是付钱给他们，让他们种一些我们根本不需要的东西，转身又把东西给毁了。这么富有难道不是件好事吗？下次你买一杯公平交易咖啡时，不要认为那高于本来价格的费用是付给咖啡生产者的附加费——那是你付来毁掉多余咖啡豆的费用。我可以想象这样的市场宣传：“公平交易：你每买一磅咖啡，我们就会抽出另一磅扔到海里！”

美体小铺面临着一个和最初的“交易而不援助”运动非常相似的问题（这也是该公司很快放弃该政策的原因之一）。他们以高于市场的价格购买非洲的牛油树脂。他们答应从南部加纳的合作生产者那里购买 6.3 吨未精炼过的牛油树脂，底价为每公斤 1.25 英镑，这个价位比当地的价格高 50%（因为这些牛油树脂必须符合欧洲的健康安全要求，并达到公司自己的质量标准）。但是公司每公斤又另外多付 0.79 英镑，以便种植者能投资兴建地方学校，或者其他工程。这是为了让贸易关系成为一种“权力下放而不是剥削”的关系。[1]

约翰·斯塔克豪斯（John Stackhouse）几年后到当地去看了看，报告了这种做法的灾难性后果。在这个悲剧性的经济学 101 的实例中，美体小铺的订单催生了“牛油树脂热”，这毫无疑问地导致了生产过量。人们什么其他的庄稼都不种了，都想在牛油树脂的种植中分一杯羹：“第一年，过去牛油树脂的年产量一般只有约 2 吨的北部村庄，生产出了 20 吨，这是美体小铺需求量的四倍……更糟的是，由于发现过高估计了国际市场对树脂产品的需求，美体小铺迅速缩减了次年的订单。”[2] 以高于市场价的价格购买向生产者们传递了“人们需要更多牛油树脂”的信息，然而不幸的

[1] 约翰·斯塔克豪斯：《源于贫困》，多伦多：古典出版社，2000 年，第 108 页。

[2] 同上书，第 113 页。

是，人们并**不**需要更多的牛油树脂，结果这个价格信号引发的大部分过量产品就被浪费了。

每当左派不得不听右派说“我早就说过了”时，他们都感到很痛苦。可是上面的情况非常清楚。慈善定价不仅转移了财富，而且改变了诱因，这种改变会带来荒谬的，但完全可以预见的后果。这样，要实现人道主义的目标还不如通过一次性的转让（如慈善捐赠），这种做法当然也不是十全十美的，但是至少不会扰乱定价机制。

即使我们都知道正确的结果是什么，有时我们还是会觉得采取必要的行动以得到该结果是很困难，并令人痛心的。没有人真正否认某种商品或服务的供应量应该由需求量决定，或者价格应该反映商品的相对稀缺程度。如果相对于人们需要的量来说，咖啡产量过剩，那么价格必须下调，生产必须缩减。如果相对于人们需要的量来说，汽油产量不够，那么价格必须上调，**消费**必须缩减。无论是资本主义还是社会主义，这都是唯一的管理经济的方式。

所以，杰克·莱顿（Jack Layton）关于汽油价格的说法很有讽刺意味。兰格（Lange）曾经说过，资本主义最妙的地方在于竞争会迫使私人公司的做法和他们处于社会主义规划监管下的做法一样。然而，历史经验告诉我们，资本主义对社会主义规划的模仿比任何真正的社会主义制度都成功。这其中的主要原因是“社会主义规划者们”难以作出社会主义规划者们应该作出的艰难决定。在某种程度上，这是因为与市场经济相比，真正的社会主义经济让政治对价格系统进行了过多的干预。总的来说，之所以要让政府尽量少干预经济主要是因为政治家们总是忍不住要对经济指手画脚，而无论是从整体的角度还是长远的角度来看，这种干预都是极度有害的。所以，即使是在政府垄断机构，如中央银行，政治家都必须和管理者们严格地分隔开来。

换言之，政治家们坚持像莱顿一样要求汽油保持低价足以证明政府是不应该插手经济的。莱顿不知不觉地表现出一种行为倾向，而这种行为倾向成为建立可行的社会主义经济的极大阻碍。以善辩者的话来说就是：正是由于他这样的人，社会主义才起不了作用。

[第八章]

“疯狂地”追求利润

为什么赚钱其实没那么糟糕

芝加哥大学一些聪明的人们近来一直在思考一个问题：为什么没有盈利性的慈善机构？[1] 其实答案非常简单：是税收法强制慈善机构成为非盈利性机构的（这样不仅可以不交各种名目的企业税，而且个人在接受馈赠时还可以减免一定的费用）。但是更进一步的问题是，我们为什么要强迫慈善机构不盈利？为什么就不能准许它们盈利？如果某个企业家看过慈善机构的行政经费比率后，承诺他的盈利性慈善机构能更有效率地向人们提供同样水平的帮助，那该怎么办？假定他提供一个返款担保，承诺将比其他所有慈善组织多发放 10% 的善款到受助人的手中，那该怎么办？这儿唯一的问题可能就是如果这 10% 的担保能兑现，那么所有的额外收入都将以盈利的形式落入慈善组织所有者的手中。

如果慈善组织的目标是让需要者受益，那么这种安排不是会让捐赠者更加满意吗？为什么要纠缠于提供帮助的机构的组织形式？当然，如果那些以盈利的形式转到慈善组织所有者手中的钱转到需要者手中会**更好**。但

[1] 阿纳普·马拉尼、埃里克·波斯纳：《盈利性慈善机构》，载《弗吉尼亚法学评论》第 93 卷，2007 年，第 2017 ~ 2067 页。

是如果加入盈利的动机能提供更强的刺激，使得盈利性慈善机构**实际上**发放出比非盈利性慈善机构更多的善款，那么这就没什么意义，只是一个抽象的假设而已。如果在真实世界中，我们要在效率较低的非盈利性慈善机构和效率较高的盈利性慈善机构中作出选择，那么为什么不选后者，而是去嫉妒那些干得很好的人所得到的好处呢？

但是人们的确会担心组织形式的问题。很明显——可能除了个别经济学家之外[1]——没什么人愿意向盈利性的慈善组织捐钱。通过帮助有需要的人盈利似乎就是不对的。二战中，奥斯卡·辛德勒（Oscar Schindler）为了保护在他工厂工作的犹太人免受纳粹政权的屠杀而破产。如果他选择少救 200 个人以维持合理的盈利水平，历史对他的评价恐怕就没那么高了。即使他只救了 900 个人而不是 1,100 个人，他还是比其他的德国企业家们救得多，因而我们不该嫉妒他的合理盈利——这种辩护太不堪一击了。

正如这个例子所显示的，认为盈利污染了道德的倾向在很多情形下是完全合法的。但是有的人这种情结过于强烈，他们认为任何盈利都是不可原谅的，所以从道德上说整个资本主义从一开始就应该被禁止。一个更为普遍的观点是从任何可以满足人类“需求”的交易中获利都是不道德的。这也就产生了广受欢迎的“共产主义”福利国家理论。根据这个理论，由公共机构提供一些商品和服务的根本原因并不是私营企业不能提供，而是如果由私营企业提供这些商品和服务，从道德角度来说有点可憎。（例如，人们反对供水私有化，并不是基于显而易见的理由——水的分布是自然垄断的，而是基于一个似是而非的理由——水是“生命中不可或缺的”。人们从来就没解释清楚为什么水管里的水有这种神圣的特质，以至于只能由

[1] 关于慈善，乔治梅森大学的经济学家泰勒·考恩写道：“我更喜欢通过西联汇款直接把现金转给墨西哥的农民，没有减免税，但是行政费用很低，就把西联汇款当成一个盈利性慈善机构。”(www.marginalrevolution.com)

政府提供，而瓶装水就没那么神圣了。）[1]

乔尔·巴肯（Joel Bakan）的书（和电影）《大企业》（*The Corporation*，副标题为对权力和利益的病态追寻）清楚地表达了这一倾向。巴肯认为，企业实际上是一种“用以确保自身利益，不管道德考量”的制度构建。[2] 如果人身上有这种特性，那么他就会被诊断为精神病。因为“企业，正如它表现出的病态人格所示，是一定要剥削他人来牟利的”，我们最好是把它同一些敏感领域分隔开来。[3] 这就是福利国家兴起的理由：“人们认为必要的公共利益和社会领域非常珍贵，易受侵犯，而且有神圣的道德意义，所以它们不应受到企业的剥削，而应该由法律和公共政策在保护的界限内进行规定……对人的健康和生存（例如水的供应、健康福利保障）、进步和发展（如中小学、大学和文化机构）以及公共安全（如警察、法院、监狱和消防员）至关重要的一些机构必须被慎重地置于企业剥削之外。”[4]

这种情绪可以体谅，但是这种经济分析是完全错误的。而糟糕的是，在很多情况下，人们都在用这种分析来指导公共政策的制定。[5] 这样，我们就有必要暂时把说教的口吻放到一边，从而能更加仔细地分析那些以盈利的名义作恶的邪魔外道。

[1] 莫德·巴洛、科尼·克拉克在《蓝金》（多伦多：斯图达特出版社，2002年）中写道：“地球上的淡水属于地球和所有物种，因此不应该被当成私人商品来购买、出售、交易获利。”（p. XVII）尽管有这一原则，而且他们担心公共水供应可能会私有化，他们还是认为不应该把瓶装水工业国有化（见第242页）。

[2] 乔尔·巴肯：《大企业》，多伦多：维京出版公司，2004年，第28页。

[3] 同上书，第69页。

[4] 同上书，第112～113页，更多相似内容见巴洛、克拉克的《蓝金》，第87页。

[5] 例如：加拿大未来医疗保险委员会所作的报告《以价值为基础》（渥太华，2002年）。

在考虑盈利在资本主义经济中所起的作用之前，我们必须辨析两个很普遍的错误。第一个是简单地混淆了“盈利”和“私利”，而巴肯完全把两者弄混了。一个规范的企业确实在尽力创造“盈利”，但是利润的最大化并不是指为企业工作的某个个人，即使是最高层的经理人的私人利益最大化。我们谈到的盈利将以股息的形式分给股东。大企业中所有权和经营权的分离使得股东们根本不参与企业平时的具体运作，而行使管理权力的经理人们对企业却没有所有权。[1] 尽管大企业们把“绩效薪酬”吹得天花乱坠，但它们却没办法很好地约束经理人们。例如，有人鼓吹认股权会产生神奇的效果，使经理人们更有主人翁态度，而很多时候事实恰恰相反——它们只是为管理者们创造了更好的机会去剥削股东。

这里我们要注意一下在 21 世纪初期席卷企业界的“道德丑闻”浪潮（这种说法不太准确，实际上是一连串的犯罪行为），也即经理人背叛股东的事件。例如，安然企业的问题并不是巴肯所说的企业的“高风险高回报”的做法，[2] 而是根本**没有盈利**。导致安然企业最后倒闭的所谓“高风险”的做法是以各种方法向投资者隐瞒企业没有盈利的事实，以使他们继续投资（银行继续发放贷款）。企业倒闭时欠债 380 亿，而账面上只显示了 130 亿。（这也是这一事件如此引人关注的原因。与其他丑闻中显而易见的盗窃和隐瞒不同，安然企业有复杂的计划，但还是在光天化日之下被经验老到的投资方揭穿了。）

人们经常把戈登 · 盖柯（Gordon Gekko）的著名演讲“贪婪是美德”

[1] 阿道夫 · 伯力、加德纳 · 米恩斯：《现代企业和私有财产》（修订版），纽约：哈考特 - 布雷斯出版公司，1968 年。

[2] 巴肯：《大企业》，第 99 页。同样的，讨论在美国企业中重建信任的方法时，一些哈佛商学院的教授们也抨击了“在最近一波企业丑闻中被揭露的盈利最大化的弊端”；见拉凯什 · 库拉纳、尼汀 · 诺利亚、丹尼尔 · 潘尼斯：《职业经理人》，载《在美国企业中重建信任》（剑桥：麻省理工学院出版社，2005 年），J · W · 洛尔施、L · 贝洛维茨、A · 泽勒克编辑。

与亚当·斯密的“隐形之手”相提并论，而这在很大程度上是误解。它并不是要给自由市场经济唱赞歌，而是要解雇贪婪的寄生虫般的经理人。盖柯认为他自身的贪婪比经理人的贪婪更有益于社会。很多大上市企业的根本问题在于股权过于分散，因而各股东产生了共同行动问题：由于每个人的股份都不多，而积极参与管理意味着投入大量固定成本，所以人们就都不愿意去管企业。这样经理人就可以为所欲为了，无论是给自己发超大的红包，还是赤裸裸的贪污都不在话下（而这些都不会给企业带来最大的盈利）。在电影《华尔街》（*Wall Street*）中，盖柯是一个企业狙击手，他的主业是收购企业（这样可以巩固所有权），解雇那些毫无作为的经理人。具有讽刺意味的是，80 年代的收购热潮消退了，这其中部分原因是那些企业狙击手们发觉他们的行为实在是太无私了。股权收购通常会给旧股东们带来可观的经济回报，而新股东的经济回报却是很不确定的，而且不能立刻到手。[1] 与此同时，和他们的前任比起来，这些狙击手们在选择好的经理人方面也做得并不成功。

正是由于所有者们感到很难控制企业，所以法律明确规定高级经理人有为企业牟利的**道德**义务。他们有信托责任（就像医生对病人有责任，律师对客户有责任一样）。

这种信托责任包含有无限的“忠诚义务”和“照看责任”，因此经理人们必须小心行事以履行职责，展示能力。[2] 为什么私营企业的经理人们必须承担这些责任呢？因为他们并没有直接暴露在市场“敏锐”的诱因之下。他们被几层力量隔开了（如董事会），这些力量即来自于市场，也来

---

[1] 玛格丽特·布莱尔：《所有权和控制》，华盛顿：布鲁金斯出版社，1995 年，第 100 ~ 106、217 页。

[2] 正如特拉华州高法在影响深远的古斯(Guth) 对罗夫特(Loft) 公司案件(1939 年) 的决定中所说的：“想要企业经理人和董事对企业表现出密不可分的无私的忠诚，那么必须保证他们的个人利益和指责没有冲突。”

自于企业所有者（这就是无论他们表现如何都能拿到高额工资的原因）。[1] 这样——由于他们总有很多方法来避开或者削弱直接控制——想让他们履行职责就很困难。

在这点上，私营企业经理人和国有企业经理人并没有太大不同。他们的行为动机都是多重的，有时追求自身利益，有时按照别人的要求做。所以，不要认为私营企业都是为了“私利”采取行动，而国有企业则是完全“利他”的。利己和利他都不是问题，因为所有的经理人都是依据利己和利他的综合动机行动的（或者更确切地说，是出于一些内部因素，如对组织的忠诚度和外部刺激，如根据绩效发薪酬，或者升职机会等）。私营企业的经理人使利润最大化完全是一种利他的行为，因为这些利润完全进入了他人的口袋。因此把企业的目标和**个人**的动机混为一谈，并以此判断他们的道德水准完全是一种误导。

第二个重要错误在于人们有一个普遍印象，“社会”全权委托企业去把利润最大化。实际上只有在能形成**竞争**市场的情况下，社会才会允许企业的利润最大化。如果不能形成竞争市场，政府法规毫无例外地都会禁止企业利润最大化。

这就是享有自然垄断权的私营企业——如供电企业和有线电视——每次提价都必须得到政府批准的原因。而政府鼓励竞争市场中企业利润最大化的原因在于当很多企业相互竞争，都想让利润最大化时，就会产生一个共同行动问题，而这个共同行动问题会让利润率变为零。[2]

换言之，认为社会要求企业利润最大化就像是说社会鼓励冰球运动员同时展开袭击一样。不过这倒是真的，社会确实鼓励冰球运动员高速冲向彼此，威胁彼此，偶尔用拳猛击彼此的脸部。可是必须注意到**只有**

[1] 卢西恩·伯切克、耶西·弗里德：《不看业绩付薪水》，剑桥：哈佛大学出版社，2004 年。

[2] 这是一个最基本的经济学 101 论断（见格里高利·曼昆：《经济学原理》，沃思堡：德赖登出版社，1998 年，第 295 页），尽管很多人都不知道这一结论。

在冰球比赛中这种行为才是被鼓励的。在购物中心或者他们自己家里，这些冰球运动员就不能这样做。同样的，只有在一个非常特殊的背景下，我们才鼓励企业利益最大化：即竞争市场，这是精心筹划的竞赛。正如身体接触并不是冰球比赛的目的，而只是手段，同样利润最大化也不是市场经济的目的。后者的证据在于：在完全竞争的理想世界里**根本没有利润**。

这就是《大企业》对现代企业控诉的最大问题。人们可能认为既然“隐形之手”被关注了那么多年，巴肯至少屈尊提一下企业追求利润是受竞争约束的。我们不允许垄断企业追求利润最大化，但也不让企业形成卡特尔（企业联合）。当然，很多左翼人士都对企业实际上是在互相竞争这一说法感到不屑（通常带着厌世且愤世嫉俗的口吻）。约翰·肯尼斯·加尔布雷斯也对这种认知表示赞成，他认为一旦认识到价格竞争是和他们的共同利益相矛盾的，企业就会停止这么做。[1] 这样他低估了市场强加于企业身上的共同行动问题的严重性。每当企业共谋涨价的时候，需求就会下降，这就意味着供求不平衡。这实际上会导致两个结果：一是有大量后备顾客愿意付一大笔钱，以企业仍能获利的价格购买该产品；二是一些企业将会出现过多的存货，或者生产能力被闲置。在此情况下，“欺骗”卡特尔，以略低的价格向这些后备顾客出售商品的诱惑将是巨大的。当然这是典型的免费乘客策略——这么做的企业能获得利润，但是却降低了整个产业的获利率。如果每个人都这么做，那么卡特尔就分崩离析了，利润率则会降为零。

这就是为什么经济学家们所称颂的竞争市场在工商界经常被描述成“商品化地狱”。[2] 这里的商品指的是完全同质的货物，例如小麦、牛奶或者煤。由于缺乏区分度，生产者唯一真正的竞争方式就是价格竞争，而这

[1] 约翰·肯尼斯·加尔布雷斯：《美国资本主义》（修订版），剑桥：里弗塞德出版公司，1956 年，第 112 ~ 113 页。

[2] 这个词是通用电器董事长兼首席执行官杰夫·伊梅尔特创造的。

会带走所有利润。《财富》杂志认为："在商品化地狱，每个人看起来差不多，商品看起来差不多，利润看起来也差不多——等等，利润跑哪里去了？"[1] 企业是这样应对威胁的，它们尽力让自己的商品与众不同以区分其他商品，在质量和创新上构成自己商品的特征；如果做不到，就通过质量和创新的**表象**来区分（后者通常被称为"品牌化"），其目的是为了避免在价格上正面冲突。然而，重点在于，如果价格竞争下隐藏的共同行动问题没有这么严重，利润不会轻易变成零，企业是不会有这么大的干劲来凸显它们的产品的。

但是，必须注意到，企业想要避开商品化地狱并不意味着它们就能做到。例如，尽管燃油企业作出了巨大的努力，但是没有一个企业能真正地把燃油品牌化。加拿大石油企业可能花了几百万想说服加拿大人购买特别混合的"冬季汽油"，可事实是，如果街对面的壳牌或者埃索加油站每升油便宜哪怕 1 美分，就没人去买"冬季汽油"。大多数顾客都坚决不信这些主要供应商们提供的汽油在质量上有什么大的区别。当然，在加满便宜的汽油后，他们可能会把攒下来的钱拿去买一瓶可口可乐或者百事可乐的瓶装水，出于某种不清楚的原因，他们愿意为之付三倍于汽油的价钱，而实际上这种瓶装水只不过是提高了身价的自来水。（你可以略停一下，想想燃油企业的营销经理一定被这种现象气疯了。）所有燃油企业提供的汽油的价格都是相同的，而不同品牌瓶装水的价格却大不一样，这一事实反映了燃油市场就是"商品化地狱"的内循环之一。

对利润的道德属性的辩论中有一个很没有意义的歧义，它主要来源于对"赚钱"和"获利"的混淆。有时，美国的陪审团在民事诉讼中令人瞠目结舌地判定企业赔偿大笔金额，理由是这些企业赚了那么多钱，他们赔

[1] 杰里·尤西姆：《美国企业典范》，载《财富》2005 年 3 月 7 日。

得起。可是，企业获得大笔收益并不意味着钱就放在那，等着被罚走。大部分收益都被用来支付成本，例如给员工发工资、购买材料、偿还贷款，以及交房租。我们说的“利润”是指剩余部分——企业支付了所有的契约债务后剩下的金额。

因此，如果说“企业的存在只是为了使股东们的回报最大化”[1]，或者利润是它们的唯一目的，这多少有点古怪。当然，一个普通的商业企业是渴望获取利润的。但是它也希望能运营下去，给员工开工资，留住客户，付款给供货商，偿还银行贷款利息，支付许多其他的契约债务，如果企业想不破产，它必须满足所有这些要求。返给股东的利润实际上是这个清单上最可以挪用的一笔，企业完全可以拖欠而不会有法律后果。例如，微软在 1986 到 2004 年间完全没有分红给股东——很明显，这种掠夺行为（还严重违反了美国和欧洲的法律）不是出于对利润的渴望。（左派人士所犯的最基本的错误之一就是抓住某种可憎的企业行为，指责这种行为是出于盈利的动机，而不去考察企业到底把利润返给投资者了没有。）

总的来说，每个企业都把四种不同的人群联系在一起，他们的不同之处在于为企业的运作所做贡献不同。每个企业都会购买一些“输入”，即原材料，然后把原材料转化成“输出”，即商品。所以，一方面有**供应商**提供输入，另一方面有**顾客**购买输出。企业还有一些固定花费，例如办公楼、电脑和办公设备等，这些传统上被称作“资金”，是由**出资方**提供的。最后还有**员工**——他们提供劳动力让企业运作起来。因此，人们可以把企业看成连接提供四种不同输入的人群之间的合约纽带（见图 8.1）。这反映了企业和这些人实际上是一种合约关系，这些合约详细规定了每组人群该提供些什么，以及企业应该以什么作为回报。

[1] 巴肯：《大企业》，第 39 页。

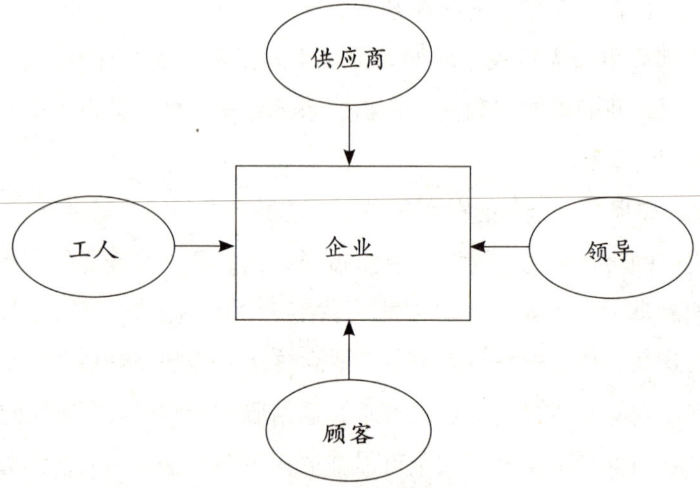

图8.1　企业是连接合同的纽带

谁是企业的“所有者”？这一问题的答案并不像人们想象的那么简单，因为很多通常和私有财产相关的权利在企业这个问题上却没有体现出来。虽然我拥有地方银行的一点股份，但我却无权进入他们的办公楼，用他们的电脑，或者告诉经理该怎么做。实际上，股东们被看成是银行所有者的唯一原因在于他们是剩余索取权人，并且有权选择董事会成员，从而在形式上对银行有所控制。我们可以把这种关系和其他的财产关系，例如房主，比较一下。申请了高额抵押贷款的人经常开玩笑说他们的房子是“银行”的。但严格地说，这并不是事实。银行贷款和房主股本的区别在于后者有**剩余索取权**。银行和房主把钱放在一起进行投资。房子的价值可能会涨也可能会跌。但是银行已经提前定期把钱贷了出去，这意味着一方面即使房屋价值下跌，银行的钱也是要还的（如果情况恶化，要出售房屋，钱首先就得还给银行）。但是另一方面，即使房屋价值猛涨，银行所能得到的还是固定的返还金额。贷款还完后，任何获利或损失构成的剩余都归拥有股权的“房主”所有。当然，由于房主承担全部的风险，他就会牢牢地控制自己的资产，小心地对它进行日常保养。

原则上，从这个意义上来说，企业不需要“所有者”，因为所有必要的投入都可以通过市场契约得到，剩余获利可用来再次投资。这些契约和永远存在的董事会实际上就是非营利组织的运作方法。然而，在更标准的运作中，企业的一个构成部分承担了所有权。但是，同样的，我们没有理由认为提供资金的人（如股东）就应该是那一组。尽管大多数企业都是这样确认所有权的，但是法律通常认为这四个组成集团的任何一个都可以成为所有者。当员工、供货商或者顾客成为所有者时，企业通常被称作**合作社**。我们在日常生活中面对的企业有很多都是合作社，其数目非常惊人，尽管大多数人都没有意识到这一点。威士卡和万事达卡都是供应合作社（由提供贷款的借钱机构所有）。真值五金（True Value Hardware）也是一个供应合作社。许多农民也组织成合作社，如 1994 年之前的萨斯喀彻温小麦联合（Saskatchewan Wheat Pool）以及很多著名的牛奶场合作社，如湖地（Land O’Lakes)。在农业领域，顾客拥有企业的情况很普遍，而在零售业，这种情况就不那么普遍了（户外设备零售商 REI 和 MEC——登山设备企业——显然是例外，更别提似乎无处不在的有机纤维素食品合作社了）。我们还必须记住所有共管公寓实际上都是顾客所有的企业，就像普通的“共同”保险企业一样。最后，所有的出租车企业和旅行社都是员工合作社，就像普通的法律事务所一样。

理解股东拥有企业的关键在于明白他们从本质上与这些合作社并无区别。耶鲁的法学教授亨利·汉斯曼（Henry Hansmann）曾说过，普通的贸易企业实际上就是“出资人企业”。[1] 他把牛奶场合作社和股东所有企业作对比来进行说明，这种对比是非常有说服力的。很多牛奶场合作社下设有工厂，工厂购入牛奶作为输入，然后生产黄油、奶酪或者酸奶卖给顾客。通常农民所有的合作社将从其成员手中以固定的大大低于市场价的价格购买牛奶，以保证企业盈利。在年底时，所有“净盈利”（即利润）将

[1] 亨利·汉斯曼：《企业所有权论》，剑桥：哈佛大学出版社，2005 年，第 12 ～ 16 页。

根据每个供货人提供的牛奶量的比例，以红利形式分给他们。因此“所有权将根据个人向企业销售牛奶量的比例分配”[1]。如果企业需要筹集资金，那么可以直接去银行，通过契约条款获得。（企业还可以根据合约向其他既不是成员，又没有控制权的农民购买牛奶。）

现在想想一个普通的贸易企业是怎样运作的。任何购买了企业新股的人实际上都借钱给了企业。就像牛奶场的农民以低于市场的价格把牛奶卖给合作社一样，股东向企业“索要”的利率是低于市场利率的——事实上，利率为零。这使企业更容易盈利。到了年底，所有“净盈利”（即利润）将根据他们拥有的股份的比例，以红利形式分给他们。股东也能通过选举权控制董事会，选举权的大小与向企业投入的金额成比例。换言之，企业的运作方式与牛奶场合作社几乎一模一样，只不过企业是根据现金而不是牛奶来授予所有权的。同样，企业也可以通过合约关系获得另外的资金，这就是为什么企业通常是通过股本（向拥有所有权的出资人借的钱）和债务（向合约借款人借的钱）来融资的。

以上分析清楚地说明了认为普通的贸易企业只对盈利感兴趣是多么大的误导。为了能运营下去，企业需要履行它对所有构成部分的义务。而对剩余索取权人的义务，从定义上来说是清单上的最后一项。如果不还他们的钱，债权人可以使企业破产，而股东则没这个权利。从某些方面来说，股东完全是牺牲品。如果你认为“资本家”就是那些提供资金的人，那么人们很容易就能想到市场经济中资本家实际上并没有生产工具。市场中的所有企业都可以组织成员工、供货商或者顾客合作社。股市可以关闭，那么出资人就别无选择只好把钱存到银行里，而这些钱就能按照严格的合同借给各合作社了。这样，没有资本家也能形成资本主义制度——而且还不需要大幅度改变现存法律。然而，很多事实说明这并不是个好主意。为什么呢？我们得考察一下经济，为什么股东所有者以及由股本提供资金的贸

[1] 汉斯曼：《企业所有权论》，第 13 页。

易企业是组织经营的最流行方式?

有一个问题会让支持员工合作社的人感到不太舒服：既然组成员工合作社并没有法律障碍，很多管辖区的税收政策也对他们有利，为什么这样的合作社不多呢？而且为什么供货商和顾客合作社也不多呢？在加拿大和美国，规范的贸易企业在给股东分红**之前**要根据净盈利缴纳“盈利”税。而对合作社来说，他们是根据税前收入支付红利的，换言之，所有者（“成员”）的报酬是作为开支，而不是盈利的一部分计算的。这就允许合作社每年都把利润降为零，不必缴税了。他们的收益只有在作为个人收入交给所有者时才需缴一次税。而股东的收益则要缴双重税——一次是在企业手里，另一次则是作为收入在所有者手里。既然如此，为什么人们仍然认为组织股份制企业更为有利呢？为什么企业不转化成合作社呢（股东可以借钱给合作社，税收节约下来的钱会带来更高的回报）？

这是一个有趣的问题，毫无疑问，也是很多讨论的主题。从某些方面来说，现存的资本主义制度对合作社不利。例如，银行并不是很乐意把钱借给合作社。他们通常会根据负债和产权比例来评估贷款风险，所以没有股本的企业很难说服银行借钱给他们。从股东那里融资的企业也有资产来作为贷款的附属担保品。而由于禁止奴隶合约，员工们不能把他们的“人力资本”作为附属担保品。可能是由于这个原因，员工合作社在非资金密集型领域要普遍得多。例如，法律事务所和旅行社需要的物资资产很少，而其他产业的资金密集度就高得多。看看加拿大的公用工程，每个员工背后都有超过 300 万美元的固定资产，或者采矿业和石油开采业，每个员工背后都有 180 万美元的固定资产。[1] 在这些例子中，员工肯定不可能集体“拥有”这些资产，他们也不可能通过赊欠获得这些资产。

[1] 加拿大统计资料，《每日新闻》2004 年 12 月 7 日。

但是，成功的合作社都有一个很显著的特征。正如汉斯曼所言，当所有者提供的“输入”类型完全相同时，合作社是最为成功的。[1] 当输入是单一农产品，如牛奶时，供应合作社是最为成功的。当房客使用相似的单元，有着相似的生活方式时，共管公寓——即顾客合作社——是经营得最为成功的。当只有一种级别的员工做着几乎相似的工作时，员工合作社也是经营得最为成功的。但是，当不同的人开始向企业提供不同的商品或服务时，问题就出现了，因为这在所有者中制造了分裂。如果一个牛奶场合作社既收牛奶又收鸡蛋，那么很快一系列的问题就会政治化，就会产生一些纷争和小派别，而之前这些情况根本不存在。多少广告预算应该用来推销黄油？应该追加投资来提高奶酪的生产率吗？在分割收益和分配选举权时，多少夸脱的牛奶与一打鸡蛋等值？在只提供牛奶的合作社，人们可能也会对各种问题有不同意见，但是这只反映了观点的不同——没有隐含的利益之争。而只提供鸡蛋的农民和只提供牛奶的农民的利益是很不相同的。（结果很多合作社都更愿意通过合约条款来购买“额外的”输入，而不是扩大所有者阶层。）

完全相同的情况也出现在员工合作社中。当每个人都做同样的工作，有几乎相同的技能水平时，决定如何分红相对容易。因为每个人都对企业做着大体相同的贡献，责任和权利可以以一种相当机械的方式进行分配。即使这样，分配中出现的问题也不是微不足道的：每个人的收入都应该是一样的吗？企业是不是应该考虑资历和表现呢？企业应该提高工资还是把钱存入养老基金里？年轻和年老员工之间的冲突是主要矛盾。而当人们开始做不同的工作时，情况会变得更为复杂，会出现更严重的冲突。这时，不但很难比较人们所作的贡献，而且每个人都很自然地倾向于认为自己的工作比别人的重要。这样所有更广泛的涉及报酬的社会纷争——有技术的和无技术的、白领和蓝领、危险的和安全的——在企业中都以企业所有者之间辩论的形式重现了。人们开始在企业里看到“政治”，政治在此是个

[1] 汉斯曼：《企业所有权论》，第 39 ~ 44 页。

贬义词。因为争斗会耗费时间和精力，因而会直接地提高成本；而且由于个人利益不一致，这还可能给所有者带来共同行动问题。

北美目前最大的员工所有企业——美国联合航空企业的经验给我们提供了警示。1994 年，由于面临破产，股东们同意给员工 55% 的企业所有权以减少 48.8 亿的工资支出。可是企业变化不大，最后，2002 年联合航空企业只得申请破产保护。问题是对于它的 8.5 万多名员工来说，与工作热情或对企业的态度有关的诱因变化不大。这种情况的一部分原因是飞行员、机械师和地勤人员分属于不同的部门，而每个部门都还在继续与企业激烈地商谈要求提高工资。特别是机械师部门一直不同意降薪，而降薪本来可以使企业免于破产的，到最后一切都太迟了。很多员工都骄傲地喊着这样的口号：“全薪一直到最后一天！”换言之，机械师部门以威胁让企业破产的策略迫使其他部门员工同意降薪。这里，共同行动问题的可能性很大。

这种内斗是员工所有企业的直接成本。内部所有权混杂的企业还有一个间接成本。所有大型企业都会把所有权和控制权分离，这就需要专业经理人来经营。尤其是员工合作社经常会选择按合同条款来雇用经理人，而不是吸纳他们成为员工所有者，这正是因为他们想避开所有者的内部等级所带来的麻烦。但是一旦引入经理人，控制经理人的问题——保证他们实际上是为所有者的利益，而不是为他们自己的利益服务——就开始变得很严重了。于是就产生了“代理成本”，这个成本是由于代理人（此处就是经理人）渎职，或者是由于监督经理人花费不菲而产生的额外成本。每个企业都有代理成本，但所有者之间的内斗有可能极大地增加这种成本。

很自然地，我们倾向于认为在官僚体制下，人们只是被告知要做什么事，然后就去做。合作社或者政府尤其如此，因为我们期待这些部门的员工更具有公共精神。然而事实证明，我们不能如此乐观。所有的大型组织都不同程度地成功激发了员工的忠诚度，但这也意味着，从不同程度上来说，他们都**没**有做到。只是简单地命令经理人从员工或顾客，或从如我们所见的，股东的利益出发，这种做法几乎从未完全生效过。在政府部门，命令公务员们从“公众”的利益出发也没什么效果。让他们这么做并不能保证他们就会这么做，我们总是还需要一些刺激制度。（正如我们所见，奖励并不是总能起作用，但也不是完全没有作用。）

多重利益集团（或委托人）组织的问题在于他们在管理经理人时效率较低，因此花费的代理成本就更高。其实当经理人只有一个任务，而且判断任务成功与否的标准也只有一个时，经理人是做得最好的。任何更复杂的事都使问责变得困难。如果让经理人去完成几个相互冲突的目标，那么他就很容易搪塞说，之所以不能达成这个目标是因为要达成另一个目标。这样委托人们就不得不制定模棱两可的评判标准来判断管理水平，而这会带来严重的代理人问题。只要由经理人决定怎样平衡不同的目标，那么向他们指派多重目标从很多方面来说就等于给了他们一张“免于入狱”卡片——一张使他们得以逃脱对自己职业失误问责的自动票据。而所有者之间的内斗使经理人们有机会“玩政治”，支持一方，反对另一方以逃避责任，这也使对经理人的问责变得更加困难。

当然，如果每个企业都只需要牛奶作为输入，那么供应合作社社会就是可行的。同样，如果劳动力输入几乎相同，或者顾客的需求大致一样，情况也是如此。但不幸的是，大多数企业都需要复杂多样的输入以及不同的劳动类型。不过这其中有一种输入引人注目，因为它绝对是同质的——资金。用资金来衡量就很容易说清楚每个人投入了多少钱，每个人又将拿走多少钱。在企业的运营上，投资者的利益相同。当然，投资者之间有些细微的差别。他们中有些是商人，希望快速盈利，而另一些人则是做长线投资的；有些人希望资产增长，而另一些人则想分红利；有些人甚至是“道德性很强的”投资人，愿意牺牲一定比例的利润以确保钱是以一种光彩的方式挣来的。事实上，所有这些分歧成为代理成本的来源（许多投资人为了不卷入管理事宜，甚至宁愿卖掉股票。实际上，很多经理人利用了他们的这种倾向为自己牟利）。但是，经理人很难再对股东玩“分而治之”的把戏了，因为股东没有明显的分歧。[1] 即使是在他们没有达成统一战线的情况下，股东之间的分歧比起其他构成部分内部的分歧来说都不算什么。这意味着股东所有的代理成本——即使很高，如安然时代的企业丑闻所展示的那样——比起其他组织形式的都相对低些。（这很“悲哀”，但却是事实。）

这实际上意味着什么呢？很简单，这意味着合作社内斗的害处极大，这使得企业的运营非常糟糕，因而把企业的所有权转给一群相对的局外人成为了**所有人的利益**所在，因为这群局外人能作出更公正的交易决定，也能更有效地执行这些决定。有所有权的人就是股东。事实胜于雄辩，如果你不相信，就去组织一个员工合作社——看看你是不是能比所有其他曾经尝试过的人做得好些。毕竟，**没人拦着你**。你还可以从政府那里省去大笔税款呢。

二战后的几十年里，西欧的很多企业要么被收归国有了，要么是以国有的形式创建的。这并不是由于自然垄断，也不是因为私营领域市场失灵，而是出于政府想让这些产业服务于更广泛的公众利益的愿望。同样地，在加拿大，政府在不同的时期也拥有一个航空企业、一条铁路和一个石油企业，更不必提难以数计的采矿企业了。政府过去（有些情况现在还在继续）也曾卷入造船业、航空航天业、林业、石油和天然气开发、核反应堆建设、农业用地所有权、城市间公汽服务和汽车保险中。这些国有企业无论是在国内还是国际市场上都与私营企业直接竞争。政府之所以涉足这些领域主要是由于人们认为私营企业只追求私利，而公有制将会保证这些企业服务于公众利益。因此这些企业的经理人都被指示不仅要为投入的

[1] 小股东例外，因此企业法里有很多条款都是为了保护他们的利益免受大股东的侵害。见莱纳·克拉克曼、保罗·戴维斯、亨利·汉斯曼、热纳尔·赫帝西、克劳斯·霍普特、神田秀树、爱德华·洛克：《企业法剖析》，纽约：牛津大学出版社，2005 年，第 54 ～ 60 页。

资本提供不错的回报，而且要追求其他的“社会”目标，如维持就业率、促进地区发展等。当然，这种事情不是只有加拿大才有，20 世纪几乎所有产业民主国家都是这样的情况——在很多其他地区力度更大。

但是在这条通往民主社会主义的道路上发生了一些奇怪的事情。很多此类企业不仅没能很好地服务于公众利益，有的甚至比私营领域里管理得当的企业做得还差。在法国，国有石油企业随意地对国家货币投机，在石油短缺时拒绝延缓向国外顾客输送石油，并且对国内顾客进行掠夺性定价。[1] 在美国，国有企业是对加强污染控制的反对声最大的企业，国有核反应堆也是最不安全的。[2] 当然这都是些比较突出的例子，更为普遍的问题是，这些企业损失了多得惊人的金钱。[3] 在有些情况下，这种损失大得足以使像法国这样的国家濒临破产，并且使货币贬值。这么大的经济损失和问责的缺失有很大关系。[4]

我们倾向于认为这就是 20 世纪 80 年代新保守主义卷土重来时很多国有企业被私有化的根本原因。不过这种认识并不准确。对国有企业维护公众利益的授权早在私有化浪潮之前很久就已经被社会主义者、自由党和保守党政府取消了。60 年代是令人陶醉的，因为人们鼓励这些国有企业去追

[1]　哈维·费根鲍姆：《从比较的视角看公共企业》，载《比较政治学》第 15 卷(1982)，第 101 ～ 122 页中第 109 页。

[2]　约瑟夫·斯蒂格利兹：《社会主义向何处去？》，剑桥：麻省理工学院出版社，1994 年，第 250 页。

[3]　安东尼·博德曼、艾丹·维宁：《在竞争环境中的所有权和业绩表现：私营、混合所有权和国有企业的业绩表现比较》，载《法律与经济学杂志》第 32 卷(1989)，第 1 ～ 33 页。

[4]　约翰·帕尔默、约翰·奎因和雷·雷森德斯对此有一个有趣而详细的分析：“公共企业的个案研究：格雷巴士有限企业。”(《加拿大的明星企业》，罗伯特·普理查德编辑，多伦多：巴特沃斯出版公司，1983 年）作者分析了加拿大的两个城际巴士企业，一私营，一公有，从 1969 年到 1997 年的运营状况。他们试图找到共有巴士企业尽管收费最高，但平均回报率净值才 6.3%，而私营企业有 20.6% 的原因。最后他们认为，虽然公有巴士会跑一些本来不会通车的无利可图的线路，但根本原因在于因疏于监管而导致的过分投资。

求各种各样的社会目标。但随后的70年代却是一段很长的“商业化”时期。在这一时期，人们让这些企业放弃或缩减追求社会目标的行为，转而根据更为传统的商业原则来重组业务运营。[1] 实际上，人们经常让竞争激烈行当中的国有企业经理人们竭尽所能地牟利。例如，加拿大政府曾于1974年指令要求加拿大国家铁路盈利，为此还选了一个新总裁，并且明确授权他来进行必要的改变。[2] 1978年的加航法案，要求加拿大航空企业（表达得遮遮掩掩，很可笑）在运营时要“适当地考虑一下合理的商务原则，尤其是要注意盈利”[3]。这两个决定都是由皮埃尔·特鲁多（Pierre Trudeau）的中间偏左的自由派政府所作的，而此后很久人们才开始讨论私有化。

法国和西班牙也发生了同样的事情，社会主义政党对国有领域进行“商业化”改革。实际上，随后的右翼政府之所以能如此轻易地把这些国有企业私有化的原因之一就在于在很多国家这些企业已经被重组了，而重组后他们的运营方式与私营企业并无区别。对于竞争激烈行当中的国有企业来说，商业化解除了它们的社会责任，从而也消除了让它们保持国有化的首要原因。即使是现在，竞争激烈行当中的国有企业的做法和私有企业也没什么不同。正如约瑟夫·斯蒂格利兹所言，到1994年为止，实际上德士古企业（私有）、比利时石油金融企业（公有）和英国石油企业（混合）在运营方式上已经没有什么区别。[4]

对于这种极其反常的后果，最能为人们所接受的一种解释是在公有制的鼎盛时期，政府完全失去了对这些企业经理人的控制——或者说从一开

[1] 安东尼·费尔纳：《政府、管理者和劳资关系》，蒙特利尔：公共政策研究协会，1988年。

[2] 加斯·斯蒂文森：《加拿大国家铁路和温莎铁路》，见艾伦·塔珀、布鲁斯·德恩：《私有化、公共政策和加拿大的公共企业》，蒙特利尔：公共政策研究协会，1988年。

[3] 约翰·兰福德、肯尼斯·哈弗曼：《加拿大航空》，见艾伦·塔珀、布鲁斯·德恩：《私有化、公共政策和加拿大的公共企业》，第99页。

[4] 斯蒂格利兹：《社会主义向何处去？》，第173页。

始就没能控制他们。无法评估管理表现，也就无法提供合适的激励措施。1967 年，一份关于法国国有企业的政府工作报告是这样说的："如果我们不能把一个特定的经济活动中为了公共利益所消耗的成本和可能的盈利区分开来，这些企业就没有评判标准：没有评判优质管理的标准，没有改善管理水平的激励措施，对糟糕的管理也没有惩罚。"[1]

这是导致 20 世纪理想幻灭的主要原因之一。受官方委托要服务于公共利益的国有企业的经理人们在满足公共利益方面经常比根本不必管公共利益的私营企业的经理人们做得还差。但是如果从代理成本的角度来看，这种情况也没什么好奇怪的。正如查尔斯·林德布洛姆（Charles Lindblom）所言，国有领域的经理人致力于追求公共**利益**并不意味着他们要接受公众的**控制**。[2] 特别是，这不能阻止经理人们以一种与公众意愿完全相反的方式定义公共利益。具有讽刺意味的是，公众的控制更容易作用于以赢利为导向的私营企业，因为私营企业会响应单一的容易控制的诱因。[3] 如果你想让私营企业减少污染，就让它们为排放买单。可是怎么让国有企业也减少污染呢？给经理人们发一个备忘录？如果他们不同意该怎么办？要解雇他们吗？大多数人同意接受国有企业的工资水平工作已经是给你帮忙了，他们在私营企业的工资要高好几倍呢。而且，如果财政或者投资部门有人打电话来抱怨新的降低污染的措施给政府收入带来的影响，或者一个推选出来的代表打电话抱怨她辖区里刚刚宣布的裁员情况你又该怎么办呢？这其中你的经理人就是把相关信息泄露给利益集团的幕后推手的可能性有多大呢？

---

[1] 西蒙·诺拉：《关于公有企业》，巴黎：法国文献社，1967 年。

[2] 查尔斯·林德布洛姆：《政治和市场：世界政治经济体系》，纽约：巴西克出版社，1977 年，第 146 页。

[3] 或者，更一般的说法是有单一的"最大化"的诱因使企业行为很容易控制。见弗兰克·伊斯特布鲁克、丹尼尔·费舍尔：《企业法的经济结构》（剑桥：哈佛大学出版社，1991 年），第 37 ～ 38 页。

人们有时说得好像企业掌握一切一样。这似乎是真的，但却不是真的。企业确实有一个可悲的倾向，它们忽视那些让它们觉得不便的法律，可是人也是如此。另一方面，当政府成功地使一些激励措施生效时，企业的反应通常是可以预计的，这使它们容易控制。认为利润是万恶之源，而说服企业更积极地投身于公众利益就能改良社会的看法忽视了这一点：作为一个社会，我们已经从私有企业那里得到了不少社会福利。我们能做到这些恰恰是因为国家对它们的控制度很高——通过创造竞争性市场进行间接控制，同时通过管理和收税进行直接控制。如林德布洛姆所见，“海豹很容易被驯服，因为它们爱吃鱼。”[1] 企业也相对容易控制，因为它们想赚钱。把这个隐喻扩展一下就是：想让企业关心公众利益而不是最大限度地牟取利润，就像想让海豹喜欢钻圈而不喜欢吃鱼一样。

人们担心利润问题主要有两个原因。一是他们把利润等同于私利，认为不以盈利为目的的组织例如政府的表现会更无私。而真实情况其实要复杂得多。

二是他们没有认识到标准的商业企业其实是一种特殊形式的合作社，而所有的合作社都是要为所有者的利益服务的。如果所有者是顾客（如顾客合作社），那么组织会尽力让他们在消费商品时得到好处；如果是员工合作社，那么组织会尽力让他们在雇佣条件上得到好处；如果是出资人合作社，那么组织会尽力让他们在贷款方面得到好处。在每种情况下，经理人都只为企业的四个构成部分之一工作。这样从道德上来说，这些组织的本质没有区别——并不是只有股份制企业才应该被认为是“疯狂地追求利润”的。

[1] 查尔斯·林德布洛姆：《政治和市场：世界政治经济体系》，纽约：巴西克出版社，1977 年，第 146 页。

[第九章]

资本主义在劫难逃

为什么"该制度"不会崩溃（尽管看起来要垮台了）

激进的左派们所怀有的最一厢情愿的想法之一，就是他们不必去推翻资本主义制度——资本主义制度会满足他们的愿望，自己垮台。卡尔·马克思（Karl Marx）很显然推波助澜了这一观点，因为他宣称资本主义有其"固有的矛盾"，而这一矛盾总有一天会带来革命性转变。

大萧条时期，这种乐观主义在西方毫无疑问达到了高潮，那时，美国和加拿大 25% 的劳力被解雇，国民生产总值在短短的五年间压缩了 35% 以上（1929 ~ 1933 年）。在我的老家萨斯喀彻温省，三分之二的人得依赖食物救济。（我还记得，小时候一些年龄大的人毫无顾虑地吃蚱蜢，在萧条时期，这是他们饮食的一部分。）在 30 年代，要想说服人们资本主义作为一种经济制度从长远来看是可行的是极其困难的：清晰的事实证明不是那么回事。而且大萧条结束的方式（二战）也不能给人们带来信心。

但到了 20 世纪末，这个问题好像又不算什么问题了，人们逐渐接受资本主义还将继续的事实。然而，美国次贷危机的爆发以及危机对全球银行系统的波及使得人们再一次对资本主义制度产生怀疑。但此次情况有所不同。政府虽然非常困扰，但似乎还**知道**该怎么做。尤其是在加拿大，最后一次有官方记录的萧条结束于 1991 年的第二季度，所以人们很难想象金融市场恐慌真的会导致大规模失业和社会动荡。2008 年危机初现时，加拿大已经实现连续 17 年的经济增长，而低失业率已保持至少 10 年，与此同时公共财政稳定，并实施了广泛的减税政策。在此情况下，当被问及对资本主义和福利国家的长远稳定性的看法时，除了昏昏然的志得意满，人们很难有其他想法。

然而次贷危机确实是件大事，这种规模的危机在过去是非常普遍的。19 世纪，每十年就理所当然地有两到三次大的危机。而现在我们使这种危机**每一百年**才爆发两到三次确实是很大的成就。我们是怎样维持这种（相对的）稳定性的呢？从根本上来说，西方政府对管理经济有了长足的进步（当然美国是个例外，自由市场理念对其戏剧化的不作为负有责任）。约翰·梅纳德·凯恩斯（John Maynard Keynes）的著作《就业、利息和货币通论》（*General Theory of Employment, Interest and Money*）的出版是一个转折点，这本书从根本上“破解了危机经济的密码”[1]。凯恩斯指出，呈一定规律性出现的衰退、萧条甚至危机并不是由于资本主义制度的深层结构有问题，而是由于这一制度中的一点小小差错。正如保罗·克鲁格曼所说，“凯恩斯认为大规模失业只是由于一些简单的技术上的原因，所以他提出可以通过一些简单的技术上的方法进行解决。”[2] 凯恩斯对问题的诊断是——衰退是因为货币的供应出现了问题——密尔顿·弗里德曼很认同这一观点，并把它发扬光大，使它成为被右派接受的很有影响力的观点。而另一方面，左派也很赞成凯恩斯的中心政策处方——在衰退时期政府应该出钱救市——但是出于对旧式的马克思主义危机理论的尊重，他们拒绝凯恩斯对问题的根本诊断。这是一个极大的错误，是很多左派人士不懂衰退的本质是什么以及衰退的原因。结果，尽管既没有实践又没有理论支持，他们还是认为资本主义在劫难逃。这都是基于**生产过剩谬误**，这一错误认

[1] 保罗·克鲁格曼曾说“为什么还有人不是凯恩斯主义者？”，《财富》1998 年 8 月 17 日。

[2] 保罗·克鲁格曼介绍约翰·梅纳德·凯恩斯《就业、利息与货币的一般理论》（伦敦：麦克米伦出版公司，2007 年）。

识一直影响着左派人士对危机经济的思考。

衰退是什么？我们的经济体制为什么会周期性地受到失业和负增长的打击？为什么本来进展良好的经济会突然遭受挫败，产量降低，失业增加？

要弄清楚这个问题，我们最好是从描述现象开始。衰退**看起来**就是需求减少。头一天销售额还很高，第二天就开始下降，顾客好像消失了。在整个经济的层面上，存货开始积压。企业仍在生产，或仍有生产能力，但是没有人购买。结果，企业开始裁员，而这使事情变得更糟糕。工人没有了薪水，需求进一步下降，这样企业就得解雇更多的员工，经济进入恶性循环，造成了大规模失业。只有当足够多的工厂倒闭，足够多的财富被毁，才会触底反弹，需求再次能“赶上”供应，经济开始迈着充满活力的步伐走向复苏。最后企业开始重新雇佣员工，需求开始恢复，经济开始增长。

如何解释这种明显的需求不足呢？最直接的假设就是这种明显的需求不足就是它看起来的样子，就是需求不足。根据这一观点，经济处于“生产过剩”的状态（或正如他们 19 世纪所说的“全面过剩”）[1] ——卖家太多，买家不足。

然而只要读一读这一论点，人们就会明白不能简单地认为它是正确的。（实际上，一个世纪以来这都被称为“生产过剩谬误”。）[2] 因为商品

[1] 约翰·斯图亚特·穆勒：《政治经济学原理》，艾默斯特：普罗米修斯出版社，2004 年，第 322 ~ 323 页。

[2] 见乌列·克罗克：《“生产过剩"谬误》，载《经济学季刊》第 6 卷(1892)，第 352 ~ 363 页；索尔斯坦·维布伦：《生产过剩谬误》，载《经济学季刊》第 6 卷(1892)，第 484 ~ 492 页。该谬误的典型例子见威廉·格雷德：《社会主义的灵魂》（纽约：西蒙与舒斯特出版公司，2003 年）第 85 页；又见威廉·格雷德：《一个世界，准备好否》（纽约：西蒙与舒斯特出版公司，1997 年）第 48 ~ 49 页。

的供应和需求实际上是一体两面的。正如1848年约翰·斯图亚特·穆勒（John Stuart Mill）所言，人们并不缺乏“支付手段”来购买所有的产品：

> 那些会这样想的人一定没有考虑过商品的支付手段是由什么构成的。简而言之，支付手段就是由商品构成的。每个人对他人商品的支付手段由他自己的商品构成。所有卖方从字面上来说都不可避免地是买方。如果我们能突然使国家的生产力翻倍，那么我们也会使市场里的商品供应加倍，而与此同时，也会使购买力加倍。[1]

这儿潜藏的原则就是萨伊法则〔是以早期的法国经济学家让·巴蒂斯特·萨伊（Jean Baptiste Say）命名的〕。简单地说，就是商品构成了对商品的需求。供应创造了需求，因为供应**就是**需求。经济从根本上说是一个交换系统，这就意味着某件商品的卖者就是其他商品的买者。这样，总的来说，全面的生产过剩是不可能的，**除非有例外**。

在一个纯粹以货易货的经济里是没有这种例外的。也许某样商品相对于它的需求水平来说过多了——这只表示人们更愿意买某件其他的商品（因而前者的价格会下降，后者的价格会上升）。但是认为某样东西过多是毫无意义的。相对于什么？不可能是相对于总收入，因为总收入和总产量是一样多的。

然而在市场经济的高级阶段，情况变得复杂了。由于我们用货币作为支付手段，所以以物易物这一事实变得模糊。而且，货币和其他的商品是不一样的——它没有被消费掉，而是被传递到其他人手中。因此有很长一段时间，经济学家们怀疑衰退跟我们用货币来进行交换有关（或者货币的使用给萨伊法则带来了例外）。

人们首先想到的是**储蓄**导致了过剩。如果人们卖了商品得了钱后，转

---

[1] 穆勒：《政治经济学原理》，第552页。

身把钱存起来而不是花掉该怎么办？这是不是会产生这种情况：人们卖了一些东西，但什么也不买呢？这会不会导致供过于求呢？

有可能。但是这种情况是经济学谬误的雷区。[1] 这种经济学直线思维所犯的最普通的错误可能是认为存在银行里的钱已退出了流通领域。举一个例子来看：托马斯·霍默·迪克森（Thomas Homer Dixon）认为为了维持需求，顾客必须消费，“而不是把钱存到银行里或者放到床垫下”[2]。但是把钱存到银行里和把钱放到床垫下毫无相似之处。银行不会把存进来的钱放在地下室的金库里，他们转身就会把钱借给其他人。而这个人要么把钱花了，要么把钱存到另一家银行里。而这另一家银行又会把钱借给**另**一个人。这一过程不会无限地进行下去只是因为银行不得不为每笔存款储备一定比例的现金，以保证手头有钱能应对取款。存钱并不是真正地**把钱存起来**——而是把钱给其他人花（通常花在商品投资上）。

这就是为什么人们所拥有的钱（例如你把所有人的存款和支票账户的钱加起来）比流通中的实际账单和货币总和要大一个量级。〔这一关于银行运作的发现使20世纪早期的很多人蒙羞，包括梅杰·克利福德·休·道格拉斯（Major Clifford Hugh Douglas），他以对储蓄和信用关系的错误理解为基础创立了狂热的“社会信用”运动。〕

在考虑储蓄对总需求的影响时，不要认为人们把钱分成了消费和储蓄两部分，人们其实是把钱分成了“我花的部分”和“借给其他人的部分”。早期生产过剩理论的支持者们，如马尔萨斯，认为储蓄本身不会导致任何需求短缺。[3] 因此，马尔萨斯是这样构建他的理论的，他认为银行会找不

---

[1] 凯恩斯主义之前的一些观点见沃伦·珀森斯：《行情波动理论》，载《经济学季刊》第41卷(1926)，第94～128页。

[2] 托马斯·霍默·迪克森：《下降的上方》，多伦多：克诺夫出版公司，2006年，第194～195页。

[3] 托马斯·罗伯特·马尔萨斯：《政治经济学原理》（第二版），伦敦：威廉·皮克林出版公司，1936年，第322～326页。

到贷款人，因为投资机会会由于回报率逐渐缩减而减少。他不明白银行手头的钱如果太多的话，它们可以很容易地通过降息把钱出手。大卫·李嘉图提出的这一“经典”观点“彻底地征服了英格兰就像西班牙调查彻底地征服了西班牙一样”[1]。人们开始习以为常地认为利率，实际上就是货币的价格，像其他根据稀缺程度定价的商品一样会对供求关系作出反应，这样就能使储蓄和投资的市场达到平衡。[2] 货币并不能使情况有所不同：总需求还是应该等同于总供给。

所以把钱放到银行里和把钱放到床垫下并不一样。但是如果人们**确实**把钱放到床垫下会怎么样呢？这会产生人们只卖而不消费的情况吗？这有可能导致供求的不平衡吗？

从某种意义上来说，是这样。但这不会成为一个大问题。把钱放在床垫下只是非常少见的情况，因为它意味着放弃投资可能会带来的回报。人们希望手头有一定量的现金来进行日常交易，而少数古怪的人（或罪犯）则希望手头有一大笔现金。所以，政府很容易就能预测出总共需要多少，然后就按那个量印刷货币以供流通。

因此，在一种相当稳定的情况下，积存大笔现金的倾向不会带来什么改变。经典的正统观点再次盛行。然而凯恩斯的伟大见解是这种倾向的某种**变化**将产生很大的破坏性。货币不仅是一种支付手段，更是一种价值储备。所以生意人和其他人想要留在手中的钱的数量不仅由他们完成交易所需现金的数量决定，也由他们对未来的期望决定。如果他们认为物价会下

[1] 这是约翰·梅纳德·凯恩斯在《就业、利息与货币的一般理论》中的说法(伦敦：麦克米伦出版公司，1949 年，第 32 页)。

[2] 伯纳德·科里：《马尔萨斯和凯恩斯：重新审视》，载《经济学期刊》第 69 卷(1959)，第 717 ～ 724 页中第 722 页。

调，他们就会把钱留在手中而不是立刻花掉，因为过段时间那笔钱就会更值钱。货币贬值和银行危机也有相似效果。

对钱的需求突然增加是怎么回事呢？对其他东西的需求突然减少又**是怎么回事**呢？（这就意味着生产过剩，或者“全面过剩”）通货膨胀看起来似乎是所有商品都涨价了，实际上却是货币贬值了；同样的，经济衰退看起来是对所有商品的需求都减少了，实际上却是对货币的需求增加了。而且如果没有足够的货币来满足这种需要，人们就会积存货币。他们就会不再从事一般的经济交易，并不是因为这些交易无利可图，而是因为他们认为积存货币会带来更大的利润。换言之，如果货币开始具有内在价值，而不仅具有工具价值，它就会让整个经济系统失灵。

国会山保姆合作社危机就是一个很好的例子（见1977年《货币、信用和银行杂志》(*Journal of Money, Credit, and Banking*) 上的一篇著名的半讽刺意味的短文)。保姆合作社通常由那些想要交换照顾孩子的父母组成，他们通过为合作社其他成员照顾孩子获得信用，然后就可以“使用”这些信用额为自己雇保姆了。有些合作社使用复杂的记账方法，详细记载了每个人户头上有多少信用额。更简单的方法是发放可用来交换保姆服务的“临时凭证”或者代金券。提供一小时的保姆服务，你就能得到一张代金券作为“报酬”，而这张代金券可从合作社其他成员那换取一小时的保姆服务。

很显然，合作社成员希望手中有一些代金券以便能在很短时间内购买保姆服务。(如果你周二时得到一个周五晚上的邀请，你肯定不愿意为周三、周四晚上还得赚取必要的代金券犯愁。) 凯恩斯把人们这种希望手头留有一些临时凭证的愿望称为个人的“流动性偏好”。为了让这个制度开始运作，必须发放足够的临时凭证以满足这种偏好。在国会山保姆合作社里，每个会员在最初都会得到20张免费的代金券（如果离会他们也必须偿还这20张代金券)。

开始，事情进行得很顺利。但是，慢慢地合作社出现了需求缩减的现象。人们都愿意来当保姆，但却没人来雇他们。会员们尝试实施各种规则和条例，强迫人们每周至少雇一次保姆，但情况并没有什么改观。最后，成员们开始认识到保姆合作社正在经历衰退。

这怎么可能呢？人们可能会想在这个制度里，保姆的供应和保姆的需求总是相等的，因为只有自己提供一个小时的保姆服务才能换取别人一个小时的保姆服务。如果有人愿意当保姆，那肯定不是为了好玩，而是因为她想换取别人的保姆服务。那么怎么会有需求不足呢？怎么会有失业的情况呢？

凯恩斯认为，这种衰退可能是由于流动性偏好的变化。假定这一年人们手中都平均有 20 张代金券以便在临时有事的情况下享受保姆服务。但是当暑假来临，就会有更多的外出机会，因而人们觉得更需要雇保姆。人们手中想要持有的代金券可能会由平均 20 张变成 30 张。那么怎么才能增加手中代金券的数量呢？可以通过多给别人**提供**保姆服务以及 / 或者减少从别人那里**购买**保姆服务。如果人们都这么做，结果造成愿意提供保姆服务的人数增加，而对保姆服务的需求急剧下降。人们想工作，可没人要雇他们——换言之，就是出现了失业。这就是衰退。

需求是不是真的不足呢？并非如此。在引入了临时凭证以后，实际上出现了两种“商品”：保姆服务和代金券。问题是，代金券不仅是保姆服务的支付手段，而且是一个独立的需求目标。如果人们不需要这种临时凭证，那么人们对保姆服务的供应会直接变成对保姆服务的需求。但是如果人们由于自身原因需要代金券，那么保姆服务的供应就转变成了对代金券的需求和对保姆服务的需求（因为提供保姆服务是唯一获得保姆服务和代金券的方式）。由于人们忽略了对临时凭证的需求，这就使得情况**看起来像**是供应过剩，或者“全面过剩”了。

这种问题该怎么解决呢？在这个保姆合作社的案例中，解决之道非常简单——印更多的代金券，使它们重返只具有工具价值的状态，因为问题不是人们不想雇保姆，而是人们想要增加代金券的储备。因此只需印一批新代金券，每人发放 10 张，情况马上就会好转。这也正是国会山保姆合作社解决问题的方法。一旦成员们手中有 30 张代金券，想要积存代金券的愿望就不复存在，结果他们又开始愿意雇保姆了。而这又意味着任何想要得到更多代金券的人可以达成愿望了。交换系统重新“畅通”，互利交换的模式又恢复了。

令很多人难以置信，凯恩斯的革命性论断是现实世界中衰退的结构与保姆合作社的情况基本相同。它们从根本上来讲都是因为现金流通中的一些“小问题”造成的货币现象，并不是资本主义经济中“内在矛盾”的产物。正如克鲁格曼（Krugman）所说：“很多人认为经济的大幅暴跌一定有深层的根源，而凯恩斯则认为这只不过是一个混合信号，多印点货币就能解决，那些人很难相信凯恩斯的观点。”[1] 但是事实证明，凯恩斯是对的。

例如，在自由资本主义的黄金时代，衰退之前经常出现银行倒闭。因为银行把它们得到的大部分钱都借了出去，所以它们一次只能归还一小部分储户的存款。而正如我们在前文中所见，这很可能导致银行挤提——一个共同行动问题：储户认为银行要倒闭了，于是想在此之前把自己的钱取出来，而正是这种行为导致了银行倒闭。

这对银行储户来说可能是一件很糟糕的事，但对整个经济来说并不是什么大问题。而且，这到底和衰退有何联系呢？凯恩斯的分析提供了一个非常简单的解释：**其他**银行对这件事的反应带来了大问题。一旦一家银行倒闭，其他所有银行立刻开始增加现金储备，以免受盲目跟风的提款者和全面银行恐慌的冲击。而储户开始对存钱产生顾虑，宁愿把钱留在手上。结果一夜之间流动性偏好发生了巨大的转变，人们突然都想把尽可能多的有形货币留在手上。这就导致所有其他领域的经济活动系统性放缓，因为人们变得不喜欢交易，而更愿意把钱留在手上。

如第一章所提到的，资本主义最重要的社会规划之一公共存款保险实际上消除了普通商业银行的挤提问题（这就是为什么 2008 年的金融危机出现在某些人称之为“平行”银行领域——金融机构的原因之一。金融机构是在

[1] 保罗·克鲁格曼：《兜售繁荣》，纽约：诺顿出版社，1994 年，第 32 页。

政府管理规划，包括联邦储蓄保险之外运行的)。稳定银行对稳定商业周期有重要的影响（这是马克思的“危机”理论解释不了的)。衰退变得不那么常见及严重，因为对于货币需求量的变动的主要源头被消除了。

回顾一下，我们会清楚地发现，凯恩斯的观点没有他陈述的那样具有革命性。尤其是他声称“驳倒”了萨伊法则，而实际上他发现的只不过是萨伊法则的例外情况。如果讨论的是对除货币之外所有商品的需求，那么是会出现供应过剩的，但这就等同于说对货币有过量需求。这并不意味着供应和需求不对等，或商品最终并不是用来交换其他商品的，这只是表明货币会把事情弄糟。

凯恩斯的政策建议也比大多数当代理论家们所能接受的要激进得多。他陈述中的关键部分是不能指望利率会自动调节对货币的供求关系。这也是他的主张——政府应该积极管理经济，首先要控制货币政策——的基础。(实际上，克鲁格曼最棒的观点就是既然我们有开明的中央银行，市场经济的表现就更像它在“经典”模式下的运作。现在“联邦”的有形之手正在做隐形之手该做的事，而结果是现在利率对存款和投资的调控多少就像经典模式认为它们**该**起的作用一样。)

凯恩斯也试图说明很多国家也可能困在“流动性陷阱”里，而这时仅仅靠印更多钞票并不能满足人们对积存货币的强烈愿望。在此情况下，政府要让经济运行起来的唯一办法就是向流通中注入更多资金，从而来“刺激需求”。因此，他提议政府进行大规模的公共设施建设——这很对左派的胃口。然而，凯恩斯的左派追随者们在很大程度上选择忽略了他认为对这一措施起有利作用的极其苛刻的条件——当然不是在经济扩张时期，甚至不是在普通衰退时期。对凯恩斯这一观点的误解导致了一个普遍的印象：即政府应该经常性地注资——或者减税——以“刺激经济复苏”或“刺激需求”。实际上，可能除了在最糟的经济萧条的最低谷——利率跌到了可能的最低点之外，都不必刺激需求。幸运的是（或者在这个案例中不幸的是)，20 世纪 30 年代以来，西方再也没有出现过这种情况（尽管在写这本书时，美国的经济似乎正在朝这种情况靠拢）。

有一个关于前全美汽车工人联合会主席瓦尔特·鲁瑟（Walter Reuther）的著名故事（之所以著名，部分原因在于罗纳德·里根（Ronald Reagan）曾用赞许的口吻复述过）："鲁瑟正在巡视一个高度自动化的福特装配厂，这时有人说：'瓦尔特，要从这些机器中收取你的联合会费将很困难。'鲁瑟简单地反击道：'不会比你卖掉这些车更困难。'"[1] 这说法妙极了。但不幸的是，它是基于生产过剩谬误的某个版本，此处是马克思版的。虽然马尔萨斯认为是过度储蓄导致了需求不足，而马克思认为是工厂里引入的节省劳力的技术导致了需求不足。根据这个观点（被一代代的工会工资谈判者们推广普及），唯一避免衰退的方式是付给工人足够他们"买回自己生产的产品"的工资。[2] 同样根据这个观点，那些引进了节省劳力技术的雇主实际上是在自我毁灭。他们希望通过引入机器来提高利润，但这样会减少对他们产品的需求。这就需要新一轮的降低成本，而这又进一步减少了需求，这就最终导致了生产过剩的危机。

有这么多人相信这个观点是令人吃惊的，虽然它是基于一个基本的经济学谬误。城市理论家、管理学教授理查德·弗罗里达（Richard Florida）在 2008 年金融危机中曾写过以下内容——他的目标是向人们展示：尽管看起来并非如此，但危机实际上不仅是金融危机而是"我们的基本经济模式和生活方式的更深层次的危机"。以下是他的解释：

---

[1] http：//www.reagan.utexas.edu/archives/speeches/1987/080387a.htm（2008 年 8 月），里根之所以认可是因为他想鼓吹"人民资本主义"，反对 ESOP（员工持股计划）。

[2] 亨利·赫兹利特：《一课经济学》（第 3 版），纽约：三河出版社，1979 年，第 152～158 页。

> 当前经济危机的根源是和战后经济发展“福特制”模式的本质紧密相连的。这一模式把装配线大规模生产和大规模消费紧紧联系起来——最后又被大规模郊区城市化推波助澜。通过引入装配线使车的生产更有效率，从而更便宜，亨利·福特（Henry Ford）认识到他的车需要更大的市场——所以他引入了“五美元一天制度”提高工人工资。但是即使这样做也不够，因而北美和整个世界都陷入大萧条。[1]

这一论点的问题在于，并不是只有工人在消费（或者更准确地说，劳力收入并不是唯一的家庭收入来源）。在亨利·福特给他的工人涨工资**之前**，那些钱他都用来干什么了呢？企业赚的钱最后都转到了企业的一个或几个构成部分手中，或者被企业持有，用于再次投资。如果企业能够通过使用节省劳力的技术降低生产成本，那么那些本来要以工资形式支出的钱就会跑到其他地方去。假定企业决定降低商品价格，那么顾客的反应将是购买更多该商品，或者把省下来的钱花在其他地方。再假定企业决定付钱给供应商，或还一笔贷款，或以利润的形式把收入返给企业所有者，那么钱还是花了（或者存到银行里，那么其他人会花了它）。如果企业把钱留下来作为留存收益，情况也是一样。

实际上没有必要做一个“跟踪钱”的游戏来确定没有被失业员工花掉的钱都被其他人花掉了（这样总需求还是会保持不变），因为钱的花费根本不是问题所在。产品的供应构成了产品的需求（如果把货币领域的崩溃放到一边），那么企业还能卖掉商品的事实说明总需求没有改变。

我们可以通过保姆合作社的例子看看马克思主义论点的错误所在。假定合作社中的某成员引入了一种新的节约劳力的技术，能够提高他的生产力（例如，他买了个电视给孩子们看）。现在，他可以同时为两个家庭提供保姆服务。结果他每小时能赚两张代金券，而不是一张。自然，这一创

[1] 理查德·弗罗里达：《个人统合与经济危机》，载《环球邮报》2008年10月4日。

新会导致一些保姆“下岗”，因为两个家庭对保姆服务的需求现在只能给一个人提供就业。那个下岗的保姆就赚不到代金券了，所以他也不会花代金券。这就会导致需求不足吗？

当然不会——下岗的保姆没有得到的代金券被另一个效率更高的保姆赚走了。这些代金券本身对他来说没有价值，所以他能赚更多代金券的能力就会转化成更多的花费。假定流动性偏好没有变化（即人们不想积存），他外出的次数将是过去的两倍，因而他雇保姆的次数也会是过去的两倍。总供应和总需求还是不变。

假定这一发明变得很流行，现在每个人都开始同时为好几个家庭提供保姆服务。这就是生产力提高了。合作社成员现在享受保姆服务的时间和原来一样多，而提供保姆服务的时间则减半了。当然时间的质量（提供的保姆服务的质量）可能下降了——这是另一回事。重点是无论基于技术革新或其他什么原因，生产力的提高都绝对不会造成生产过剩或失业。

尽管这些问题显而易见，马克思主义危机论仍然在左派中很受欢迎。原因之一是很多人认为它不仅能够解释商业周期，也能解释“消费主义”现象。大体来说，这一论点就是资本主义制度需要不断制造新的欲望以刺激需求，从而弥补生产过剩造成的需求不足。以下是一个对此论点非常清楚的陈述，是拉塞尔·雅各比（Russell Jacoby）在《国家报》（*The Nation*）上所发表的：

> 当工业设备变得更有效率，需要的工人数目减少，它实际上暗中把自己给毁了。毕竟工人是市场的一部分。如果他们失业，他们就买得少或根本不买，那么商品就卖不出去。生产过剩的幽灵长期困扰着现代经济，现代经济会作出各种反应：把商品卖给新顾客（把配方奶粉卖给母乳喂养的人）；把更多的商品卖给现有的顾客（把更大的电视卖给已有电视的人）；把更多的商品卖给政府（把航母和悍马卖给军方）。[1]

[1] 拉塞尔·雅各比：《幼儿期的自由主义》，载《国家报》2007年5月21日。

这里有两个简单的谬误。第一个谬误是如果失业的工人买得少，商品就会卖不出去。事实并非如此。只要把第一个句子中的“工业设备”替换为“保姆合作社”就能明白其中原因。第二个谬误是对“拥有的渴望”和“支付手段”的混淆[1]——穆勒早在1848年就清楚地指出了这一点。如果工人失业，想必他们对商品的支付能力下降，但是他们想要拥有商品的欲望却没有减少，那么为什么资本主义制度要刺激消费欲望呢？而且问题不是人们缺乏欲望，人们缺乏的是金钱，因为他们没工作。那么刺激其他人的新欲望怎么能够增加有效需求呢？人们失业就失业了，刺激他们产生买配方奶粉和大电视的欲望并不能给他们提供支付手段。

为了更好地看清“生产过剩导致消费主义”这一论点的问题，我们可以看一下它很容易衍生出的一个右翼版本：消费主义的责任在政府身上。“因为政府越来越庞大，所以需要更多的税收收入，这样它就把自己给毁了。毕竟如果工人把钱都交给了政府，他们购买商品的钱就变少，商品就卖不出去。因此税收给现代经济带来了生产过剩的问题。而衰退又减少了政府的税收，因此为了保证货币流通，政府别无选择只有刺激消费者去购买新的商品……”这是一个愚蠢的论点。据我所知，右派们还没有谁这么讲过——即使是在福克斯新闻上也没有。不过人们不得不问一下为什么左派的知识分子，如雅各比，会作出完全相同的明显有问题的论断呢？毕竟人们把钱用来交税而不是自己花了，这意味着政府会为他们花那笔钱。政府购买的那些商品（铺路设备、公共交通工具、医疗服务）的需求就会上升，而个人购买的商品（运动型多功能汽车、宠物食品、剪草机）的需求就会下降。从“经济”的角度来说，结果都一样。如我们所见，税收没有被政府消耗掉——而是被支出了。

无论如何，需要欺骗引诱人们产生购买新商品愿望的观点是荒诞

[1] 穆勒：《政治经济学原理》，第522页。

的，一直如此。人类大手大脚消费的能力完全是无限的。霍默·狄克逊（Homer Dixon）担忧除非人们有“无尽的物质愿望”，“否则他们花的钱可能不够刺激企业为由于生产力提高而失业的工人提供新的就业机会”[1]。可是谁说人们必须有无尽的物质愿望？花钱的方法数不胜数。他们也可以有需要高水平的个人服务才能满足的精神需求。资本家们可以需要指压按摩疗法、桑拿浴、生态旅游向导——**这样**，新工作就产生了。

实际上，在过去的 30 年中，服务业职位增加是富裕国家的主要趋势之一。美国现在接近 80% 的劳力都在服务业，而增长的空间仍然很大。19 世纪晚期，典型上流社会的爱德华七世时代的家庭都雇有一个住家的厨子、管家、园丁和女家庭教师，更别提好几个男仆和厨房的女佣了。现代社会的富裕家庭几乎把这些活都“外包了”，一些家庭的女家庭教师（即保姆）除外。他们这么做是为了节约成本。但是如果急于找一些新的奢侈之道，不难想象他们可能会很乐于重用 19 世纪的模式。

必须记住，**雇佣**这个词是让别人为你做点什么的一种有趣表达。在这个意义上来说，人们一般不缺乏聪明才智去设计一些雇佣方案。因此，资本主义周期性地受到失业的打击和公众不能想出新的花钱方法**一点关系也没有**。有人可能认为这太明显了，根本没有说的必要。

但是当人们想找出市场经济的问题时，他们就绕到了这个奇怪的观点上。

要讨论凯恩斯主义经济学就不能不提它最有害的意识形态上的后果——它使得大批现代左翼知识分子认为，创造就业机会是企业（或者更糟，是顾客）应该承担的公共服务。总的来说，工作不是什么好事，所以

[1] 霍默·迪克森：《下降的上方》，第 195 页。

人们尽量不做。如果不是由于害怕大规模失业，付出较少的努力换来同样的结果当然比付出较多的努力要强。可是人们总是得出具有完全相反意义的结论。

例如，人们惯常地认为如果我们的货币相对于我们贸易伙伴的货币贬值了，那么这对国内经济是好事，因为会增加出口领域的就业。可是这样做能增加就业的唯一原因，是它强迫我们更努力地工作来购买过去我们用少得多的钱就能买到的进口商品。而且左派人士对非全日岗位的增加有一种难以解释的敌意，好像理想的世界就是人们必须尽可能多地工作一样。

威廉·格雷德（William Greider），《国家报》的经济学专家，近来为这种谬误提供了一个很好的例子。他一开始就提出美国大部分的职位增长都不是由那大约一万个公开交易企业提供的，而是由小企业领域的私营企业提供的。有一段时间财富 500 强企业裁员 4%，而私营企业却增员大约 20%。在此基础上，格雷德得出结论："如果把更多的资金投向小企业，较少资金投给大企业，经济不会受损，只会受益。"[1]

格雷德犯了一个最基本的错误，他用人们做了多少工作，而不是人们生产了多少产品来判断是否对经济有益。财富 500 强企业裁员，并不是由于他们要降低产量，而是由于他们转向了资金更为密集型的生产。格雷德实际上是在建议把资金从生产力较高的领域抽出来投入到生产力较低的领域，以便制造更多的就业机会。这是倒退。德怀特·李（Dwight Lee）提醒我们，我们的目标应该是创造财富而不是提供就业：

> 这是一个工程师杜撰的故事。他到某国游玩，看到一群人用锄头和铲子修筑水坝。他告诉工程管理者，如果他们用机动掘土设备，工程几天就可以完成，根本不需要几个月。管理者却说这些设备会毁掉很多就业机会。"哦"，工程师回答说，"我还以为你是想修水坝呢，如果你想提供更多就业机会，为什么不让他们

[1] 格雷德：《社会主义的灵魂》，第 130 页。

用汤匙来代替铲子？”[1]

在这个故事里谬误是非常明显的，但是在对公共政策的讨论中它还是一再出现。例如，任何一个开车从俄勒冈到新泽西的人可能都会注意到这两个州没有一个自助加油站，两个辖区都有法律禁止车主自己加油。虽然最初这是出于保护消费者的考虑（人们认为汽油很容易燃烧，普通公民操作起来很危险——可是没有法律反对人们自助添加柴油），但是法律后来不能撤销了，因为它们“提供了就业机会”。

有的人可能会为电梯服务生和守车操作员等职位的消失而难过，但我们必须记住，把人们从这些毫无意义的工作中解放出来，他们就能去干一些更有价值的事情了。现在我们派 1 个人带着反铲挖土机就能挖一条水渠了，不需要派 50 个人拿着铲子去挖。这样剩下的 49 个人就可以做其他更有用的工作了。生产力的提高并不是导致失业的原因，而是现代经济繁荣的基础。

一般情况下，“创造就业机会”不是我们要**做**的事情，而是经济本身会去做的事。左派人士似乎能有选择性地意识到这一点，但不能把它贯彻到底。例如，人们都知道认为移民把本地人的工作抢走了是基于一个经济学谬误的（“劳动合成”谬误）。尽管移民确实增加了劳力供应，但萨伊法则认为他们同时也提高了商品需求（他们提供劳力所以对商品有需求）。为了满足增加了的需求，企业必须扩大生产，这就需要更多的劳力。这就是一个国家的失业率和人口数没有关系的原因。（这也是为什么死亡不能给其他人“空出”岗位来的原因。）由于同样的原因，既没有技术会带来失业这回事，也没有移民会带来失业这回事。就像技术会取代某些职位上的某些员工一样，移民可能会取代某些职位上的某些员工，但这并不会使整个经济中的总职位数变少。保姆合作社模式就是很好的说明。

但这其中有一个例外，这个例外正是凯恩斯发现的。**在衰退的过程中，**

[1] 德怀特·李：《创造就业机会和创造财富》，载《自由人》第 50 卷，2000 年。

经济本身不能创造就业机会，因为人们不愿意进行交易，而人们的需求必须通过这些交易才能传达。在这种情况下，**仅仅在这种情况下**，政府才需要开展“制造工作”计划。（不要把“制造工作”计划和提供公共服务混淆了。后者付出的努力会带来有价值的产出，而对于“制造工作”计划来说——例如，把装满钞票的瓶子埋到废弃的矿井里——其意义不在于产出，而在于工资支出所带来的财政刺激。）因此，在普通的经济扩张期开展“制造工作”计划实际上是在浪费钱（也就是浪费时间、精力和资源）。

到目前为止，“社会信用”运动在整个英联邦都是一种强大的力量。[1]但是，才十年左右，曾受过梅杰·道格拉斯（Major Douglas）著作影响的各右翼政党就放弃了最初推动该运动的朴素经济学理论。但不幸的是，这一过程在左派中却进展得没那么顺利。特别是“小鸡”经济学思维——经济发展中的每一个小问题都被当成整个系统即将崩溃的先兆——根深蒂固，以至于任何认为世界并**没有**处于灾难边缘的人都经常会受到质疑。

然而，在20世纪的发展中，情况变得很清楚，资本主义的经济矛盾并非人们所想的那样。因此，“新马克思主义者们”转而开始在资本主义制度中寻找“文化矛盾”。这些理论大部分都集中于人为消费主义会削弱工作伦理，让工人们不愿意听命于时间的暴政。[2]但是当六七十年代的反文化运动失败后，这些“矛盾”也就没那么令人害怕了。

近年来，人们开始指望危机的两个新的可能来源。第一个是全球化。根据这一观点，资本主义内在矛盾已经外在化很久了，已经转嫁到非资本主义国家去了。如果生产过剩在国内产生了需求不足，过剩的部分可以通

---

[1] 克利福德·休·道格拉斯：《社会信用》，伦敦：帕默出版公司，1924年。

[2] 丹尼尔·贝尔：《资本主义的文化矛盾》，纽约：巴西克出版公司，1976年；尤尔根·哈贝马斯：《合法化危机》，托马斯·麦卡锡译，波士顿：灯塔出版社，1975年。

过给消费主义引入新人——印度人、非洲人或中国人——来吸收（当然忽略了这些人如果不把商品卖给我们怎么支付这些额外产品的问题）。但是一旦市场全球化——当再没有未开垦的土地可以耕种时——这一策略的局限性就很明显了。第二个主要危机理论结构与第一个相似，但针对的是资本主义制度的环境局限。它声称富裕国家的经济之所以能够增长是因为这种增长的成本大部分都已经外化到自然环境中去了。现在这种增长已经到了极限，因为能源短缺而且没有地方倾倒垃圾了。

当然环境有很多令人担忧之处。在很多情况下，是真正令人恐慌的原因。同样的，日益深入的全球化给国际国内的市场机构带来了不稳定因素，这种不稳定因素常以货币危机的形式出现。但是我们必须明白这些都不能威胁到市场机制对经济活动的协调作用。现代资本主义制度有很多问题，但这些都不能威胁到它的存在。

以全球化为例。要理解这个问题有一个简单的方法：就是把全球化的问题看成是 19 世纪资本主义问题在全世界的规模上又重现了。[1] 那时的资本主义制度未经调控，经常受到各种市场失灵的困扰。20 世纪，福利国家的出现实际上堵住了这些缺口。现在市场交换已经更加国际化了，在世界范围内同样的缺口又出现了。当然，区别是这次我们更清楚解决之道是什么（尽管要把这些解决之道付诸实践还比较棘手）。

以货币不稳定为例。全球化的批评者们认为 1994 年墨西哥比索危机和 1997 年泰铢的挤提就是证据，证明了国际贸易体系就是阻止国际货币基金组织的结构调整政策得以贯彻的特洛伊木马。但是，货币不稳定在国际货币基金组织或“华盛顿共识”之前就有着悠久辉煌的历史。它实际上就是 19 世纪资本主义制度的一种烙印。例如，那时在美国银行可以发行自己的纸币。这样各种货币互相竞争，每种货币背后都有一家私营银行资

---

[1] 此处讨论主要源自戴维·莫斯：《当市场失灵时，政府是公共风险的最终管理者》，剑桥：哈佛大学出版社，2002 年，第 327 页。

产的支持（就像今天国际上也有各种货币竞争，每种货币背后都有不同国家的支持）。每当某家银行出现挤提，哪怕是出现挤提的谣言，拥有该银行货币的人就想把货币尽快出手，结果这种货币就会出现突然的灾难性的贬值。

这个问题该怎么解决呢？可以通过国家级的中央银行，特别是由国家有效垄断市场上纸币的发行。这种国家权力的行使彻底消除了国内的货币问题，以至于人们都忘了货币风险的存在（不再认为这是福利国家社会计划的一部分）。结果国际货币危机被当成了全球化资本主义制度的一种新的出人意料的后果，而不是未经调控的资本主义制度结构里的一种基本缺陷，一种能够通过行政权力解决的问题。

这并不意味着国际货币就能解决货币不稳定的问题，因为从很多层面来看国际货币都是一种不受欢迎且难以实施的方法。这其实意味着不稳定的问题可以通过发展日渐强大的国际金融机构来解决，无论我们是否愿意，它们有能力把他们的意志以一种更具约束力的方式强加到各国政府和独立政党的身上。在国家的范围内其他做法都没用，那么为什么在国际的范围内我们要采用其他方法？比起让资本主义制度崩溃的可能性，市场全球化产生国际化政府——或者拥有越来越具有国家权力的国际机构——的可能性更大。

至于环境问题，关于迫在眉睫的资源短缺的一些悲观失望的想法多半是由于完全忽视了价格能自动根据稀缺程度配置商品。1971 年，罗马俱乐部（the Club of Rome）提出“增长极限”的说法，但是他们犯了一个基本错误，忽视了价格机制。毫无疑问，如果一桶油 8 美元，世界上的油很快就会被用光；但如果一桶油 100 美元，人们在最不可思议的地方——如海底——都能找到油。同样毫无疑问，当世界上“没有油”时，油价会上涨。

而就经济增长而言，认为要维护环境就必须停止经济增长也是基于对经济增长实质的一种混乱或者偏颇的理解。看看乔·克沃尔（Joel Kovel），他的著作对绿党（the Green Party）的观点有极大的影响。在他的书《自然的敌人》(*The Enemy of Nature*)中，他宣称我们面临着一个简单的选择：要么“放弃资本主义制度”，要么“放弃世界”。然而资本主义的问题并不在资本主义本身（毕竟共产主义对环境的破坏要大得多）。问题在于资本主义经济是一定要增长的。“由于资本的各方面都具有这样一个特征，即它会无情地增长，因而如果我们想拯救我们的物种及其他无数的种群，我们必须整个地推翻资本主义制度，并代之以一种能保护生态的制度。”克沃尔写道。[1]

人们认为，从环保角度说，增长是必须要处理的首要问题，这一观点在绿党思维中非常普遍。例如，看看以下加拿大绿党领袖伊丽莎白·梅(Elizabeth May)的言论：

> 人类长到18岁时，身体的增长就会处于平稳状态。而你们的发展不会停止——实际上这可能是你们发展艺术才能的开始。你们可能开始写诗，培养各种兴趣，开发智慧。因此经济发展也不能总是物质的增长，因为我们面临着生物圈中的物质极限。所以认为经济必须和经济增长联系起来是一种病态的癖好。[2]

这都没什么问题——除了一点：富裕国家的“经济增长”早就不是以“物质增长”来衡量了。国民生产总值计算的并不是生产了多少产品（并不像前苏联计划经济那样以多少吨钢材、多少蒲式耳小麦来计算产量）。国民生产总值计算的是出现的交易量，并以这些交易的价值的方式呈现出

[1] 乔·克沃尔：《自然的敌人》，伦敦：泽德出版社，2007年，第155页。奇怪的是，该书对于共产主义对环境的影响不置一词。书中，在意图建立“资本”与环境破坏内在联系的24页内容中，有12页是关于美国联合碳化物企业博帕尔毒气泄漏事件的“个案研究”，而之后不到一年发生的切尔诺贝利核灾难在全书却一次也没有被提起过。然而，这次灾难也应该是密切相关的，因为它告诉人们自然的敌人可能不止一个。

[2] 伊丽莎白·梅在《议程》节目中说到“难以告别的GDP”，安大略电视台2007年6月7日首播。

来。因此，例如瑞典人均国民生产总值很高的原因在于妇女的就业率很高。当妈妈重新工作，并雇一个保姆来照顾孩子，国民生产总值就提高了(因为妈妈和保姆的收入都记入国民收入了)。但这里没有发生任何会让环保主义者担忧的事情（或有挑战生物圈极限风险的事情)。只是一种服务(这里是照看孩子）从家庭范围内转到了经济生活中，并成为了一种增长。

如果有人认为这种例子没有代表性，那么我们必须明白服务业是富裕国家**经济的主体**（占 65% 到 80%)。而且即使是在“商品”的范畴内，这些商品的价值都不是有形的（想想微软、电影和音乐)。去年，美国花了 30 亿在瑜伽课程和相关用品上。这也是增长，但是从生物圈的角度来说却没有任何破坏性。(我是作为一个把“智慧”卖给人们，从而过着舒适生活的人这么说的——这可能一点也不会影响环境吧。）总的来说，美国的“能源密集型”增长——提高国民生产总值所需要的能源消耗——正以每年 2% 的速度下降。[1]

重点在于有些增长是环保的，有些不是。由于国民生产总值衡量的是交易的价值，所以从环保角度来说，重要的不是总量的上升或者下降，而是交易的**类型**。但由于增长只计算总量，所以从环保的角度来说，很难说增长本身，或更广泛地说，资本主义制度是否会破坏生态。无疑有些技术和做法是会破坏环境的，但这是另一个问题。而且我们没有理由认为环境问题会从全球的意义上限制经济增长。而且如果一个政党反对经济增长，这无异于政治自杀，所以在发表像梅那样的鲁莽言论之前最好是仔细地算一笔经济账。

然而，有一个非常合理的关于经济增长的批评——也是关于国民生产总值是衡量社会繁荣的指标的批评——这一批评都快被各种声浪湮没了。国民生产总值的问题在于它只把以钱作为交易媒介的所有交易的价值加了起来，而外在环境的成本被完全忽略了（正是**由于**对环境的影响只是一种

[1] 《难以琢磨的节电措施》，载《经济学家》2008 年 5 月 10 日第 16 期，第 78 页。

外部效应）。任何把经济增长作为**压倒一切**的政策目标的人都犯了“计算收益，忽略成本”的错误。而且由于消费的回报会日渐减少，完全可以认为相对于消费增长所带来的幸福感、外部环境影响所造成的不快随着时间的推移会变得越来越令人难以忍受，即使是加速增长也不能抵消。因此不仅经济增长不应成为我们的唯一重心，而且随着我们变得越来越富裕，我们应该越来越少地考虑它。

当然，这并不是一个对资本主义经济的革命性批评，因为环保主义也不是什么革命性的学说。大部分环境问题都是资本主义体制中的“小问题”造成的，就像经济周期也是由小问题造成的一样。这并不意味着后果不会是灾难性的——大萧条就是一个大灾难——或者这个问题很容易解决。这只意味着这个问题不是结构性问题：我们可以富有成效地想出一些方法来解决那些小问题，而不是去动整个制度。不幸的是，马克思危机理论为左翼思维提供了一个糟糕的先例，它认为这些小问题是“根本矛盾”，资本主义经济制度是一个脆弱的结构，只要有轻微的震动就会崩溃。在马克思时代，人们还有理由相信这个，但是过去的一百年已经显示事实并非如此。尽管资本主义制度确实有某些脆弱环节，需要仔细调整控制，但是它是人类想出来的最为分散的合作制度（在没有中央管理结构方面可以和互联网相比）。要知道需要多大努力才能“废除”资本主义制度，我们可以想想我们花了多少时间、精力、直接的胁迫来摧毁各种毒品市场。记住非法毒品市场的功能正是普通经济学理论所预言的那样：价格通常随供求的变化而变化，有先进的分工，有周期性的技术革新和产品研发，对外部力量，如执法策略的反应是可以预知的。尽管这些合同在法律上不仅是不能执行的而且是禁止的，这一切依然发生了——买方和卖方都在设法寻找对方，从地球的一端到另一端。任何认为“毒品战争”无效的人应该会认为“资本主义战争”也是同样无效的——因为同样的理由。问题不在于是否会有市场：妖怪一旦出了瓶子就不会回去。问题是应该怎样管理市场，怎样让市场更有包容性和人性化，合作的收益和责任该如何分配。

[第十章]

同工同酬

为什么某些工作糟透了

在第七章我曾经说过，乱调物价以获得分配的平等是一种很糟糕的方法。这不仅会导致浪费或者资源分配不当，而且很难让预定的受益者受益。最好是让市场作出一套根据商品稀缺程度定价的机制，然后靠不断调整税收来达到更高水平的分配公平。但即使是对能接受这一原则的人来说，对某种价格的调控还是极有诱惑力的，这就是劳动力价格，更清楚地说就是工资。当阿巴·勒纳谈到改变收入分配时，他说可以利用税收制度进行个人之间的收入转移。但人们很容易把“改变收入分配”误认为是“改变人们赚钱的数量”。由于这个诱惑很明显，所以这一政策的优点和不足需要我们进行特别的讨论。

人们对资本主义制度不满的原因之一是工人们的报酬似乎和他们应得的相差甚远。尤其是一些我们认为非常困难的工作——繁重、单调、充满压力——得到的报酬却很少。与此同时，一些不需要花太多功夫的工作——有时简直不明白它们怎么能被称作“工作”——却报酬丰厚。例如，我可以第一个承认我的报酬过高了。（如果不相信，你可以查一下。由于安大略省的公共领域报酬公开法案，你可以在网上查到我和我的大部分同事的工资。）我大约15分钟的收入就相当于在北京的人们平均一天的收入。当我到达办公室，读完星期一的报纸后，我赚的钱就比世界上大部分人一周赚的钱还多。由于我创造的大量“价值”，所以从道德上来说我完全应该得到那笔钱？这样说将是可笑而自私的。但是有的人确实想讲清楚其中原因。

有一段时间，右派有一个占统治地位的观点：市场是一种“自然公平”的机制。他们认为，竞争性市场发给每个工人的工资正好等同于他们创造的价值。这不仅不是事实，而且是一种完全错误的看法。决定工资的最重要因素不是你做了什么，而是是否有人能轻易地取代你。这和很多人心目中的自然公平完全不是一回事，但是这样决定工资有很多优点。要保护这一制度的最好方法是姑且承认这一做法虽然在道德上不是那么回事，但它有其长处。

而左翼人士则经常出现所谓的“社会认知”谬误——认为工资由“社会”赋予某种工作的价值所决定。实际上，工资甚至不是由雇主赋予某项工作的价值所决定，更何况是社会。不幸的是，社会认知谬误让很多人认为“穷忙族”的问题可以通过改变人们对他们的看法或者改变人们对他们为社会所做贡献的看法来解决。芭芭拉·艾伦瑞克（Barbara Ehrenreich）的著作《美国生存体验实录》（*Nickel and Dimed*）写了几个小报记者为了有所发现而假扮成低收入工作者。[1] 每个案例中故事的意义都差不多：这些都没错，收入极低的辛苦的人们做着繁重的工作，承受着不得不忍受的屈辱。这些都是事实，我们应该记住。但是我们该做些什么呢？通常来说，或明确或隐晦，人们有两个建议。第一，我们应该对他们好一点，这一点基本上为大家所认同。第二，**我们应该多付点钱给他们**，这就是争议所在。

尽管人们理所当然地认为努力工作的好人应该得到合理的报酬，但资本主义制度不是这样运作的。国内如此，国际上也是如此。最终的收入分

---

[1] 例如，黄明珍：《一个月的女仆经历》，载《环球邮报》2006 年 4 月 1 日、8 日、15 日、22 日；摩根·斯普尔洛克：《30 天》第 1 集，FX 电视台 2005 年 6 月 15 日首播。

配至少从道德上来讲是有疑问的。问题是我们想怎么处理它。市场经济中的工资，像其他所有价格一样，不仅是报酬而且是刺激。为了分配公平而进行慈善定价会有相反的刺激效果。最后，像往常一样，市场会令人沮丧地把帮助人们的措施转变成让人们处于比以往更糟糕境地的做法。所以最好是给人们钱（通常通过税收机制），而不是乱调他们的工资。

当我们讨论工资时，我们必须记住一些经济学事实。首先，人类状况的底线是糟透了的贫困。在人类历史的大部分时间里，多数人都生活在最低生活水平线附近，平均寿命为大约 30 岁左右，经常受到饥饿、疾病和战争的威胁。[1] 贫穷不需要任何特别的解释——就是一无所有。你可以去任何考古博物馆，看看人们过去要花多大工夫来做刀刃、能装水的容器或者能让他们不被雨淋湿的屋顶。当人们想象过去的生活面貌时，可能会想到弗雷德里希·尼采（Friedrich Nietzsche）的提议（用来“安慰脆弱的人们”的）：可能“那时的疼痛没有现在这么疼”[2]。

第二个重要事实是不平等在这其中并不是什么大不了的事。社会不平等经常给人们提供缓冲，来应对不知所措和艰难生活对大多数人的折磨。当人们处于极度贫困时，社会阶级之间的区别会得到极大的缓解。过去英国上流社会的人们很容易辨认，因为他们通常比一般人高一个头。这不是因为遗传的缘故，而是因为他们从小就营养良好，而其他人就没有这种条件了。19 世纪初，进入皇家军事学院的来自于上流社会的 14 岁男孩的平均身高比来自于工人阶级的同样年龄的海军新兵的身高要高出整整 10 英

[1] 詹姆斯·赖利：《预期寿命变长》，剑桥：剑桥大学出版社，2001 年。

[2] 弗雷德里希·尼采：《论道德的谱系》，道格拉斯·史密斯译，牛津：牛津大学出版社，1996 年，第 46 页。

寸。[1] 因此军官确实能“俯视”入伍的士兵，或者“从鼻子底下看”他们(这也是此类短语的由来)。

当时英国的情况如此，而现在很多不发达国家的情况也是如此。虽然生活水平有巨大差异，且这种差异随处可见，有的社会等级制度其实就是有组织的盗窃，但是在大多数贫困国家，不平等并不是造成一般人生活匮乏的主要原因。即使你没收所有上流社会积存的财富重新分配给人们，也不会使一般人的生活水平有很大改善。[2] 为什么会这样呢？因为在一般不发达国家，其实没有很多财富来分配。这些财富可能看起来很多，其实只是因为它集中在少数人手里。如果你要把它分给成千上万的人，就不够了。(你可以看看人均国民生产总值的统计数字，它大体上可以告诉你如果国家财富平均分配的话，每个人能得到多少。) 不发达国家的根本问题不是财富分配不均，而是财富不够。所以他们首要的需求是增长。(实际上，社会不平等给贫穷国家带来的主要伤害不是由分配模式直接导致的，而是其间接产物——如腐败——它削弱了全面经济增长所需要的制度前提。)

我们还应该记住，国家收入中分给工人的相对份额在一段时间内会相当稳定。七国集团经济中的“雇员收入份额”在1970年后一直占国民生产总值的55%～58%（在美国，自20世纪50年代以来，一直是55%～60%)。而且这种长期的趋势并不是“政治”因素的结果，如工会成功地保证了会员工资的增长。20世纪80年代以来，美国国家收入中工人工资的份额下降了，在欧洲和日本这一份额下降得更加迅猛。在过去30年里，工会再次回归，但工人工资份额下降并不是工会回归的主要原因(长期以来人们所做工作**类型**的改变才是更重要的原因)。而且，在过去的

[1] 查尔斯·蒂利：《旷日持久的不平等》，伯克利：加利福尼亚大学出版社，1999年，第1页。这也是由于发育滞后——成人间的差别没这么大。

[2] 关于这有一个重要的例外，即土地。土地改革通常是不发达国家脱贫计划中的一个重要组成部分。有时财富重新分配的作用被高估正是由于人们认为财富和土地是极为相似的，但两者的区别在于财富很容易被消费掉，而土地则不然。

一二十年里，多数工业化国家里经济不平等程度并没有大的加强。[1] 美国在这方面是个特例，不能代表资本主义经济的主要趋势。

真正决定一个国家里一般人收入的并不是该国的社会和政治制度如何善待或亏待劳力的。这可能会给一般工人的生活质量带来很大的影响，但却不是决定他们财富多少的最重要因素。分配份额重要，但并不是**那么**重要。真正重要的是劳动生产率的平均水平，这将最终并长期决定工资的多少。北京工厂里的工人收入水平较低，与国家整体经济状况有关。你可以随意地乱调工资，但是要想工资得到永久、稳定、可持续的增长，只能通过提高国家生产力的方式。请看看这个例子：1999 年中国钢厂人均产钢量为 45 吨，而与此同时，韩国最大的钢铁制造商人均年产量为 1501 吨。[2] 这一数据说明了为什么中国工人的普遍收入不及韩国工人——不仅是在钢铁产业，在整个经济层面都是如此。

因此，如果你的目标是提高工人的生活水平，太专注于分配问题并不是很好的做法。要想在国家收入中把工人工资的份额提高哪怕一两个百分点都将是极其困难的。而且，无论这对工资分配有什么影响，经济增长的影响都会使之相形见绌。(想想即使是成熟的资本主义经济也只能以每年 2% 或 3% 的速度稳定增长：一年的增长等同于分配份额十年变化的总量)。这意味着分配阵线取得的成果很容易被削弱，如果为取得这一成果而进行斗争会极大地降低增长率的话。

这很值得注意，因为谈工资时，人们会从工人和工厂主的分配矛盾的角度想到“社会公平”。根据这个观点，工厂主极力向工人提出较低工资，而平均工资水平就是由他们的得逞程度决定的。这有一定的真实性，但是它毫无益处地把问题感情化了。最关键的变量是“得逞程度”。工厂主是否能成功地以低工资雇到某个工人主要是由那个工人有没有其他选择决

---

[1] 安德莉亚·布兰德里尼、蒂莫西·斯密丁：《西方民主国家的经济不平等模式：关于水平和趋势的一些事实》，载《政治学与政治》第 1 卷(2006)，第 21 ～ 26 页中的第 25 页。

[2] 《大跃进后中国的钢铁业》，载《经济学家》2002 年 1 月 31 日。

定。如果那个工人的另一选择是肮脏的农活，那么他可能会接受低工资。如果他的另一选择是街上的另一家工厂，那么情况就会有变化。这就是中国工厂工人的工资在过去的十年里每年增长 10% 的原因。整个中国的经济也是以相似速度增长的。

最后，必须记住市场经济中每个人分配何种工作是**未经计划的**。我们的社会要顺畅运行，必须有人要成为医生、飞行员、小学老师、厨师、机械师、垃圾清理工、电脑程序员等。但如果你在中学生中进行民意调查，问他们长大后想干什么，你会发现他们不会自发地选择以上职业。（不必说，如果某个社会中，半数的人是说唱歌手、演员、艺术电影摄制人，这种社会不可能运行良好。）所以我们需要某种机制把人们从从业人数过多的职业中转移出来，把他们导向需要他们的职业。这一过程必须是强制性的，因为大多数人都必须放弃他们想做的事情（艺术家、演员、音乐家），而去做社会“需要”他们做的事情（服务生、输数据的办事员、行政助理、推销员）。

我们可以通过很多方式实行这种强制。想象一种有计划的经济，学生在毕业时参加一个资质测试，然后被一台大型电脑分配去从事某项工作，这台电脑会记录每个人的工作。这显然没什么吸引力。市场经济中有另一个选择，即竞争性劳力市场。一切进展顺利时，从业人数过多的领域的工资就会下降，而从业人数不足的领域的工资就会上涨。结果，人们就会转来转去，直到所有的工作都有人做为止。人们会被一些领域的高工资吸引，也会避开另一些领域的低工资和高失业率。尽管人们会这么做，但劳力市场从某种程度来说仍然是相对静止的，扮演一个强制性的角色——迫使人们放弃他们的梦想，接受比他们本来想要的生活更世俗的生活。要达到这一目标的方法是改变相关领域的薪酬和一般就业率。（想想社会得花多大的努力来劝阻过多的想成为演员的人放弃啊！）因此，在评定某项薪酬“公平与否”时，我们必须记住我们依赖劳力市场来迫使人们作出一些困难的决定。某个职业的收入不足以维生并不意味着该职业的薪酬不公平，可能是因为“社会”不需要更多的人加入该行业：从事该职业的人已经很多了。

贫穷国家的社会看起来非常不公平，原因之一可能是人们的私人仆佣太多。即使只是普通的中产阶级家里通常也雇了很多人，每个人都有女佣、保姆、厨子（社会等级就反映在他们是否雇了一个、两个还是三个人来干这些活）。很多人有司机、各种各样的家庭教师，当然还有保安。当我很年轻的时候，我曾在墨西哥城工作过几周。一个周日的下午，我被邀请到经理家里，我吃惊地发现有一个仆人在一旁伺候，他的工作就是等我喝完科罗娜啤酒再给我拿一瓶，而我似乎是泳池边唯一一个对此感到紧张不安的人。

有时，当我在组装一个特别难搞的宜家家具，或努力地给一个电灯开关接线时，我会想，“我住在这里，世界上最富有的国家之一，”我自语道，“为什么我得自己装家具或做电工活呢？”可是，答案恰恰就是**因为**我住在世界上最富有的国家之一，所以我得自己做电工活。由于劳动力非常值钱，因此大多数人都有比给别人安装电灯更好的选择，而要让他们放弃那些更好的选择或回报率更高的工作，将会是非常昂贵的。找一个电工来帮你安装电灯组件的花费通常比电灯组件本身的花费还要贵。

这也是我们宁愿把东西扔掉也不愿意维修的缘故，不是由于某种叫“消费主义”的通病——而是由于维修费高得惊人。一天我的炉子发出很大的嘟嘟声，那个很棒的数码显示器开始闪现“错误 5”。我在使用手册里查了下，使用手册说我需要立即打电话维修。由于是煤气炉，所以我不会冒险不修，于是我打了电话。两天后，一个穿着工装裤的人在早餐时出现在我家门口。他打开炉子，把什么东西拆了下来，然后又撕开一个袋子，把一个新东西装上去，嘴里咕哝着什么“传感器坏了”，递给我一张 169 美元的账单。他在我家待了还不到 10 分钟，传感器值 70 美元，剩下的就是劳务费和税了。如果是炉子本身完全坏了得花多少钱啊！（可不仅仅是系统告诉我炉子出问题了）。

当整个国家变得富裕，服务会比制成品更贵，这是发达经济的一般特征。产生这种情况的根本原因在于服务领域劳动生产率的提高落后于制造领域劳动生产率的提高。从某种意义上来说，并不是服务太贵，而是其他东西都太便宜。令人吃惊的并不是我得花 169 美元修炉子，而是我只需花 599 美元就能买一个崭新的炉子。想想看，那个来修煤气炉的人产生的价值在过去的五六十年里都没怎么提高。他把大量的时间浪费在路上。除了一些花里胡哨的附加特色外，产品的基本技术没有太大改变——把气压到管子里，然后点燃，再控制燃烧等等。而检查炉子是否运转正常的技术也没什么变化。但是，在过去的 50 年里，生产炉子的厂家却发生了彻底的变革。由于制造技术的进步，工人们人均生产炉子的量是过去的三四倍也没什么好吃惊的。

制造技术的进步和服务的相对停滞不前导致了经济学家威廉·鲍莫尔（William Baumol）称之为“成本病”的服务领域的弊端。[1] 当公司制造部门的生产率提高了，无论如何，收益都会分到公司的所有组成部门，结果生产率的提高会带来工资（还有其他东西）的上升。但是假定维修炉子的工人和制造炉子的工人之间的流动性很大——任何能修炉子的人也能做炉子，那么如果制造工人的收入提高，维修工人就会想换工作。这就会使制造工人的工资下降，维修工人的工资上升。公司将不得不付更多的钱让人们做维修工作，尽管这部分根本没有生产力收益。这样，提供维修的“单位成本”就增加了。

因此，某一领域生产力提高给工人带来的收益将被其他领域的工人一起分享，无论其他领域的生产力是否提高了。简而言之，有些工人可以争得某一领域生产力提高所带来的收益，特别是当他们曾接受过昂贵费时的培训，因此其他人很难替代他们。但从长远来看，劳力很容易在不同工作之间转换，所以如果考察数十年来经济各领域的生产力增长，

[1] 威廉·鲍莫尔、威廉·鲍恩：《表演艺术：经济困境》，纽约：20 世纪基金会，1966 年。

并比照工资的增长，我们会发现其中的关联很小（不像产品价格和生产力关联得那么紧密）。[1] 但是平均生产力的增长（在整个经济领域内）和工资的增长关联却很紧密。这就是不发达国家的工资收入很低的原因，即使是在高度自动化的工厂里也不例外，尽管那里工人的生产力水平已经可以和富裕国家的媲美了。他们的工资收入和他们的生产力水平关联很小。整个经济的平均生产力水平，或者是他们受雇领域范围之外的生产力水平决定了他们的工资水平。

这也是国家越富足服务费越高的原因。虽然所提供的服务没有变化，但是人们的工资都被抬高了。《环球邮报》（*Globe and Mail*）的记者黄明珍（Jan Wong）曾假扮女佣（艾伦瑞希风格的），某个客户让她熨烫衣物，这项工作报酬低得可笑，于是引起了她的深思：

> 客户把写好说明的黄色粘贴纸贴在像三座小山一样的需要熨烫的衣物上：1.“这一堆一定要烫，必须的”；2.“有时间就烫”；3.“**有时间**就折好并且熨烫”。对着她的衣物我哼了一声：牛仔、T 恤、高领线衣……我们约定 171 美元，我为她干 4 个小时。2 小时后第二堆我才烫了一半；3 小时后，我还有 7 件没烫。总共有 51 件，包括床单和枕套，也就是说每一件她只需付 1.25 美元。[2]

她的观察数据是切合实际的，但是黄明珍却没有得出一个显而易见的结论：尽管所得低于最低工资水平，但是**相对于她所提供劳动的价值**，工资还是过高了。这也是女佣赚钱少，而且经常被迫工作更努力、更快的原因。因为如果不考虑吸尘器的发明，19 世纪以来家居清洁工的基本生产率就没有过很大的提高。家居清洁是耗时较长的体力活，没有规模经济效

[1] 加拿大统计资料：《加拿大生产力增长》，渥太华：工业部，2001 年，第 31 页。

[2] 黄明珍：《摩登时代》，载《环球邮报》2006 年 4 月 8 日。

益。正是由于这活的工作条件令人厌恶，上层阶级以外的人才会雇女佣（黄明珍是为一个中介机构工作的，她敏锐地指出：只有中产阶级的客户从中介机构雇佣女佣）。根本没有工资更高的女佣，如果中介机构提供的女佣不是以最低工资做繁重的工作，那么人们根本就不请女佣（就像现在我国的社会经济中没有男佣一样）。

如果根据人们所创造的价值来给他们付酬的话，那么从 19 世纪到现在，人们雇女佣的成本不会有太大改变。但是如果女佣的酬劳还像 19 世纪那么低，那么就没有人愿意当女佣了。因此，女佣的工资还是上涨了，这样才会有一定数量的人愿意干这个活。但是由于她们的工资上涨了，那么相对于自己打扫房间而言，雇人打扫房间的优势就降低了，所以很多家政服务被挤出了市场。这不能怪雇主小气，因为这种劳动所创造的价值从本质上来说是非常低的。过去人们会付费让男佣熨烫早上的报纸，这样油墨就不会把他们的手指弄脏了。这在当时是划算的，因为那时整个生产力水平极低，所以干这活的男佣干其他活也不能创造更多的价值。而现在如果雇男佣来干这活就意味着你的出价高于那些利用他们的技术让他们在高度自动化的装配厂里工作的人，或者雇他们干其他有价值得多的工作的人。劳力的稀缺定价原则意味着如果你抽那些能干有用工作的人来帮你熨烫早报，你就不得不补偿那些可以更好地利用他们时间的人。由于整体来说，劳力都变得更有效率，那么你的补偿就要提高，一直提高到即使是对很富有的人来说，雇仆人的成本也变得太高为止。

很多职业都是因为“成本病”而被挤出市场，但是有一组数据比较了清洗和熨烫一件衬衫的成本和干洗业务在不同国家的流行程度（表 10.1），[1] 我很感兴趣。（这里我们可以看到移民制度对美国的影响——涌入了大量的低技能劳力。严格来说不能用“制度”这个词，我指的是政府对

[1] 考斯塔·埃斯平·安德森：《后工业化经济的社会基础》，牛津：牛津大学出版社，1999 年，第 113 页。这个比例是工作年龄人口数与洗衣工人数的比例，有极少量数据不是来自 1996 年。

雇用非法劳工暧昧的态度。)

表10.1 把洗衣业挤出市场

	洗一件衬衣的成本（美元）	全部人口和干洗工人的比例
丹　麦	5.20	3,500
瑞　典	4.25	727
西班牙	3.90	905
西　德	3.70	667
英　国	2.20	750
美　国	1.50	391

某项服务要么被挤出市场，要么成为奢侈消费的对象。鲍莫尔最初是以交响乐队为例来说明他的论点的——他指出，现在要演奏贝多芬的交响乐需要的乐师和一个世纪之前一样多。[1] 公平地计算，他们现场演奏的时薪应为几美分而不是几美元，可他们的时薪就是几美元。大体来说，他们工资的涨幅和工厂工人的工资一样。这增加的成本一部分由录音室录制的唱片收入补偿了。但更明显的情况是，现场演奏古典音乐变成了一种奢侈商品。而即便是如此，还需要大量的公共补贴才得以维持。

这个原则也有一个例外情况，那就是受雇者的时间对于消费者来说很有价值。女佣的问题在于她们的价值由**产出**衡量。有些艾伦瑞希的客户们似乎能从观看她擦地板得到乐趣，但大部分不是这样，实际上他们根本不在家。他们所需要的只是当他们回家时屋子是干净的，他们最多也就愿意为这个付钱。而另一种消费——任何被认为是“奢侈尊贵”的消费——被浪费的时间其实就被消费掉了，这也是现在女佣比原来少，而按摩理疗师比原来多的原因。做某种工作的人的时间越宝贵，浪费她的时间所产生的奢侈感就越强。

[1] 鲍莫尔、鲍恩：《表演艺术》。

我们当中有很多人很幸运，他们的工资不是由他们工作的内在价值决定的；如果他们的工资由他们工作的内在价值决定，他们将非常穷。你可以这样想，想想你每天都在做什么，问问自己你所创造的价值是不是一个世纪前做同样工作的人创造价值的10倍。农民、建筑工人、矿工、会计师、工程师、文员和工厂工人会立刻回答是，而剩下的人则不然。对这些人来说，他们实际上是搭上了那些生产力获得极大提高领域的工人的便车，他们实际上得益于这一事实——市场有某种让工资平等的倾向。

从某种意义上来说，你的工资和你所做的事没有太大关系，而和你**能**做的事有关。如果你的工资没那么高的话，你就不会做这个工作，而去做其他的工作。这就是为什么法律教授和哲学教授做的工作基本一样，前者的工资却是后者的两倍的原因，因为法律教授有更好的外部选择。其实他们当中大部分人如果离开大学去当律师赚的钱还要多。而哲学教授除了教哲学外，他们的技能没什么用处。如果全世界所有哲学教授的工资全部下降一半，我怀疑没有一个哲学系会关门，而法学教授的工资如果下降一半，法学院就会岌岌可危了。

这又带来了另一个问题：既然他们的外部选择那么少，为什么哲学教授的工资还那么高呢？答案和经济结构中的另一个平等倾向有关——大机构倾向于减少雇员之间的工资差异。这一论断令很多人吃惊，但有很多证据能证明这一点。经济学家罗伯特·弗兰克（Robert Frank）提出了以下推理实验来说明学术机构的平等倾向。总的来说“特定年龄段中的某三个人的工资总和一定比其他任意两个人的工资总和高”[1]，那么他让读者判断哪件事给机构带来的损失较大：是两个最佳员工离职，还是三个最差员工离职。答案当然是两个最佳员工离职带来的损失会大得多。但这个答案只是说明就他们所做的贡献而言，他们的报酬要比另外三个人低得多。

即使是在补偿的个别化程度很高的公司，特定职级效率最高的雇员和

[1] 罗伯特·弗兰克：《选择合适的池塘》，纽约：牛津大学出版社，1985年，第70页。

效率最低雇员的报酬差别与他们为公司收益所做贡献的差别也是不成比例的。即使当补偿直接与个人工资挂钩时，例如对赚取佣金的销售人员来说，假如每个雇员都言之凿凿地以离职为对手公司工作作为威胁，来向雇主争取最大的利益，区别也没有人们想象的大。我们很可能认识不到这一点，因为我们忽略了优秀员工比差的员工干得好多少。弗兰克在纽约州的北部地区就汽车销售做了一个小调查，发现“大多数经销商说他们最好的推销员的销售额是最差销售人员的好几倍，即使是在不景气的年份，他们也比普通销售员在普通年份的销售情况好”[1]。然而，即使有佣金，他们的补偿仍然完全不能体现出他们业绩的优越。

要理解公司里收入拉平的原因并不难。无论如何，人们得共事，而报酬的不平等是公司内部纷争与不合的重要原因。如我曾说的一样，我觉得自己报酬过高了（从经济的宏观结构来看）。因此我从不抱怨收入。世界上只有一件事会让我觉得自己收入太低：查看一下我同事的收入。所谓“同事”，我指的是“与我同校同系的人”。我可能会随意看一下其他学校哲学教授的工资，但并不十分关注，因为这对我没有影响。这和大厅对面的那个和我听命于同一个院长，获得补偿的形式与我相同的人赚得比我多不同。（这就是政务公开法令，例如让我的工资出现在网上的那条法令，会起到提高公共领域工资压力的荒诞效果的原因。公众们并不关注这些工资，而赚这些工资的人却**非常**关注。告诉人们同事赚多少是催生涨工资要求的最佳方式之一——这正是工商业者会对这一信息保密的原因。）

结果平等机制对公司里的工资状况起到重要的约束作用。（当然，也有一个很显而易见的例外：公司决策人和普通员工的收入差距正在日渐增大。而这主要是美国现象，这和大型的公开上市公司的董事们对首席执行官们缺乏监管有关。换言之，这是市场失灵的结果，而不是由劳力市场的一般运转机制造成的。）公司在完成合并或并购后的一个主要挑战就是要处理工资水平的

[1] 弗兰克：《选择合适的池塘》，第 64 页。

差异，尽力达到最大的平等，而不只是把所有人工资都提高到最高水平。

近几十年来哲学教授的工资大幅度提高了。这实际上是因为我们做了两次免费乘客。首先，我们得益于和我们完全无关的领域的生产力水平的提高带来的平均工资的整体升高，因此尽管大学的生产力没有显著提高（每个教室所能容纳的学生数目有限），我们仍然能加工资。其次，我们得益于技术水平高的员工的工资上升更快了，这给了工程系、金融系、法律系的教职人员更多的外部选择，因此抬高了他们的工资。为了避免愤愤不平的相互指责、钩心斗角，大学提高了所有教员的工资。

显然，我得益于这两个平等倾向，但糟糕的是，不知道整个社会是否也是如此。由于哲学教授的工资提高了，对他们的需求也就降低了，学习哲学日渐成为一种奢侈品。有些人可能会哀叹这种做法所带来的文化损失，但至少它把劳力导向了生产力更高的职业（就像稀缺定价机制把所有资源配置到生产力最高的领域一样）。第二种倾向的后果就不太好了。大学内部工资平等的压力意味着有些院系会留不住人，因为他们提供的工资无法与外部选择所能提供的相比，所以通常他们就是用当大学教授所能拥有的较高的地位来吸引人才的（而这样做从很多方面来说都是一种逆向选择）。同时，另一些院系（如哲学系）实际上拒绝了很多求职申请。本来应该发出“世界不需要更多哲学家”信号的工资水平发出了相反的信号。结果，社会只好通过失业而不是低工资来阻止人们进入这个领域。正因为如此产生了一种“彩票经济”，少数人赚了一大笔，更多的人却一无所获。这种情况就和美体小店通过以高于市场的价格收购在加纳制造的牛油树黄油潮相同。

这看起来似乎很费解，但这些原则可以适用于劳力市场的所有其他领域。例如，我们可以看看平等付酬的战役（这被编在《经济、社会及文化权利国际公约》里，联合国1966年采用了这一公约）。女性的工资比男性低，这有很多原因，其中之一就是性别歧视。为了消除这种歧视，通常的做法是男女同工同酬（资历及训练水平等相同）。“同工同酬”是不会引起争议的。(尽管有些人还是会反对，他们反对的理由很可笑：男人要养家，而女人可以靠老公。我妻子有时也会从同事那里听到这样的话。其实只要仔细想想，你就会明白工资必须达到家用预算是可笑的。那有孩子的人是不是应该工资高点呢？认为**所有**男人的工资都应该高些因为他们中**有的人**要养老婆显然是很可笑的。)

但是人们对那个没什么争议的原则并不满意，因为它不能解决“粉色贫民区”问题——低报酬领域的**所有**员工都是女性。在这些领域没有男性，也就不能形成比较，因而很难说这种低报酬是不是歧视的结果。因此在过去的几十年中，基本的反歧视意识已经扩展到了更为模棱两可的断言：男性和女性“做相同价值的工作应获得相同的回报”。“价值”由四个因素决定：技能、努力、责任和工作条件。[1]（这在美国被称为“可比较价值”，在加拿大被称作“薪酬平等”。）这四个因素评价体系被用来评估劳力市场中完全不同领域的工作。图 10.2 很典型地说明了这种评价体系的使用（摘自加拿大人权委员会的一个报告）[2]：

表10.2　两者很难比较

工作	技能分	努力分	责任分	工作条件分	总　分	工　资
接待员	120	30	150	20	320	$ 28,000
仓库管理员	90	60	130	40	320	$ 33,000

表格显示，在此情况下，接待员的工作没有得到“合理的认可和补偿”。这里，“认可”这个词很重要——它表明接待员比仓库管理员的工资低是因为无论是社会还是雇主，都没能公正地评价他们工作的难度。换句

[1]　马克·基林斯沃思：《可比较的价值和收入平等：美国的近期发展》，载《加拿大公共政策》2002 年第 28 卷增刊，第 171 ～ 186 中的第 176 页。

[2]　加拿大人权委员会：《行动的时刻到了：关于收入平等的国会特别报告》，渥太华：公共事务和政府服务部部长，2001 年，第 18 页。

话说，就是因为我们都有性别歧视，我们认为搬箱子比讲电话困难，所以仓库管理员的工资就比接待员高。（另外，从历史的角度来说，女性的工作一直都没有男性的工作受重视，“因此，她们的报酬是不公平的。”[1] 这句话中“因此”一词很关键——它表明人们的报酬与人们的工作受重视程度有一定因果关系。这就是“社会认可”谬误。）

我们假定表格 10.2 中的评估是准确的，如果仓库管理员和接待员的工作困难程度是相同的，但赚钱更多，那么为什么接待员不去应聘仓库管理员的工作呢？答案是由于性别歧视她们可能得不到那个工作。如果这就是原因的话，那么应对工资差异的正确方法应该是保证女性也能得到这样的工作机会——消除雇佣歧视。消除贫民区的最简单方法是让人们易于离开。

当然，很多接待员未必愿意当仓库管理员。原因之一是人们的能力和喜好不同，考虑到一些偏好，人们想要干最轻松的工作。仓库管理和接待员来自于不同的劳力储备区，这个领域的空缺不会由那个领域的求职人来填补。这样，接待员的空缺会有十来个求职人等着，而仓库管理员的空缺只会有两三个求职人应征。仓库管理员的工资更高只是因为他们的劳力市场竞争没那么激烈。

问题不在于事实如何，而在于人们不能从同样难度的工作而工资却不同这一事实中得出其中存在歧视的结论。要得出这一推断，两个领域之间要有短期的劳力大量流动才行。

把劳力市场的竞争性加入到工作评价体系中去很容易，只需要加一栏，其分值随着某职位的合格申请人数的下降而上升，这被称为“稀缺性”。那些对技能的需求量更大，或供应量不足的工人理所当然地工资更高。认为这个因素和补偿无关是这一体系构建者有意识的选择，很显然其背后有一个关于决定工资的因素的道德理论，而糟糕的是，这一理论和资

[1] 加拿大人权委员会：《行动的时刻到了》，第 3 页。

本主义经济中工资的决定方式毫无关系。这个没有明言的理论就是工资应该由工作的困难程度及所需技能的多少决定，无需考虑“社会”对这一技能的需求量的大小。要是这一理论被普及，我们将无法把劳力输送到最需要他们的领域去。

部分“粉色贫民区”问题通常是由于太多女性都找同一类型的工作（“贫民区”意味着人数过多），这使得工资下降。正如罗拉·马奥尼（Rhona Mahony）所说，如果某一年所有大学毕业生都在冰淇淋产业找工作，那么这个领域工人的工资将暴跌。同样，即使一半的毕业生想成为女侍应生、小学老师、幼师和护士，这种情况也会发生。[1]

当然，女性长期以来所面对的有限的职业选择其实是由于其他领域的歧视所造成的，女性一直做某些工作是因为她们没有别的选择。但是要解决这个问题不能通过涨工资的方式——这会发出错误的信号。女性应该停止在人数过多的领域找工作，而不是因此而得到更高的工资。一些大型机构，例如政府部门，确实有权在某种程度上拉平工资（就像大学可以给哲学教授过高的报酬一样），但是这种刺激效果是不合理的。

以护士为例，这是一个传统的“粉色贫民区”。过去医生都是男性，因为在医学院入学资格和医生的职业文化中，女性受到严重歧视。医生的收入比护士高得多。但是这种收入差异不是由于医院没能重视“护理”工作的价值，而是由于所有本可以当医生的女性被迫做护士的工作。入行的障碍被消除后，大量的女性进入了医学院（所以现在英国和加拿大的女医生多于男医生，而美国两者数量大致持平）。女性热衷于成为医生的部分原因无疑是由于她们想赚比当护士更多的钱。自然地，现在医院开始缺乏训练有素的护士（面临着阻滞的问题），因此护士的工资上升，而医生的

[1] 罗拉·马奥尼：《跟自己开玩笑》，纽约：巴西克出版公司，1995年，第15～17页。

收入下降（这部分是由于女医生的平均工作量低于男医生）。[1]

换言之，整个情况按照应有的轨迹演变。一旦医学院对女性的严重歧视被消除，收入不公平问题就解决了，根本无需进一步的干预。应该抵制住想介入并操控工资的诱惑。20年前人为地提高护士工资不利于实现性别平等这一更宏大的目标，因为它会使女性失去想成为医生的诱因。

尽管报酬平等能帮助某些女性，但这不利于实现性别平等。实际上，在很多情况下，平等的说法被用来为其他目的服务。这一说法下并没有隐藏着真正的平等承诺，因为人们总是通过提高女性的工资来实现"平等"。而如果女性报酬过低，那么实际上**一定**是男性工资过高。如果一个被卷入到平等付酬官司中的老板坚持女员工工资的增长全部由男员工工资的下降来"支付"也不是不合理的。但是没有一个法庭会这样解决，也没有一个公会会接受这种做法。

艾伦瑞希著作的成功带来的一个重要后果是美国人重新注意到最低报酬的问题，这也是克林顿"福利"改革的一个必然结果。改革把社会资助资格加了五年。人们对最低报酬的关注在后来美国的2007年最低工资法案中达到了顶点，该法案把美国的最低时薪由5.15美元提高到了7.25美元。

正如我们所见，经济学家们就最低工资的影响进行了热烈的讨论。经济学101的观点认为这种法案会增加失业率，所以利大于弊。但是就现实劳力市场的复杂性而言，这种观点显得过于简单。而且，认为最低工资法

[1] 阿卜杜勒·拉希德：《医师的收入》，载《加拿大统计视角》（1999年冬），第27～38页。布莱恩·麦金斯特里的一篇颇有煽动性的文章《医学院的女毕业生太多了吗？是的》（载《英国医学杂志》第336卷(2008)，第748页）使人们普遍认为女医生的工作时间较短。

案没有任何负面后果是可笑的。例如，家庭的经济支柱中很少有人只拿最低工资——那种只能挣得最低工资的工作只是用来贴补家用的，而且美国30% 只拿最低工资的人是青少年。[1] 最低工资法案中这么大比例的资金流向青少年，这本身就有负面效果。例如，证据显示这会增加辍学率。[2] 这笔钱使出去工作比留在学校更有吸引力，不仅如此，还有更微妙的效果，会使他们高估经济对不需要特殊技能工作的回报程度。

但这些并不意味着最低工资是个坏主意，这些只是让我们明白它不能减轻贫困。即使大卫·卡德（David Card）和艾伦·克鲁格（Allen Krueger）的实验研究极大地消除了人们对最低工资的一致反对，但他们也认为最低工资作为减轻贫困的工具是一种极度“生硬的工具”。[3] 除了负面效果外，它也没有很好地针对贫困人群。如果要减轻贫困，更好的做法是确保免除只有一份收入的最低工资家庭的所得税（但是很多辖区都做不到）。我个人很支持最低工资，而且希望这个最低工资能适当地高一些。但是我对它的支持是基于一个完全非经济的考量——我认为低于某一标准的最低工资有损人类的尊严，而人们可能愿意以这样的价格出卖劳动对我来说就不是个决定性因素了。人们可能甚至愿意卖身为奴，但法律禁止这样，原因就是这有损人类尊严。（那么为什么人们可以从其他国家工资远低于国内最低工资的工人那里购买商品就是个费解又复杂的问题了。）

艾伦瑞希对有工作的贫民所面对的基本问题的判断实际上更微妙，并不仅仅集中在工资上。她认为问题在于“工资太低，房租太高”（这是

---

[1] 见《钝器》，载《经济学家》2006 年 10 月 26 日。

[2] 戴维·诺伊马克、威廉·瓦舍尔：《最低工资和技能习得：学校教育小国再探》，载《教育经济学评论》第 22 卷(2003)，第 1～10 页。也见邓肯·卓别林、马克·特纳、安德烈亚斯·佩普：《最低工资与青少年的入学状况：考察 20 世纪 90 年代》，载《教育经济学评论》第 22 卷(2003)，第 11～21 页。

[3] 大卫·卡德、艾伦·克鲁格：《神话与措施：最低工资的新经济学》，普林斯顿：普林斯顿大学出版社，1995 年，第 285 页。

“不需要学经济学就能明白的”问题）。[1] 她认为这只是因为富人用更高的出价“买走穷人的房屋和拖车车位，建成公寓、豪宅、高尔夫球场和任何他们喜欢的东西”[2]。但是，这把问题看得太简单了。从本质上来说，住房并不缺乏，因为我们可以修更多的房子，或者提高现有的住房密度。在美国的大部分地区，土地和建筑材料都很便宜。如果市场不能提供充分的廉价住宅，这就是个有趣而值得研究的问题了。

很多人指责住房法规。[3] 实际上，住房法和最低工资法有着有趣的相似之处。传统的高密度工人住房现在已经很难找到的原因之一是地方政府的细则随着时间的推移慢慢提高了标准，这样，在很多辖区，公寓或没有供暖设备的公寓被认为是非法的。例如，多伦多财产标准细则规定了人均居住面积（9 平方米）、卧室的面积等。还规定了热水的温度，规定“每个居住单元应该有至少一个洗手间、一个面盆、一个水槽、一个浴缸或淋浴头”，而且“每个居住单元的用餐间要有一个安在有后挡板的台子上的水槽和一个由防水材料做的流水板”[4]。

实行这些法规的部分原因当然是为了让穷人住在一个不那么肮脏的环境里。然而，很明显这些规定也提高了出租房成本（尤其是把各单元之间共用厨房和浴室定为不合法），这导致了出租房数量的下降。这些法规的出台是否给穷人带来很大的冲击还不太清楚，但是大部分多伦多的法规都是针对中产阶级房屋所有者所抱怨的问题的（草的高度不超过 20 厘米，院子里木材不能堆得超过 1.5 米，车道上必须“没有脏物、浮尘和垃圾……路况良好，没有裂缝、洞和车辙”，等）。[5]

[1] 芭芭拉·艾伦瑞希：《美国生存体验录》，纽约：霍尔特出版社，2001 年，第 199 页。

[2] 同上。

[3] 朱丽叶·肖尔：《过劳的美国人》，纽约：巴西克出版公司，1992 年，第 135 页。

[4] 多伦多财产标准政府法规，http：//www.toronto.ca/legdocs/municode/1184_629.pdf，2008 年 8 日。

[5] 同上。

当然，这么说也不是反对给出租房设定最低标准（正如失业的阴影也不能成为反对最低工资的理由）。居住环境和人类尊严的问题是紧密相连的，一个富足的社会应该保证所有人都生活在一定的水平线之上。但是我们必须意识到所有这些出发点良好的政策从穷人的角度来说都是有利有弊的，因为它们干预了价格机制，带来了负面的效果。结果，当这些政策给有些人带来了好处的同时，也给另一些人带来了害处。如果有**其他**提供福利的方式能避免这些害处的话，我们应该乘机采纳那些方式。

例如，对于非美国读者来说，艾伦瑞希的书里传达的是——几乎任何其他记录美国贫困人口状况的民族志中传达的也是——医疗保健的缺乏。正是由于缺乏获得医疗服务的可靠途径，美国贫困人口的生活才会变得不仅难受，甚至是可怕的。怎么调整最低工资都很难改变这一点。尽管在美国采用普遍医疗制度不能直接解决低工资和高房租的问题，但是它以福利的形式给有工作的贫民带来了更多的好处——同时又没有操纵劳力和房屋价格所带来的负面影响。

总而言之，要得出什么工作报酬过低的结论是很容易的，但是仅仅看人们做了什么工作，再凭某种直觉判断那项工作的“价值”是不够的。在市场经济中，工资是一种价格，某件商品的价格通常取决于所有其他商品的价格。而且价格主要是由商品的稀缺程度决定的，这就是为什么某项工作的工资会受到有多少人愿意做或能够做该工作等因素极大影响的原因。因为人们的工资受各种因素的影响，这些因素与人们具体所做的工作或人们所付出的努力完全没有关系，对某项工作等因素工资是否合理的基于直觉的道德判断注定会导致简单的政治判断，极端的情况下会带来无效的劳力市场政策。

[第十一章]

分享财富

资本主义制度下资本家很少的原因

过去人们曾抱怨过“无所事事”的富人，但是现在情况已经不一样了。现在的富人不再是早已去世的产业大亨们游手好闲的子孙了，他们更像是极度活跃的高成就者，每周工作 80 小时，拿令人吃惊的薪水。之所以这样，部分原因是执行官的报酬高得离谱。迪斯尼的首席执行官迈克尔·艾斯纳（Michael Eisner）的薪水由 1984 年的 1000 万美金——当时已经是很高的了——涨到 1994 年的 20.3 亿美金，这个数量相当于公司年利润的 68%。[1] 难怪做股东没有过去那么有吸引力了。在 19 世纪的资本主义制度下，继承财富曾广受诟病，而现在这已经不是问题了，现在的问题是执行官收入高得离谱。[2]

富人可以无所事事地坐着，舒舒服服地靠投资生活，这还是令人们愤恨的。无论你觉得艾斯纳的工资有多么不合理，他每天必须得早起、**干活**来赚这个钱。沃尔顿（Walton）、考克斯（Cox）、马尔斯（Mars）的继承人们就不是这样了，他们通过继承父母或祖父母的遗产就变成了亿万富

---

[1] 《艾斯纳的薪水是利润的 68%》，载《纽约时报》1994 年 4 月 16 日。

[2] 关于高得离谱的薪酬，见罗伯特·弗兰克、菲利普·库克：《赢家通吃的社会》，纽约：自由出版社，1995 年，第 62～84 页。

翁。在大多数产业化民主国家，最富有的10%的家庭拥有50%～70%的财富，而有一半的人几乎一无所有。[1] 由于国家收入的一大部分流向了拥有这笔财富的人，所以财富的分配成为公众关注的问题。很多认可市场作为协调生产和消费机制的人都觉得财富分配的结果很难令人满意。如果重新分配财富会有负面效果，会影响人们的积极性，那么我们必须做点什么来使这大笔的财富分配更公正合理。

照此观点看，资本主义的问题就是资本家太少了。[2] 如果我们要保持生活水平，那么就不能把所有的产品都消费掉了。我们需要投资，以代替每日的经济活动中所用到的工厂、机器、电脑等。我们还需要人们以劳力的形式“投入”，这种需要甚至超过了我们对他们以个人消费的形式“取出”的需要。最简单的方法是以储蓄回报的形式鼓励个人储蓄。这样，那些投入总是大于取出的人就会储蓄，而社会就能以最小的代价对资本商品进行再生产。另一种做法是由国家安排，进行某种强制性的集体储蓄。这种做法的弊端当然就是把统一的储蓄金额强加给每个人，而有的人可能有完全合理的理由在他们人生的某一阶段把所有的收入都花掉。例如，孩子小的家庭可能想提高消费额，而孩子已成年的家庭可能想降低消费额。

但是，一旦你接受个人储蓄的原则，同意让储蓄者得到某种回报，那么你其实就认可了那些有大笔财富的人什么也不“做”就能获得收益。有人认为资本家有权获得收益，因为他们勇敢地“克制”了消费，卡尔·马克斯曾就此开过一个著名的玩笑（他说，如果你想看到人们对消费的克制，到曼彻斯特工厂贫民窟散个步就行了）。但是无可否认，那些攒钱借给他人而获取利息的人其实对社会作出了很有价值的贡献。这样也就不难

[1] 詹姆斯·戴维斯、苏珊娜·山德斯洛姆、安东尼·肖洛克斯、爱德华·沃尔夫：《家族财产在全世界的分布》，载《全球不平等分布状况会议论文》，2007年11月28日，全球、国际和地区研究中心出版。此范围之外的有德国、澳大利亚、西班牙、意大利和芬兰。在这些国家中，最富有的10%人口拥有40%～50%的财产。

[2] 杰夫·盖茨：《通过所有权解决》，雷丁：艾迪森·韦斯利出版社，1998年，第22页。

看出放弃消费可以获得报酬是合情合理的。[1]

但是，这儿有一个基本原则是能被接受的——资本家本身就该得到报酬——尽管能获得这种好处的只是少数人这一事实令人不满。如果我们要建立这种拿钱回报被动的投资者的机制，那么为什么不干脆建一个把这笔钱分给尽可能多的人，使得人人获益的机制？这通常被称作“人民资本主义”或“所有制社会”。它就是要通过把利益分给更多的人来实现资本主义的公平。这种蓝图更正规的称呼是“资产再分配”计划（而不是“收入再分配”）。但是这种计划实施起来也有困难。把钱给人们很容易，但是要说服他们不花这些钱就很难了。事实是，克制能力在人群之中的分布并不平衡。而且很多人坚持认为贫穷就是由于缺钱造成的。结果，人们极大地高估了直接再分配对在社会福利中获得大量收益的影响。

19 世纪，经济学家们对所谓的“穷人的短视”感到忧虑。那时，他们主要担心穷人生下孩子养不活。现在这种讨论要谨慎得多，它被称作是“双曲线贴现”(hyperbolic discounting)、“动态的偏好不稳定性”(dynamic preference instability) 或者“跨时期选择的病理学”(pathologies of intertemporal choice)，但是讨论的问题其实是一样的。穷人不仅缺钱，而且倾向于乱花他们的钱。尽管有很多贫穷的单身妈妈很节俭地储蓄，牺牲自己以便孩子能有一个良好的开端，但是这种人不多。有些人虽然对穷人抱有同情，但是也不止一次地指出缺乏“理财技能”是贫困家庭的主要问题。

穷人在基本必需品上的花费总是比那些经济更宽裕的人要多，这是一个普遍现象。有些辖区允许房东收取“押金”或者是“第一个月和最后一

[1] 马克思表达了他的忧虑，“世界上的人们只是继续在现代忏悔者毗瑟挐——资本家们的自我惩罚下生活……这样，人类的简单要求就是要把资本家从殉难和诱惑中解放出来”。(《资本论》第 1 卷，本 · 福凯斯译，伦敦：企鹅出版社，1990 年，第 745 页。)

个月的租金”，这样穷人就租不起公寓，因而只能花更多的钱住在汽车旅馆里。由于银行要求大笔的最低保证金，穷人就不得不在收取高额费用的地方兑换支票。（当然他们的支票可能被拒付，但是如果这些支票是福利支票、失业支票或养老金支票呢？）穷人在典当、工资日贷款、租赁所有的销售及类似的情况下还得支付更高的信用费率。

民族志中关于贫困的记录提供了更为丰富的例子。在《有工作的贫民》（*The Working Poor*）中，大卫·希普勒（David Shipler）研究了一对夫妇的家用预算：他们每月花费 200 美元洗衣服，因为他们的洗衣机坏了；另外花费约 200 美元到餐馆吃饭，“原因是煤气公司不给他们通煤气，除非他们付清 400 美元的到期未付账单”[1]。

在以上情况中，问题都是这样产生的：必须在“前段”花一大笔钱，以避免更多的定期付款。表 11.1 大略展示了贫困人口所面对的陷阱。第一种支付流是中产阶级的消费者们为房租、食物、洗衣、银行服务或信用支付的款额，第二种支付流是穷人为汽车旅馆、快餐、洗衣店或兑现支票支付的费用。

表11.1 贫困陷阱：最初的费用和随后的费用

	支付款额							金额
	1	2	3	4	5	6	7	
支付流 1（中产阶级）	$100	$5	$5	$5	$5	$5	$5	$130
支付流2（穷人）	$20	$20	$20	$20	$20	$20	$20	$140

很容易解释人们为什么会落入第二种支付流中。查看所有支付的款项，我们清楚地发现即使穷人可以“付得起”先期费用，支付计划的安排

[1] 大卫·席普勒：《有工作的贫民》，纽约：克诺夫出版集团，2004 年，第 36 页。

也是有问题的。为了从第二种支付流转向第一种支付流，人们必须攒 100 美元，大概要攒五个周期。但是由于这些消费的商品都是必需品（住房、食物），而五个周期不在这些方面花钱是不可能的，所以人们别无选择，只好花更多的钱。这使他们不可能攒下需要的那笔钱。所以人们经常说贫困中最令人沮丧的事就是无法“赶到前面去”。

这善意地解释了为什么贫困家庭的总收入和他们的生活质量如此不匹配。在很多情况下这种解释是正确的。尤其是在发展中国家，这个“不能赶到前面去”的议题很普遍。这也是小额信贷——把小额贷款借给穷人——能极大地改善福利的原因。但是在富裕的工业化国家，这种善意的解释就没那么可信了。认为左翼人士必须接受它实际上是教条主义的表现（必须指出即使是出于人类的仁慈之念，这也还是教条主义）。这种说法使人们很容易陷入贫穷导致贫穷的误区——认为穷人的唯一问题就是没有钱。如果这是事实，那么我们就应该知道怎么解决这个问题了。可是实际上贫穷是很多更深层问题的表现，而不是原因。富裕国家的贫穷大多数不再像过去狄更斯式的贫穷（过去被称为“可救助性贫困”），而更应被称作“顽固性贫困”，因为我们不知道这种贫穷该如何消除。

例如，我们可以看看很多贫困人口所处的贫困陷阱。这些家庭的许多支出很难找到财政上的理由。这些支出中有一部分花费与上表提到的相同——高额的定期支付，先支付一大笔钱本来可以减少这部分支出——但是有些花费则任意性很大。希普勒研究的那个由于洗衣机坏了而月付 200 美元洗衣费的家庭预算中还包括 161 美元的奥兹·奥斯朋（Ozzy Osbourne）演唱会的门票、每月 50 美元租影碟的费用、每月 100 美元为上幼儿园的孩子买卡夫“快餐”等等。[1] 预算中还总有一些小额的冲动消费。爸爸威利是这样解释的：“我知道如果我们理性一些，我们能够摆脱贫困。有时我一周赚 700 美元，我知道我能过得更好。但是你知道，我们都不能坐在家里说，好吧，这

[1] 席普勒：《有工作的贫民》，第 36 页。

就是我们的晚餐。如果我们口袋里有 10 美元，我们就不愿意待在屋里，我们要出去，花了这 10 美元买冰淇淋和晚餐。”[1]

为贫困产业服务的公司很了解这种冲动。经营“工资日贷款”的公司也有“租赁拥有”业务。工资日贷款（一般贷款时间很短，而年利率为 300% ~ 1000%）可能被用来支付一些紧急费用，例如电费，以免断电，而租一台电视或一张起居室沙发就不是那么紧急了。（租赁商店避开了监管消费者信用的法律，他们声称他们提供的是可以购买的租赁协议，而不是必须提供资金购买。因此他们可以暗地里收取比最贵的信用卡的利率还要高很多倍的利率——而且一般不需要对消费者明言。）

在很多情况下，这种经营模式的结构是很清楚的。这些公司能够获利是因为他们的服务对象不是穷人，而是那些“极度缺乏耐心”的人。（他们对此毫不掩饰。加拿大市场经营这类业务的主要公司之一 Rentcash 公司有两项业务：提供工资日贷款的即时贷款，提供租赁拥有服务的即时租赁。“即时”清楚地说明了他们的目标客户。）加拿大的一项研究显示 25% 的支票兑现客户只是为了更快地得到这笔钱（以避开银行支付的拖延），他们中只有 7% 的人是因为没有银行账户。[2] 当然，不能认为贫穷会使人们比一般人更为短视或者缺乏耐心；但是，我们有理由相信极度缺乏耐心会导致贫穷，尤其是当有一个产业专门利用人们的这一倾向而成长壮大时。

很多导致美国次贷危机的抵押贷款产品很明显也是利用了人们长期计划的缺乏而建立起来的，特别是“负分期偿还”贷款。这种贷款开始的月付甚至低于利息，因而本金的额度每月都在增加。在房价迅速上涨，购买者想卖的市场，这种贷款是有意义的。可是这些产品多数只是用来剥削那些头脑简单且短视的借款者的。

---

[1] 席普勒：《有工作的贫民》，第 37 页。

[2] 安德鲁·基钦、西娜·斯塔基：《加拿大发薪日贷款公司：决定公共利率》，渥太华：国会图书馆，2006 年，第 3 页。

经济学家们有一个很好的工具来反映人们的焦躁程度：**贴现函数**。引入贴现函数是为了证明相对于将来的满足而言，人们更希望得到当下的满足。如果让人们选择某件完全一样的好事是今天发生还是一周后发生，大多数人会选择今天发生。这部分是由于未来的不确定性（你可能明天就死了，就没机会享受那件好事了），但是还有一部分是由于一种**纯粹的时间偏好**。我们就是很急躁，现在就要得到幸福，而不是等到以后。

人们的急躁程度很容易衡量。如果我想得到当下的满足而不是未来的满足，那么唯一能让我放弃当下满足的方法就是许诺未来我会得到更大的满足。这就是有必要付给人们储蓄利息的原因。当利率为 5% 时，如果我决定花掉 100 美元，那就意味着我宁愿现在有 100 美元，而不是一年后有 105 美元（如果我把钱存在银行里一年，100 美元就会变成 105 美元）。但是利率很可能提高到我愿意储蓄的那个水平。假设当利率提到 10% 时，我愿意存下那 100 美元，这意味着对我来说现在 100 美元的价值等同于一年后 110 美元的价值。因此“一年后 110 美元”的**当前贴现价值**就是 100 美元。由于“一年后的 110 美元”的价值真正在一年后也是 100 美元，那么“两年后的 110 美元”的当前价值是大约为 91 美元。

因此贴现因子与利率相反。在这个例子中，10% 的利率仅仅对应于不到 91% 的贴现因子（这一结果是通过计算 1/1.1 得出的）。计算某种满意程度的当前价值就应该用它来乘以贴现因子，每等一个时段就要乘一次。所以当人们看到表 11.1 所示的支付流时，他们不是通过比较总成本来决定买什么，而是更关注先期的成本。如果一个人每个时段的贴现率为 80%，那么这两个支付流就如表 11.2 所示：

表11.2 更糟的贫困陷阱：最初的费用和随后的费用

	支付款额							贴现
	1	2	3	4	5	6	7	总额度
支付流1	$100	$4	$3.2	$2.56	$2.05	$1.64	$1.31	$114.76
支付流2	$20	$16	$12.8	$10.24	$8.19	$6.55	$5.24	$79.02

从表格中很容易看出节能电器难卖的原因：第一个支付流“感觉”似乎要付更多的钱，因为有先期成本，将来才能看到收益。因此那个被“困”在高成本支付流中的人可能并不是被困住了——他可能只是缺乏转换的动机，因为他贴现了未来。当然，一个人把未来贴现得越厉害，他就越可能被困在这些“贫困陷阱”里。

这种情况是很糟的，不过别急——还有更糟的。当经济学家把贴现率引入到他们的模型中时，他们没有去研究人们对未来满意度的平均贴现程度。他们仅仅研究了利率，认为这就可以作为人们贴现未来的模型。但是当心理学家介入，开始研究人们的实际选择时，一种完全不同的模式呈现出来。

一些最重要的早期研究是以动物为对象的。例如心理学家乔治·安斯利（George Ainslie）最初研究的是鸽子。[1] 他把鸽子放在带有两个按钮的笼子里。按一个按钮将立刻放出少量的食物，而按另一个按钮则会在耽搁一会儿后放出多一点的食物。通过改变耽搁的时间，他能找到那个确切的点，在那个点鸽子从“略多、略晚”的奖励转向“略少、略早”的奖励。收集了足够多的数据点后，他算出了鸽子对未来满意程度的贴现率。

但是他的发现令人吃惊。经济学中的利率模式使得调查者们预计在整个时间周期内鸽子对拖延的厌恶程度将是一致的，所以无论拖延出现在何时，对拖延的厌恶程度的“算法”应该是一样的。但是安斯利却发现我们对未来的态度呈曲线变化。时间越近，拖延越令人厌恶，而未来的拖延则不那么重要。对鸽子来说，食物奖励在拖延的第一秒将失去**一半**的诱惑力，而在随后的几秒钟，拖延的影响力就小得多。用食物量除以拖延的秒数会得到一个更准确的鸽子贴现率，代表更准确的当前价值。

安斯利称之为**双曲线**贴现率，因为拖延的效果在更近的时间段会被放大。当他转而研究人的时候，他发现我们也是以同样的模式贴现未来的。

[1] 乔治·安斯利：《鸽子的脉搏控制》，载《行为的实验分析期刊》21卷(1974)，第485～489页。

我们比鸽子要有耐心——我们是以年而不是以秒为单位来贴现的——但在较近的时间段内，我们同样也倾向于放大拖延的影响。以表 11.2 中的第二个支付流为例（假定它是一个七年期的租赁支付），对于人们来说，它就像表 11.3 中的第二个支付流：不是缓慢匀速的减少，而是最初迅速减少，而之后的速度大大放缓。

表 11.3 还要糟的贫困陷阱：最初的费用和随后的费用

	支付款额							贴现总额度
	1	2	3	4	5	6	7	
利率模型	$20	$16	$12.8	$10.24	$8.19	$6.55	$5.24	$79.02
双曲线贴现	$20	$10	$6.66	$5	$4	$3.33	$2.85	$51.85

这种贴现函数的严重后果并不仅仅是会产生短视的行为，它还会带来随时间不同不一致的选择。安斯利用一个非常简单的例子作了说明。他让人们在能立即兑现的 100 美元支票和三年后才能兑现的 200 美元支票中进行选择，很多人选择 100 美元。但还是这群人，当让他们在六年后能兑现的 100 美元支票和九年后才能兑现的 200 美元支票中进行选择时，很多人选择了 200 美元。[1] 他们的想法很清楚。在第一种情况下他们想“三年太长了——我就拿那 100 美元吧”。在第二种情况下他们想“我都等了六年了，再等三年也没什么吧——我还是拿 200 美元吧”。但是这群人六年后会想改变他们的决定，当那三年很远的时候好像不是大问题，而当时间迫近时就成问题了。

双曲线贴现不仅产生了短视，还产生了传统意义上哲学家谈到的“薄弱的意志”现象。这种现象在上瘾和其他自我毁灭的行为模式中起到了重要的作用。当行动时间还很远的时候，我们选择做更多的益事；而当作

[1] 乔治·安斯利：《意志的崩溃》，剑桥：剑桥大学出版社，2001 年，第 33 页。

决定的时间迫近时，我们又屈服于诱惑，选择做较少较直接的益事。我们决定要更经常地用牙线洁牙、储蓄更多的钱、少吃、少打断别人、早点睡觉或戒烟，可是当我们要实现这些承诺时，我们又做不到。根据双曲线贴现，最初的拖延会极大地降低某一事件的当前价值。但是时间越接近，价值缩减得越快，意味着越接近事件要发生的时间，事件的价值就会变得越大。这就是人们会选择“略小、略快”而不是“略大、略迟”的奖励的原因——尽管最初他们不是这样决定的，而且之后也会后悔。

看看图 11.1 的例子。它显示了一个钱不多的人要在周六晚上去看电影和周日吃饭之间作选择。周日吃饭比看电影更有价值。两个曲线图显示了从周一到周日对两者期待效用的变化：左图根据标准贴现函数（每天 80%）画出某人的期待效用的变化，右图根据双曲线贴现率（效用除以“天数加一”）画出某人的期待效用的变化。两个人都清楚地知道周日吃饭有更大的好处，在周一时他们都更想得到这个更大的好处。两人的主要区别是：根据双曲线贴现的那个人周五时对周六看电影更为期待，整个周六更是如此，周日才恢复到更期待吃饭的状态。所以，这个人会这样决定：他会下定决心把钱省下来周日去吃饭，但是在周六时他又会改变主意去看电影。

从这个比较可以清楚地看出双曲线贴现是一件不好的事。可是，糟糕的是每个人似乎生来就喜欢这样贴现未来。结果，我们大多数人都努力希

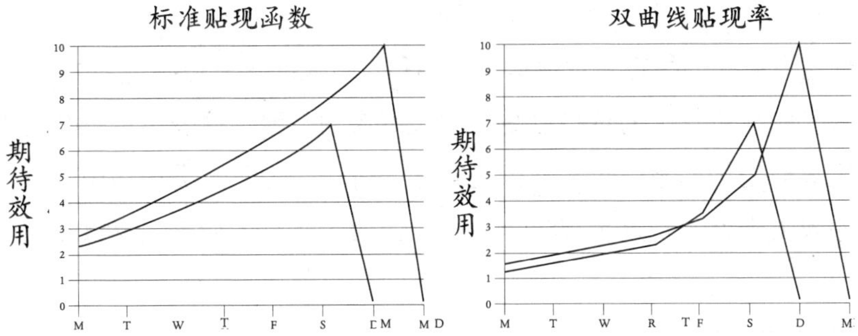

图11.1　动态的偏好变化

(后两个字母里M表示看电影，D表示吃饭。译者注)

D

望使我们对未来的态度像图 11.1 左边的曲线图那样，而不希望像右边的图显示的那样。通常我们就是通过自我控制做到这一点的，但是我们对周围的人和环境也有很大的依赖。（我坚信这就是为什么已婚的人——尽管婚姻也会给人们带来折磨和痛苦——通常比没有结婚的人幸福[1]：唠叨挑剔、相互辱骂，这些短期内会使人痛苦，但是却能使坏习惯不至于发展到失控的状态。而如果人们单独住太久，一般就不适合结婚了，因为随着时间的推移，他们的坏习惯会变得越来越不可收拾。）

随着年龄的增长，人们的贴现函数（一般来说）不再呈双曲线变化，这没什么好奇怪的。受教育程度更高的人的贴现函数呈双曲线变化的程度也不那么严重。在这两种情况下，因果关系都要从两方面来看。把未来贴现得越厉害的人也越有可能辍学及 / 或早逝。那些被委婉地称作是“低 SES 的人”（SES 指“社会经济地位”）对未来的贴现都是以双曲线的方式进行的，这也没什么令人吃惊的。虽然成为穷人不会让你更严重地贴现未来，但是严重贴现未来会让你变穷。我们可以再看看高尔斯顿（Galston）提出的在美国社会避免贫困的“三原则”——读完高中，结婚后再要孩子，等到至少 20 岁再要孩子——（可能要再加上第四条：不要成为瘾君子）从中很容易看到贴现未来与陷入贫困的联系。

到这里，我们很容易发现这一切都和“穷人的目光短浅”有关。但是谈及穷人的自我毁灭的选择总是很令人不快的，因为这表达了一个观点：穷人应该对他们的不幸负责（紧接着是“自作自受”之类的劝诫）。所以很多左翼人士就否定这种现象，而坚持认为之所以人们表现得目光短浅，

[1] 卢基诺·布鲁尼、皮尔·卢基·波塔：《经济学与幸福：构建分析》，牛津：牛津大学出版社，2005 年，第 38～40 页。

完全是他们所处的环境造成的，而不是他们的选择造成的。这种想法有些一厢情愿。如果认为穷人所面对的所有社会问题都是贫困的**产物**，是不是就好些呢？这样，这些问题将很好解决，重新分配收入就行了。可是如果贫困实际上是潜在的社会问题的**结果**该怎么办呢？这极大地限制了重新分配实际上所能带来的益处。

更好的做法是姑且承认贫困（在有着健全劳力市场和优厚福利待遇的富裕国家）是一种顽症，并且会因为穷人自我毁灭的行为模式而恶化，但是要否认由此而衍生出来的右翼政策。这些政策的问题在于：保守人士在“个人责任”的旗帜下，忽略了道德危险问题和双曲线贴现问题的区别。对于前者来说，强迫人们承担他们自身选择的后果是可行的；而对于后者来说，就没什么效果了。那些过度贴现未来的人忽视了一些诱因（那些过很久才会出现的诱因）。把这些诱因当作解决问题的方式只不过是在堆砌诱因。

例如，我们可以看看马尔萨斯对贫困儿童的看法：

> 一个工资仅够养两个孩子的男人结婚后有了五六个孩子，他的生活当然很悲惨。他谴责劳力工资不够高，不足以维持家庭开销；他指责教区行动迟缓，吝于去帮助他；他指责富人贪婪，他们多占的物资正好够他所用；他控诉不公正的有失偏颇的社会机构分给他的农产品不够；他甚至谴责天道不公，让他降生在充满不可避免的贫困窘迫的社会阶层。在寻找控诉对象时，他从未注意到他所有不幸的根源。他根本不会想到去指责自己，而实际上他自己才是最应该受到指责的。[1]

马尔萨斯随后得出了一个结论：“如果他养不起孩子，孩子们就会挨饿；如果他明知养不起孩子还要结婚，那么他就给他自己、他妻子和他的

[1] 托马斯·罗伯特·马尔萨斯：《人口原理》第 2 卷，帕特里夏·詹姆斯编辑，剑桥：剑桥大学出版社，1989 年，第 106 页。

孩子带来了灾难。”[1]这里的观点很简单：对于生出自己养不起的孩子这种行为，最有效的恐吓就是不得不坐在那里，看着他们饿死。如果马尔萨斯认为这是一个道德危险问题——人们养太多孩子是因为他们可以依赖“教区”或政府来帮助他们——那么切断所有的援助就能解决人口过剩的问题。但是如果问题是人们只听从“激情的召唤”，不顾选择的后果，那么让这些选择的成本内化也不能改变他们的选择——只会饿死很多孩子。马尔萨斯得出这个结论本来可能只是为了证明一个论点，但是这不能提供一个强有力的制定公共政策的论据。

左翼人士对于目光短浅问题的回应显得更加宽容，但是仍然不能解决问题。如果有人愿意承认穷人做出错误的决定，他们就马上把这归因于错误信息的误导。这样，“受更多教育”成为万能良药。如果十来岁的孩子要生孩子、辍学、犯罪或者抽烟，那么一定是因为他们别无选择（从某种意义上来说），或者因为他们不能完全意识到这些选择的后果。那么，他们应该受更多的教育。人们需要更多的**信息**来做出正确的选择。

这种解决方法的问题显而易见：你没法教那些不想坐下来学习的人。你可以给人们提供信息，但你不能强迫他们留意这些信息。过度的双曲线贴现的核心问题在于它使人们不愿意为了长期的利益而忍受短期的匮乏。受教育**正**是一种这些人不愿意接受的匮乏之一。换句话说，这种解决方法的前提是这个问题被解决了。

把教育作为一种解决问题的途径过分强调，是因为人们没有从动机的角度来看待这个问题。那些做出糟糕选择的人通常完全明白这些选择的后果。问题是他们忍不住要这样做，他们缺乏停下来的诱因。他们不是在一般情况下缺乏停下来的诱因，而是在做决定的关键时刻。不准酒鬼进行肝脏移植、告诉烟鬼他们得付自己的化疗费用吓不到任何人，因为这些有威胁性的惩罚在很久以后才会发生。如果这些人能对未来有所考虑，那么肝

[1] 马尔萨斯：《人口原理》第2卷，第105页。

硬化和癌症就能令他们感到恐惧。他们所需要的就是**此时此地**的诱因。例如，酒类税和香烟税能有效地使人们减少抽烟和喝酒。[1]

人们发现这种想法已经开始影响社会计划了。墨西哥的社会计划是一个具有开创性的例子，很快全世界都开始模仿它（就像巴西的家庭补助计划）。基本理念就是当好家长才能获得福利补偿。例如，妈妈们只有证明她们的孩子们按时上学、及时地接种了牛痘，并严格按时间表进行了体检，才能得到补助金。此类计划如此成功的原因在于它们没有改变诱因，只是重组了这些诱因发生的时间顺序。父母们当然不愿意孩子陷入贫困的恶性循环，而且他们了解教育和良好的健康可以极大地增加他们逃脱贫困的几率。但是当必须马上付出防止孩子们陷入贫困的成本，而好处可能一二十年后才能看到时，人们要作出正确的决定就面对着很大的动机挑战了。机会计划只是让他们在此时此地做了正确的事就能得到好处，这比讲一千遍蚂蚁和蚱蜢的寓言故事都有效。(同样，每个人都知道必须为退休后的生活存点钱，但要人们自觉自愿地去做这件事却很困难。所以我们和雇主们商定津贴的事宜，实际上就是强迫我们自己存钱。)

右翼的准则——先保护人们选择的自由，后面却跟着大量的惩罚措施——其实跟打落水狗没什么区别。左翼的教育、社会工作以及其他的一些“口头上的措施”好像没什么强制性，但实际上只是让人们更清楚地意

[1] 全世界的研究认为当威慑力开始起作用时，香烟的价格弹性为 −0.5（例如：S. 盖勒斯、安娜·斯基亚菲诺、卡洛·拉·韦基亚、乔伊·汤森特和艾斯特维·费尔南德斯：《欧洲的香烟价格和消费》，载《控烟》第 15 卷(2006)，第 114~119 页。这意味着价格上升 10% 会导致销量下降 5%，并且如人们所预期的那样，价格上升，价格弹性降低。见巴迪·巴勒塔基、拉吉夫·戈尔：《国家税收变化和美国烟草要求的准实验价格弹性：更新》，载《经济学和金融期刊》第 28 卷(2004)，第 422～429 页。梁兆辉、查尔斯·费尔普斯：《我的饮酒王国……？酒精饮料的价格敏感度评估综述》，迈克尔·希尔顿、乔治·布洛斯编辑，《经济学和酒精相关问题防治》，国家防止酒精中毒和酒精滥用研究所研究专题论文(第 25 卷)，罗克韦尔：国家防止酒精中毒和酒精滥用研究所，1993 年。

识到他们的状况有多么糟糕。那些贴现函数值过高的人需要的其实是**重组诱因**，从而使他们的自控能力加强。

从日常经验中我们可以了解到不是所有人都懂得如何花钱的，这儿谈到的主要是钱“在他们口袋里怎么也留不住”的那些人。即使是那些很懂得理财的人也会采取一些特别的措施来降低他们资产的折现率——通过购买房地产、可靠的退休储蓄计划、专用的教育储蓄基金、收益集中在后期的共同基金等等，而且税收制度是鼓励人们拥有这些固定资产的。可是尽管如此，大部分人都没有利用这些机会——因此，很自然的——没有积累很多财富和储蓄。

我们来看看美国金融资产的分布（不包括所有人自住的房产）：1995年，93%的财产掌握在最富裕的20%的人手里，接下来的20%人口中掌握了6.9%的财产，中间的20%掌握了1.4%的财产，而最下面的40%人口掌握了1.3%的财产。[1] 很容易看出这种分布不仅反映了收入分配的不平等，也反映了大部分的人都没能储蓄（包括那些不仅是就全球的标准而言，甚至是相对于美国的标准也很富的人）。所以尽管希望分配能更公平一些是完全合理的，但我们首先应该停下来问问为什么分配如此不公。

但是很多左翼人士毅然决然地逃避了这一问题。例如，看看布鲁斯·阿克曼（Bruce Ackerman）和安妮·艾尔斯托（Anne Alstott）在《相关利益者社会》（*The Stakeholder Society*）中的提议，这项提议旨在打破财富的大规模集中，保证每个美国人的生活都有一个公平的开始。[2] 阿克曼

[1] 爱德华·沃尔夫：《家庭财富分配的近期趋势》，载《经济展望杂志》第12辑（1998），第131～150页中的第135页。

[2] 布鲁斯·阿克曼、安妮·艾尔斯托：《相关利益者社会》，纽黑文：耶鲁大学出版社，1999年。

和艾尔斯托提议提高遗产税，从而为把财产转移到新一代的美国公民提供资金——在 18 到 25 岁之间，每个人能得到 8 万美元。这样，通过“把赛场填平”，在每个人成年时，给他们提供一个公平的机会。这是作为一个严肃的立法提案被提出来的，包括成本计算（每年 2250 亿美元），资金如何筹措等。

这一提案当然是希望人们能用这 8 万美元做一些明智的事情，例如接受大学教育，或者买共同基金。如果人们能够明智地把这笔钱用来投资，这 8 万美元能带来的收益流要比大多数辖区人们能得到的福利收益还要高。可是这 8 万美元也能买一辆全配的卡迪拉克凯雷德。怎样才能使人们去买共同基金，而不是这台多功能跑车呢？有些实证研究考察过人们如何处理突然得到的大笔现金——如彩票或遗产——结果非常令人震惊。2001 年，美国的一项研究显示：在突然得到大笔金钱的人当中，有 70% 的人会在头两年内把钱花光。[1]

举一个很现实的例子。在北美的石油和天然气储备带来丰厚收益的土著聚居地，人们得到大笔“随年龄而到来”的收入是很平常的事。例如，在艾贝特省霍伯玛的萨姆森克里族聚居地就是这样，那里地底下是一大片油田。20 世纪 80 年代，加拿大政府为萨姆森克里族征收了超过 7.83 亿美元的使用权费。那时，每户每月能得到约 3000 美元的使用权费，年轻人在 18 岁生日时能得到 10 万美元。可是，霍伯玛成为加拿大的自杀之都：在这个只有 6000 人的社区里，每年发生超过 300 起自杀事件，每周都会发生一起暴力致死事件。[2]

这种社会问题通常有很复杂的原因，尤其是在土著社区。但是很多部落长老认为“随年龄而到来”的使用权费是主要原因。有一个人是这么说

---

[1] 斯蒂芬妮·汉斯夫德：《理财规划师帮助受益人处理预期外的大笔财富》，载《新墨西哥商业周刊》2002 年 12 月 6 日，这个研究是国家金融教育捐赠基金所做的。

[2] 戈登·莱德：《这片土地是谁的土地？》，载《此杂志》2000 年 3、4 月刊，第 16 ~ 24 页，尤其是第 18 页。

的:“很多孩子根本不听劝告，就因为他们会得到这笔钱所以他们很反叛，这笔钱真是为害不浅。孩子们辍学，把长到 18 岁看成一种职业。我看到过有孩子得到 15 万美元，两个月就花光了，然后就自杀了。”[1] 即使在钻探结束后，使用权费变少了（减少到三四万美元），情况也是如此。萨姆森克里族的一员梅尔·布法罗（Mel Buffalo）说:“我看到有的人三四天就把钱花光了，全花在了酒宴、赌场和名车上。”[2]

当然，阿克曼和艾尔斯托也认识到他们的计划会带来一些严肃的问题，包括这种对基金缺乏远见的使用方式。但他们认为这主要是个教育问题，能通过公共教育方案，以及老师和家长的忠告解决:

> 当前，大多数青少年没准备好负起打理那 8 万美元的责任，但是这会随时间改变。如果老师、父母、朋友不断地告诉他们把这笔钱挥霍掉的危害。我们相信，在经过长年累月的熏陶后，大部分年轻人会令那些怀疑论者大吃一惊，能够负责任地使用他们新找到的自由。[3]

他们怎么能这么乐观？认为父母和老师“长年累月”的劝告能够解决青少年不负责任的行为的问题，这不但好笑，而且简直幼稚得该受惩罚。而且，据霍伯玛长老的观察，由于年轻人指望着那一大笔钱，因此他们**不太**会听别人的话，而且更易辍学。教育不能解决短视花费的问题，因为对

---

[1] 丽莎·格雷瓜尔:《自杀仍然是离开石油储量丰富但生活贫困的聚居地的最快方法》，载《蒙特利尔宪报》2001 年 6 月 11 日。

[2] 道恩·沃顿、默里·坎贝尔:《暴力、自杀和社会问题：欢迎来到土著聚居地》，载《环球邮报》2005 年 11 月 24 日。发放给加拿大土著社区的，供孩子们上寄宿学校的补偿金被滥用也是一种相似的情况。见凯瑟琳·奥尼尔:《寄宿学校的钱被乱花了》，载《环球邮报》2008 年 1 月 7 日。

[3] 阿克曼、艾尔斯托:《相关利益者社会》，第 63 页。

那笔钱的指望削弱了受教育的诱因。

看看美国现在的成年人是怎么花钱的也使我们不能鼓励这个提案。美国人仅仅信用卡负债已高达6,500亿美元，这些都要支付惩罚性的高额利息。无数来自债务合并再融资公司的广告告诉他们这些债务的危险性，但是他们坚持滥用消费信贷给予他们的“新找到的自由”。而且，信用卡负债只是美国普遍储蓄危机最极端的表现形式。尽管存款减少有很多原因，但是经济学家大卫·莱布森（David Laibson）认为金融创新应该承担很大一部分责任，因为它增加了资产的流动性，使人们更难自我控制。尤其是银行服务的改善使人们更不愿意购买不动产。过去，如果要从储蓄账户里取钱，人们必须提前好几天通知银行。现在，储蓄账户和支票账户的区别基本不存在了。而且银行自动服务机器的使用意味着人们在任何时候都能拿到钱（所以在每周开始时取出一笔固定金额不能再作为人们的自控机制了）。反向抵押贷款使人们可以用尽房产的资产价值，而各种消费信贷使得储蓄购买几乎过时。

教训非常清楚。目前灵活的金融系统已经给很多美国人带来了严重的问题。在这种情况下，给年轻人大笔资金不会有什么好处。如果多数人能够积累大笔的钱，那么他们就已经这么做了。通过发钱来增加人们的金融财富就像把水倒进漏勺里。把每个人都变成资本家，人人都想有“无偿的”收入补充当然好，可问题是人们太容易花掉这些资本。

美国经济学家詹姆斯·托宾（James Tobin）曾经写道：“当不懂经济的外行看到人们住着破旧的房子，而且没什么食物时，他很着急，本能地想给人们提供更好的房子和足够的食物；而经济学家们却本能地想给人们更多的现金收入……可是经济学家们的这种答案却很难打动那个聪明而崇尚平等主义的外行，因为可能从经济学家那里他多少了解到通过税收和资金转移进行再分配有现实层面的限制。”[1]

无疑，这就是那些“聪明而崇尚平等主义的外行们”禁不住要操纵一下价格而不是给穷人们钱的原因之一了。从这个方面来看，发放用电补贴的好处在于穷人只能把这笔钱花在电上，因而他们不必担心冬天才过一半，他们就没钱供暖了。让市场定好电价，然后贴补穷人一笔钱来支付电费是有风险的。有些人会禁不住把钱花在别的地方，结果冬天就没有暖气了。

解决这个问题有一个办法：给人们发代金券而不是现金（还得阻止进行代金券交易的二级市场的形成）。这也是贴补穷人的办法，这笔钱**只**能花在电上，这样做的好处是电价不会受到影响。人们还提出发放住房代金券、教育代金券，当然在美国，人们还有食物代金券。这种计划的问题在于其家长式作风太明显，对它们的目标受益人是一种侮辱。实际上，左翼人士支持价格补贴的主要原因之一就是他们可以实施家长式政策，却不必明确承认这些政策有家长式色彩。从这个方面来看，因为胡乱操控价格而导致的效率低下，实际上是人们为了避免承认，由于不相信穷人们能正确使用这笔钱而不愿意给他们现金所必须付出的代价。

然而，正确地理解双曲线贴现能消除这种自由和家长式作风之间的老派的对立。很多强迫人们从自己最大的利益出发的社会政策与其说是“保姆式国家”的高压干涉，不如说是人们很乐意支持的自我约束的策略。例如，在阿拉斯加州，人们没有把过多的油和天然气的使用权费直接发给个人，而是投票创立了一个阿拉斯加永久基金（Alaska Permanent Fund），自行把这笔钱进行投资，每年返一次红利。后来的一些解散基金，把本金分给居民，让他们根据需要投资（或消费）的提议都被否决了。阿拉斯加的居民表现出一种强烈倾向：不仅要把那笔钱隔离在政治家们之外，而且要隔离在他们自己之外。他们更愿意得到收入分红，而不是拥有那笔资产。

---

[1] 詹姆斯·托宾：《对不平等范围的限制》，载《法律与经济学期刊》第13辑(1970)，第263～277页中的第264～265页。

那些想要解散基金的人认为这过于家长式作风了，但是如果人们都有双曲线贴现的倾向，这就应该被看作是在政府的帮助下实施的一种理性的自我约束策略了。

福利国家的很多更保姆式的作风也应该这样理解——包括各种强制储蓄和保险。相较于努力操控这些政策使它们显得不那么家长式而言，更有前途的做法是质疑那些旧的假设，因为那些假设不能区分规定人们该怎么活的制度和帮助人们履行那些使他们的生活更为成功的承诺的制度有什么不同。

[第十二章]

向下拉平

促进平等的错误方法

库尔特·冯内古特（Kurt Vonnegut）的小说《哈里森·博格朗》（*Harrison Bergeron*）描述了一个人们最终达到了一种理想的完全平等的未来社会："他们不仅在上帝和法律面前平等，他们在任何其他方面都是平等的。没有人比别人聪明，没有人比别人好看，也没有人比别人身体更强壮或动作更迅速。"[1] 这种美妙的结果是缺陷将军的工作造成的。他的团队给所有聪明人装上了特殊听筒，这个听筒每隔一段时间就会打断他们的注意力，使他们不能进行深入思考。那些漂亮的人必须戴上面具，健康而迅捷的人则必须背上砝码慢下来。

虽然形式简单，但这个故事多少反映了哲学家们对平等主义的异议，因为平等主义"向下拉平"了。获得更大公平的方法之一是改善处于底层人们的状况。此外，还可以通过恶化顶层人们的处境来达到公平，这个方法同样简单，在有些情况下甚至更简单。如果没有改善任何人的状况却达到了公平，这就是向下拉平。这就像把长得最高的罂粟割掉，而不动其他罂粟一样。

[1] 小库尔特·冯内古特：《欢迎来到猴子之家》，纽约：戴尔出版社，1998 年，第 7 页。

大多数人都认同冯内古特的观点，认为向下拉平不是什么好事。但是想要向下拉平的倾向却不只是理论上的谬误，这种倾向使人们支持一些政策。可是如果人们仔细思考一下这些政策的后果，他们就不会那么快表示赞同了。我们倾向于认为如果某种结果更好，那么从道德的角度来说，它一定对某个对象更有好处。[1] 而幼稚的平等主义构想违反了这一原则：他们认为更平等的分配就是更好的，即便这一结果没有使任何人受益。很遗憾，他们并没有努力避开向下拉平的指责，并且对经济学家们所提出的“平等和效率的折中”也不敏感。

如果在不会损害任何其他人利益的前提下，某个人的状况能得到改善，那么就有提高效率的可能。但遗憾的是，人们并不能保证效率提高的收益能平等分配，这就有可能诱使人们以平等的名义阻止效率的提高。例如，很多人对私立学校或私营医疗机构的反对只是出于这会使有的人能得到比其他人更好的教育或医疗。但是，除非客观来说富人的受益给穷人带来了实质性的伤害，否则这种平等主义的冲动只能代表对向下拉平的认同。要为国家在教育及医疗领域的垄断辩解，我们一定要能证明这种垄断有某种“增加值”。

我们很容易无意识地就向下拉平。看看第二章的例子：一个不平等的社会每年的增长率是5%，而一个更公平社会的年增长率只有0.5%。短期来看，平等社会的效率损失可以通过流向收入最低的工人的津贴得到弥补；但是16年以后，选择更平等的道路就成了一种纯粹的向下拉平的做法了，因为到那时，不平等社会的所有人——包括收入最低的工人——都比他们在更平等社会的对应阶层要富裕。这样，人们可能就会开始想平等有什么用呢？因为它好像让所有人，包括最穷的人，都过得更差了。当然，钱不是一切，对平等主义的喜好可能也是基于其他的原因，但是我们

[1] 哲学家拉里·特姆金把这种约束条件称为“标语”（在继续反驳它之前）；拉里·特姆金：《不公平》，纽约：牛津大学出版社，1993年，第248～255页。

必须明白，它不可能从经济上帮助穷人。

遗憾的是，当人们谈论“平等和效率的折中”时，他们似乎认为现代经济学中有明确的结论显示这种折中不可避免。实际上，现代数理经济学得出的结论恰恰相反：平等和效率之间没有必要折中。在一个理想的世界——理想世界一般是这样的世界：充分竞争的市场产生了最有效率的结果——平等和效率之间没有任何的对立。我们能够同时拥有资本主义的效率和社会主义的公平。(实际上，对“市场社会主义”的最初热情正是由于这一发现而产生的。)[1]

现代经济学中的相关结论就是福利经济学第二定律。谈到公平，市场基本上是透明的：既不偏向公平，也不反对公平。无论因为什么原因，只要你选取某种喜欢的结果，你都能大致构建一种市场经济。而这个结果正是由它产生的竞争均衡的结果。这就意味着如果你喜欢绝对公平，最初的配置方式就可能促使人们向绝对公平的方向进行交易。

那么我们所看到的身边的不公平就不是市场的过错了。市场就像其他制度一样，是受“输入无用，输出即无用”原则支配的。如果你输入的是完全不平等的资源和生产资产分配，市场输出的也将是完全不平等的收入和消费的分配——唯一的不同是市场会给你一个更有效率的完全不平等的分配。换言之，贫富差异还是很大，但每个人都过得更好（当然好的程度不同）。

当然，真实社会和这大相径庭。但这一定律依然重要，因为它意味着效率和平等并不是不可兼得的鱼和熊掌。两者兼得在概念上并没有什么矛盾——所以，原则上没有理由认为平等政策就必须向下拉平。换言之，《哈里森·博格朗》的脚本只是头脑简单地信奉平等主义所带来的一种后果，但是一个老练的平等主义者有能力避免这种后果。

[1] 约瑟夫·斯蒂格利茨：《社会主义向何处去？》，剑桥：麻省理工学院出版社，1994年。

第二定律的证明有点复杂，但是一个简单的图表可以展示效率和平等的相容性。图 12.1 展示了一些商品在比尔和特德两个人之间的分配。黑点目前所在位置显示，分给比尔的商品比分给特德的多（这样就不平等了）。任何对现状的改变都可以归于下面四类之一。朝上和朝右运动代表效率增加——两人都会过得更好。朝下和朝左运动会使两人都过得更差。而朝上和朝左运动会使比尔的生活变差，而特德的生活变好。这个结果从效率的角度判断不怎么样，但是从平等的角度来看有所提升。[1] 朝下和朝右运动的结果相反——加剧了不平等，而效率不变。（稳定社会的"最佳点"是在效率轴上数值越大愈好，在平等轴上越靠近中心越好。这种分配的好处在于除了那些最自私的人，谁都不会抱怨了——人们都不想跟其他人换位置，任何改变都会使某些人的状况变糟。）[2]

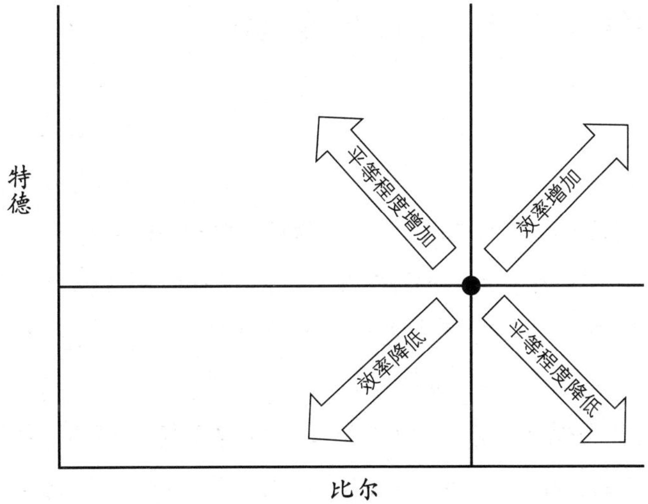

图12.1　平等轴和效率轴

[1]　这里用到的平等原则是"庇古—多尔顿转移原则"，该原则认为把东西从拥有的多的人那里转移到拥有的少的人那里，从平等的角度来说，是一种进步。

[2]　威廉·鲍莫尔：《超公平主义》，剑桥：麻省理工学院出版社，1986 年，第 19 页。

这样，任何结果都源于两个选择：有“多少东西”可分和“谁得到什么”。原则上，这两个选择之间没有联系：一个范围内的决定并不能限制另一个范围内的选择。因此，我们在处理公共政策问题时进行的折中通常是实用主义或经验主义的结果。特别是那种旨在促进平等的制度，实际上有负面刺激效果，降低了效率。在通过操控物价来促进分配平等这件事上，我们看到了很多这样的例子。降低电价，穷人可能比富人受益更多；但与此同时，这却是在鼓励人们浪费电（或者，更准确地说，人们不浪费电的诱因被削弱了）。提高无需特殊技能工作的工资，穷人可能受益；但同时人们想要获得技能的诱因也被削弱了。征收巨额遗产税，能够分散大笔的遗产；但人们将不再愿意储蓄。这种例子不胜枚举。实际上，想出以降低效率为代价来提高平等的提议是非常容易的。而真正艺术而又先进的公共政策是既能促进平等，又不需要牺牲效率的。现代经济学告诉我们这是有可能的。左翼人士需要做的是寻找这种机会，它们一旦出现，就要抓住。

为了看得更清楚，有必要区分两种不同的再分配社会政策。我把它们称作“好的再分配”和“不好的再分配”。不好的再分配就是政府把钱从一个人手中转到另一个人手中。右翼人士总是对此抱怨不已，但尽管如此，右翼政党一上台还是会这么做。

例如，加拿大保守党政府2006年实行的全民托儿福利（和挪威的“家庭津贴”计划很相似）。该计划的内容很简单：对每个低于6岁的孩子政府每月给他们的父母寄100美元的支票。这一政策是一个范围更大的计划的一部分，该计划首先取消了之前政府的一个更实用的发展全国日托的计划。

当然，即使你不是马尔萨斯，你也会想为什么政府要管日托这样的事呢？确实，提供日托津贴可以帮助贫穷的单亲妈妈重获工作机会，可是政府是否应该给每个人都提供日托津贴呢？或者政府是否应该开办和经营日托中心呢？市场机制哪里出了问题？日托为什么会成为俱乐部商品呢？为什么中产阶级和富裕的父母不能全付呢？政府**管理**日托的目的是很清楚的，可是它为什么得开办、经营，或者补贴日托呢？

如果要为政府辩护的话，这可能就是所有制结构的问题了。很多人都不喜欢完全以营利为目的的公司来开办和经营日托中心，因为这其中有道德风险问题。（孩子的尿片多久换一次呢？食物的质量怎么样呢？玩具洗干净了吗？）管理没什么用，人们总会关注“损耗比例”，结果人们就很愿意把日托机构当作消费合作社来经营。但是，这存在一个难以根除的问题。因为家长们知道他们只会是某个固定时期（相对较短时期）的会员，他们对管理就不会很上心（例如，我们可以比照一下公寓管理，人们在这个合作社里呆的时间较长，如果没有人代替，他们就不能离开）。因此，日托最好是以一种非营利的模式经营。而非盈利合作社的问题是缺乏真正的市场诱因。这会导致日托服务供应不足，尽管要价很高。那么政府插手这一领域的理由之一只是人们需要一定量的组织工作和补贴使相关的“第三方”机构到位。

而崇尚“家庭价值”的人群反对这种插手，他们的反对并不完全是没有道理的，这种插手随意地使一种生活方式凌驾于其他生活方式之上。女人（男人也是这样，不过出于诚实和便利，我们还是说女人吧）通常直接计算成本和收益来决定是待在家里看孩子还是出去工作：我能挣多少？日托，再买辆车等等要花多少钱？如果她们把孩子送到日托机构，自己出去工作，这只能是因为这样她们的纯收入会增加。为什么她们收入增加了还要接受政府补贴？她们很幸运地得到了不错的就业机会（足以支付日托的费用）。为什么那些在家带孩子的女人会因为不工作而受到惩罚呢（得不到补贴）？

这似乎就是保守派政府的思维方式。他们认为如果要对育儿进行补贴，就要补贴所有有孩子的家庭，无论这种补贴是以日托机构工人工资的形式发放的，还是发给在家带孩子的“没有报酬”的妈妈的。因此他们的政府没有积极参与到日托机构中，而代之以发支票。然而其结果成为不良分配的经典案例。

经济学家们不知疲倦地指出征税会导致效率低下，因为这扭曲了刺激因素，增加了交易成本。人们支持免费公共交通的理由之一就是很大一部分车费都被收车费的成本抵消了——铸钱币、数钱币，付售票员工资，等等。[1] 我们也可以从这个角度看消费税和个人所得税。税收所得的每 1 美元中不小的一部分都被用来支付收税的成本了。还要留心间接成本，例如由于不愿被征税，有些交易就被取消了。[2] 但是说到成本的准确数字，这就得由人们意识形态上的倾向决定了，不过为了论证的便利，我们可暂定政府平均每得到 1 美元的税收收入就得“支付”15 美分的成本。[3] 这被称作税收的“无谓损失”。由于这种净损失，任何公共工程的总成本都比账面成本要高。如果政府花了 1 美元，其“社会成本”实际上可能是 1.15 美元。因此，在一项公共工程中，政府每投入 1 美元必须得到至少 1.15 美元的利润，这项工程才值得一做。[4]

在某些情况下，这一标准很容易达到。对于公共或“俱乐部”商品而

---

[1] http：//www.freepublictransit.org.

[2] 经济学 101 的说法，见格里高利·曼昆：《经济学原理》，沃思堡：德赖登出版社，1998 年，第 159～160 页。

[3] 这个数据并不是毫无来由的。查尔斯·巴拉德、约翰·沙文、约翰·沃利：《美国税收制度中的福利成本扭曲总值：一个一般均衡方法》，载《国家税务杂志》第 38 卷(1985)，第 125～140 页。估计美国税收成本每美元大约为 13 到 22 美分之间，由于增值税的缘故，加拿大的成本可能是每美元 13 美分。注意，这是福利成本，还不是“纯经济”成本，当然在讨论中我提到过这个区别。这种估算值是如何得出的，又会随着一些假设条件的改变如何改变，见乔尔·斯拉姆罗德：《向富人征税的经济学》，乔尔·斯拉姆罗德编辑，《大人物会不理会吗？》，纽约：塞奇基金会出版社，2000 年。

[4] 值得注意的是，提高税收收入，其边际成本毫无疑问会增加(例如：税率越高，人们避税的动机就越强烈)。因此，对需要新税收收入的新公共花费必须进行更加复杂的成本收益分析。

言，潜藏的市场失灵使得政府成为唯一能提供某种商品的机构。政府修路、提供疫苗注射、开设法院，毫无疑问收益会高于总成本，因为政府不仅把钱给人们，而且提供了他们从其他途径得不到的商品（或者说他们不能以合适的价格从其他途径得到的商品）。

但是，如果仅仅是再分配，政府就不是提供商品，而是发钱了。如果政府为了把钱给泰德而向比尔征税的话，那么每让比尔损失 1 美元，只能给泰德 85 美分（粗略地算）。从经济成本的角度来看，这个提议很失败，除非比尔比泰德富裕，这样他失去 1 美元的社会福利支出低于泰德得到 85 美分的社会福利支出。这就是一种“进步的”再分配。但要使再分配有价值，再分配不仅要是进步的，还得是有很大进步的，这样才能抵消税收系统带来的损失。（通过税收系统进行再分配就像用一个漏水的桶把水从一个人那里运到另一个人那里一样：运输过程中会损失一部分水。所以只有当接受者确实比捐赠者渴很多，这种输送才有价值，否则就是浪费水。）

如果某种制度只是把钱发给所有的家长，富有的郊区居民和靠救济维生的单亲家长得到同样多的钱，那么我们很难认为这种再分配是进步的。把钱从没孩子（或孩子已经大了）的人手中转到有孩子的人手中，这本身就有点不平等。毕竟大多数有孩子的人生孩子只是个人意愿，而不是为了给社会造福（毕竟世界还没有到人口稀少的程度）。为什么人们不能攒钱，或者更努力地工作来养活他们的孩子呢？（除了政府发给我的工资外，我每年也能从老板那儿得到 4000 美元的“育儿福利”。不得不承认，对此我多少有点迷惑，为什么只是因为我的孩子比较小，同事们就得给我钱呢？）

为了避免把钱发给富人，加拿大政府前进了一步。它以把该全民福利算作可征税收入的方式“收回”了一些钱。这种做法的最终结果很愚蠢。以我为例，我每月从政府那得到 200 美元，其中的 90 美元到年底我必须归还给政府，然后政府又转身发给其他人。这就像用漏桶给我运水过来，让我喝一小口，又把水运回给那个给我水的人。从某种意义上来说，这更像一个灌溉系统，而不是一个输水机制。

如果这种再分配不好，那么怎样才是好的再分配呢？把钱移来移去的主要问题在于政府没能让钱增值。钱的转移总是有成本的，那么政府想要这样改善社会福利就有一场困难的仗要打。要打赢这场仗不是不可能，但是非常困难。这种转移的社会成本很容易被忽略，因为它不会出现在资产负债表上。这样现金再分配很容易变成不良的再分配，因为效率方面的损失和平等方面的获得关系太密切了。

不过，有一种更简单的方法可以增进平等。如果你向人们征税的目的只是为了把钱进行再分配，那么无论你在平等方面得到了多大的改善都是以降低效率为代价的。既然你已经为了使效率得到某种程度上的提升向人们征税了，那么为什么不能使这种制度更平等？尤其是当政府不得不向人们征税来解决共同行动问题时，只要对税收或者花费作一下调整，就能使整个计划从结果上来说更平等。这样税收制度带来的无谓损失就被整个计划带来的效率的提升"弥补"了。使该计划更具进步性可能会增加一点费用，但这点费用和原来的税收相比不值一提。结果会更接近于理想，我们不需要在平等和效率间进行折中。我把这称作"机会平等主义"，因为它不主张追求再分配，除非时机已到，而这时不会给效率面带来很大的损失。

历史上出现的第一批这样的时机之一是凯恩斯要解决的经济周期问题。如我们在第十章所读到的，流动性偏好突然发生改变，流通中现金短缺，这样就会出现衰退。解决方法之一是增加现金供应（像保姆合作社所做的那样），或者是降低利率。但是凯恩斯认为这两种方法都效果有限。因此如果人们不愿意花钱，那么居第二位的方法是政府帮他们花钱。凯恩斯认为政府应该进行"反周期花费"——在经济高涨时采取盈余开支，在经济衰退时进行赤字开支。在他看来，衰退期间政府把钱花在哪方面并不重要，重要的是把钱花了。凯恩斯是这样进行说明的：他建议政府把装满钞票的瓶子埋在废弃的煤矿里，然后让私营企业把它们挖出来，"当然，把钱用来盖房子等更有意义，但是如果由于政治上的或者实践上的困难不能这么做，那么埋钱的做法也聊胜于无”[1]。

这种论证的基本结构非常清楚：因为衰退是由于某种集体的自我毁灭行为，那么政府就有必要通过帮人们花钱来打破这一危险的循环（把钱花在某种东西上，是什么东西并不重要）。无论如何，这种强制性刺激财政的有利影响远大于它导致的无谓损失。因此钱花得再蠢也比不花钱好。但是既然政府要花人们的钱，那为什么不把钱花在有用的地方？或者，更确切地说，为什么不把钱用来增进平等？例如，人们可以进行公共工程建设，修建桥梁、图书馆、高速公路或者地铁——这些工程要么可以平等地令所有人受益，要么可以稍稍地为穷人带来一点更大的利益。（实际上，北美一些最棒最漂亮的公共基础设施就是这么建成的。）

从凯恩斯时代开始，人们就严肃地质疑过在经济衰退期扩大政府支出的必要性。很多人认为凯恩斯低估了货币政策的力量，高估了财政手段的效果（更别提政府想要在衰退后消灭赤字的意愿）。结果，人们对经典的凯恩斯措施的热情逐渐消退，同时渐失的是通过反周期花费得到更大平等的机会。守旧的左派人士想与这种潮流抗争，他们坚守传统的凯恩斯的补救方法。而机会平等主义者则愿意向前迈进，寻找新的机会在不牺牲经济效益的前提下促进平等。

在有些情况下，良性再分配实际上看起来像不良再分配：政府从一些人手中把钱拿过来给另一些人，这似乎只是没有增值的现金转移——但政府实际上是在运作一个保险体系。公共养老金、医疗保健、工人补偿和失业保险尤为如此。从某种意义上来说，所有保险都包含资金的再分配。私

[1] 约翰·梅纳德·凯恩斯：《就业、利息、货币通论》，伦敦：麦克米伦出版社，1949 年，第 129 页。

营保险公司也从一些人那收取费用（以保险费的形式），并把钱给另一些人（以保险赔款的形式），但却有明显的增加值，所以人们都很乐意买保险。虽然看起来像纯粹的再分配，其实却是一个风险共担的安排（第六章里概述了这种安排），为每个参与者带来好处。

有时，逆向选择问题使有些私营保险公司不能以合理的价格提供某种保险，因为他们不能把不良风险与合理风险分隔开来。政府可以通过给所有人进行强制保险来消除这些问题（即强迫所有人共担同一风险）。这就是“单一支付者”的医疗保健体制和国家养老金计划的基本原理。这里，保险金是以税收的形式征收的（有时单独收取，有时从整个政府的财政收入中提取）。这种税收当然也有无谓损失，但是毫无疑问保险计划的益处远比这些损失重要。

一旦这种体制建立，要促进平等，方法之一就是收取非精算保险金。在纯私营保险体制中，确定保险金额度的理想方法是计算保单持有人可能遭受损失的大小，把它乘以这种损失出现的可能性，然后一分不少地向人们收取这笔钱。例如，要定一个火灾保单的金额，首先要算房子和房内物品值多少钱，然后算房子在来年被烧毁的可能性有多大——再加上 30% 的管理费用，就能得出一年要交的费用。（因此线路古旧的豪宅保费不菲。）

这种计算方式得出的就是**精算保险金**。但是，准确地计算实际上非常困难，因为保险公司对相关信息并不清楚，而可能的保单持有者倾向于隐瞒——不把所有的真相都说出来。因此，保险金其实只是一种近似值。有些辖区还从法律上限制精算定价，例如，有规定不允许车险公司向男人收取比女人更多的保险金（尽管数据显示男人出车祸的几率要高得多）。[1]很多人还从道德的角度抗拒精算定价，这也是所谓同一保险金互助会（所有人都付同样金额）在整个 19 世纪并一直保持到 20 世纪都占统治地位的

[1] 详见约瑟夫·西斯：《保险人的合理限制》，载帕特里克·弗拉尼根、帕特里克·普利莫、威廉·弗格森《更道德的世界里的保险伦理》，阿姆斯特丹：爱思唯尔出版集团，2007 年。

保险模式的原因。[1]

这样，即使是在人们主动购买保险的私营领域，在决定保险金标准方面也有很大余地。大多数“社会保险”体系只是利用了这种余地制定出一个随人们收入不断提高的保险金计划。为了避免逆向选择问题，就有必要让每个人都加入同一个风险共担体系。一旦这一体系建成，就可以以他们的收入为基础收取保险金，而不是以他们可能为共同储金带来的损失（精算模式）为基础来收取保险金。因此医疗保险是以“单一支付者”的制度发放的——从税收收入中支出，是通过不断提高的个人所得税支出的。与其说医疗保险制度是一种把钱从健康者那拿走给病人的再分配制度，还不如说它是一种面向所有人的保险产品，只不过支付的完全是非精算保险金。

因此，社会保险为促进平等并在效率方面不造成太大损失提供了非常重要的机会。即使是一个对平等毫不在意的政府，也不得不建立大规模的税收制度以提供一个现代政府应该提供的公共商品。而且，大部分的减免税以及免税代码中的特殊漏洞依然存在，因为它们和促进平等没关系。与现在的情况一样，人们同样想避税。因此必须建立规范的强制机构。但一旦这整个机构建立运作起来，在税收系统中设立三四个税级并不比设立一个税级（这样较富裕的人们被迫缴纳的税占个人收入的比例更高）复杂很多。正如经济学家乔尔·斯拉姆罗德（Joel Slemrod）和乔恩·巴基亚（Jon Bakija）所说，美国 1986 年关于税收法案的争论中有个“东扯西拉”的论点：减少税级是一种重要的简化，他俩认为“一旦可征税收入被计算出来，从表格中计算税收责任只是一种简单的操作，这可不是通过减少税级来简化的”[2]。

在个人所得税体系中除去累进税的唯一好处在于能使消费税大规模地取代个人所得税（因为消费额等于收入减去储蓄额）。但是专家们对此意

[1] 见赫伯特·埃默里：《风险交易？非精算的定价做法和互助疾病保险的财务可行性》，载《经济史探索》第 33 卷(1995)，第 195～226 页。

[2] 斯拉姆罗德、巴基亚：《我们自己的税收》，第 138 页。

见并不统一，因为这样税率会变得太高，从而极大地刺激人们去避税。大多数人倾向于支持这样一个体系：其特色是有少量包含广泛的税种，税率相对较低。

这样，社会保险的原则——国家以随收入上升的保险费用向所有公民提供保险——极大地促进了平等，但是又没有牺牲效率（因为它所替代的并不是私营保险企业以精算价格提供的保险，而是私营保险企业根本不能提供的保障）。而且这种平等并不是通过追求一个全面的平等工程而得到的，只是最好地利用了一个恰巧出现的时机而已。

我一直认为社会保险只是一个恰好出现的"机会"，它使得国家能获得更大的平等而不需要在效率方面作出太大的妥协。但这并不意味着它是无足轻重的。一般来说，福利国家仅通过养老金和医疗保险机制就把国民生产总值的10%~15%进行了"再分配"。[1] 而且我们应该明白这个机会很可能会消失。尤其是当医学预测中的一些激进的创新使人们得以不经猜测就知道谁会得什么病或者谁能活多久，那么从相关保险市场得到的一些效率提升将会消失殆尽。人们会知道他们需要存多少钱，那么把他们的储蓄和其他人共享不会给他们带来任何好处。

正如更有效的货币措施使得凯恩斯的反周期花费变得不再必要，更有效的医疗技术将使社会保险变得不再必要。这也使政府失去了近年来促进公民内部更大平等的主要工具之一。（关于如何对待那些可能患治疗花费很高，并使人日益衰弱的疾病的人当然也存在一个分配平等的问题，但这对于我们来说只是个纯粹的分配问题。我们将不能在一个共同收益的风险

[1] 大卫·卡特勒、理查德·约翰逊：《社会保险国家的诞生和成长：解释各国的养老和医疗保险》，载《公众的选择》第120卷(2004)，第870～921页。

共担计划中加入再分配政策。）

因此，有必要关注寻找其他机会以获得“好的再分配的办法”。有两种办法迅速出现在我脑海中。第一个是绿色税。

到目前为止，我似乎都在说明税收总是以不受欢迎的方式扭曲诱因。（我曾说过，这些扭曲并不像通常右派分子说的那么糟糕，但是我也说了这些扭曲是不太好的。）并不是所有的税收都是如此。除了没有扭曲作用的包干税之外，还有庇古税〔是以经济学家亚瑟·塞西尔·庇古（Arthur Cecil Pigou）之名命名的〕。这是对那些有极大负面外部经济效果的商品所征的税（有点像对烟草和酒精征的所谓罪行税）。在此情况下，从效率的角度来说，税收有良好的诱因效果。以汽油税为例。总的来说，汽油的问题在于其市场价太低——购买者并没有完全弥补那些因为其购买而遭受损失的人。特别是那些因大气污染而遭受损失的人没有得到弥补。结果现在汽油的价格比理想的市场经济中汽油的价格要低得多（在理想的市场经济中，我们都生活在泡泡里，如果其他人向我们的领空释放污浊的气体，我们就要收费）。

结果之一就是人们消费了太多的汽油。国家向汽油征税，其刺激效果是为了减少汽油消费，并把整个消费降到接近合理的水平（接近私人的受益能抵消社会成本的水平）。这样税收就可能提高效率。（我说“可能”是因为次优理论显示在有多重价格扭曲的经济体中，确定一种价格并不一定能带来更有效率的结果；必须具体问题具体分析。）最重要的是，无论政府如何处理财政收入，都能获得税收的有益效果（即使是把钱塞到瓶子里，埋到废弃的矿中）。确实，很多人认为政府应该征收一些庇古税，而不只是转身把钱还给人们。有一个巧妙的策略就是在不牟取额外利益的基础上推进绿色税，配套的做法是降低个人所得税。总的口号是：“坏的征税，好的不征税！”

当然，要找到一些好的方法来处理这笔收入很容易，特别是可以花在增进平等上。这样，征收环境税为获得更大平等提供了很好的机会，同时又不需要在效率方面作出太大的妥协。有必要再提一下彼得·林德特的观点：更复杂的福利社会通常有更有效率的税收制度——增值税、低企业税等。毫无意外地，这些国家也征收更高额的绿色税。[1]

从这个角度来看，全球变暖为平等主义福利国家提供了巨大的机会。对碳排放征收的税——“碳税”——仅从效率的角度来看就是完全合理的。这种税能通过其诱因效果“自己支付”（即降低二氧化碳的排放）。这又使得政府多少能根据需要自由使用这笔收入，如用于消除贫困、社会救助等。

新左派分子在20世纪主要关注的是消费主义的问题。这种忧虑主要源于人们普遍认为物质上的富裕不能很好地转化为幸福感的增加，或“生活质量”的提升。第一个提出这个问题的托斯丹·凡勃伦（Thorstein Veblen）认为，物质富裕程度的提高使得消费的竞争色彩也日益强烈。商品的价值不再由它们内在的属性体现，而是由它们赋予的地位体现。地位的问题在于我们不能提供更多：它是社会阶层。当一个人爬上去之后，另一个人肯定要跌下来。这样，通过增加消费进行地位竞争最后变成了一种集体的自我毁灭行为。当每个人都增加消费时，他们的相对位置就不会改变了。

例如，过去医生普遍在开了几年诊所后就去买辆宝马。（在我妻子工作的医院只有一个停车场，所以人人都知道别人开的是什么车。因此，当人们决定买什么车时，地位的考虑起很大作用。）但是，一段时间以后，宝马车——尤其是3系列——变得只能算是“入门级”的豪华车。人们开始倾向于买更贵的车，像X3或X5。结果医生们为他们的车付了更多的钱——但强弱排序并没有真正改变。首席外科医生可能开6系列或7系列的宝马，医生可能开多功能跑车，而不是3系列的车，住院医师现在可能

[1] 经济合作与发展组织：《环境税收的政治经济学》，2006年，第28页。

开3系列的车，而不是大众车。但是在新的排名中，没有人的地位提高了——人们只是以更高的消费保住了他们的相对位置。

一个半世纪以前，约翰·斯图亚特·穆勒提出这种模式使得对奢侈品征税合乎逻辑。他写道："降低满足人们虚荣心的商品的价格的后果并不是人们可以减少这方面的开支，而是购买者们会买更贵的商品以取代这些降价了的商品，或购买同样的东西，只是质量更精美；由于劣质的商品只要价格贵同样可以满足人们的虚荣心，那么对它征税其实没花任何人的钱：这只是在没有任何人损失的情况下增加了公共收入。"[1]

以高尔夫俱乐部会员资格为例。一个专门俱乐部的会员价格和该俱乐部要花多少钱运转没什么关系。这种价格的目的是通过价格门槛来保持俱乐部的专门性。(那些需要提前支付大笔"保证金"或入会费的俱乐部尤其如此。) 俱乐部通常把钱花在一些对会员没什么价值的无足轻重的东西上。人们愿意花这笔钱就是因为它所赋予的专门性；他们并不在乎钱花到哪去了。这就意味着如果政府以向高尔夫俱乐部或乡村俱乐部会员资格征税的形式拿走其中的一部分，对那些支付税金的人其实没有影响。那些人仍能得到他们想要的东西，即专门性。只不过现在他们的钱可以用来做一些对社会有益的事。

穆勒的观点被人们谈论了一段时期。[2] 但糟糕的是，身份阶层的善变和奢侈品零售商的不义使得政府对能彰显身份的商品征税有一点困难。可是，随收入增加的个人所得税并没有像人们所想的那样对富人的刺激有什么不好的影响。一旦达到某种消费门槛，那么消费的都是多少能彰显身份的商品。对高收入级别的所有人征税并不能使他们无力供养"良好"社区的房子，或使他们供不起孩子上"名"校。因为每个人在这种彰显身份的

[1] 约翰·斯图亚特·穆勒：《政治经济学原理》，纽约：普罗米修斯出版社，2004年，第869页。

[2] 更新的版本见劳里·西蒙·巴格韦尔、道格拉斯·伯恩海姆：《炫耀性消费理论中的凡勃伦效应》，载《美国经济评论》第86辑(1996)，第349～373页。

商品上的支出都会降低，这些商品的价格也会随之降低。[1] 因此在税收领域效率和平等的折中远没有经济学入门课程向人们灌输的那么厉害。

如果直接针对身份商品，有一种更巧妙的方法推动那些参与身份竞争的人使社会受益。经济学家罗杰·康格尔顿（Roger Congleton）称之为“有效率地追求身份”[2]。参与身份竞争的人会给彼此带来负面的外部经济影响（通过他们“高人一等的作风”）。但是对社会来说，身份竞争也会带来正面或负面的外部经济影响。“坏的”身份竞争会带来负面社会影响。加拿大西海岸土著社区的“冬季赠礼”传统就是一个很好的例子。开始，这只是个仪式，各部落之间比着赠送更好的礼物，但最终这演变成了人们毁掉商品，而不是赠送商品。因此，这种竞争从帮助穷人的行为演变成了大规模毁掉商品的行为。再看看慈善拍卖，其主要动机仍然是追求地位。区别在于它最后达到了某种有价值的目的，所以拍卖对社会是有益的。因而它就是康格尔顿所谓的“有效率的身份游戏”。

这种有效率的身份竞争有一段时间是上流社会文化的一部分。向大学捐赠座椅，向表演艺术提供补助，向医院提供赞助，或者直接的慈善捐赠都是很流行的做法。而且这些捐赠数目不菲（比尔·盖茨夫妇基金会的捐赠超过 370 亿美元，在全球医疗领域占了大头）。但当社会变得更加富裕，同样有效率的身份竞争行为却有可能变糟。以 RED 品牌为例，2006 年，U2 歌手博诺（Bono）和鲍比·施莱佛（Bobby Shriver）造势发起了该计划。他们的基本做法是与苹果、摩托罗拉、耐克结成伙伴公司，这些公司同意把他们受欢迎的产品（iPod、手机、匡威运动鞋）以特别标志（RED）版的形式生产并销售。然后这些公司**自发**地把销售所得的一部分钱拿出来捐赠给环球基金，用来与非洲的艾滋病作斗争。这和对此类商品品牌溢价征收奢侈税以获取资金对抗艾滋病的情形是非常相似的。区别在于前者是

[1] 罗伯特·弗兰克：《奢侈病》，纽约：自由出版社，1999 年。

[2] 罗杰·康格尔顿：《有效率地追求身份：外部经济效益和身份游戏的演变》，载《经济行为和组织杂志》第 11 辑(1989)，第 175～190 页。

自愿的，这些公司将此作为一种溢价的方式。

当然，RED 品牌使纯粹主义者有点不太高兴，因为这似乎是要人们去以错误的理由做正确的事。事实的确如此。RED 没有试图去阻止身份竞争，或者消除“品牌霸权”，它只是把竞争性消费的力道转移了，而这种转移产生了有益的副作用。这样做有什么不对呢？几个世纪以来，上流社会的成员都一直在以错误的理由做正确的事。很明显，尽管四十年来人们都在对此进行严厉的社会批评，中产阶级成员们还是不会停止对品牌的追求。而且他们也不会停止身份竞争（记住：“酷”是当代都市社会身份等级的中心）。从某种意义上来说，面对传统的左翼分子一直以来对消费主义的批评，RED 的成员认输了。但他们有一个很好的备用计划：“好吧，好吧，既然你浪费钱去买那些最新的必须拥有的手机、运动鞋，那么至少你也可以送点钱给非洲。”他们如是认为。

这可能看起来没什么大不了的，但是由于我们的社会变得越来越富裕，我们越来越转向消费那些有相对质量价值的商品，这样经济中越来越重的比例都变成了这样或那样形式的竞争性消费。任何能转移这种竞争，使之产生对社会有益的副作用的做法在我看来都是非常有价值的。

左翼人士有时宣称他们不在乎效率，只在乎平等。从很大程度上来说，这没什么意义。只为促进平等，毫不考虑效率，这对人类幸福来说是一种疯狂的漠视。毕竟，我们不能不考虑人们是同样地受苦还是同样地幸福。但是，左翼人士确实一直站在对向下拉平持保护态度的立场。

正如我们所看到的，很多“传统”社会民主左翼的政策都给效率方面带来了损失。价格补贴、调控工资、单纯的再分配都带来了极大的无谓损失。这并不意味着这些政策没有补偿性的益处，但是实行这种政策应该小心。机会平等主义寻求能促进平等而又不会向下拉平的方法，因而是一种更有前途的策略。然而，它确实要求人们有更大的自控力。左翼人士犯的大多数错误都出于不能自我控制——不愿容忍社会上的道德缺陷，即使是在我们不知道如何修正这些缺陷，而且也没有理由认为修正的方法不比这些缺陷更糟糕的情况下。

后记

Epilogue

人们都喜欢美好的结局。不仅如此，经过多年结局美满的迪士尼动画片和大片的熏陶，人们甚至认为美好的结局是理所应当的。人们不仅期待这样的故事，还期待这样的现实。在社会评论中，美好结局所对应的现实就是所有的社会问题都能通过一系列简单有效的政策措施得到解决。

本书却无法提供一个美好的结局。书中我一直希望那些痛恨资本主义制度的人能认真理解经济学，但这并不是因为经济学简简单单就能解决诸如贫困、不公平和社会排斥等问题，恰恰相反，经济学会使问题变得更复杂。因为经济学能证明那些有着良好愿望的人们提出的一些简单的解决问题的方法根本不可能起作用。在本书中，我着重阐述了人们在思考经济学问题时所犯的一些很抽象的概念错误。而显然这些错误都已经渗透到了日常的政治和政治理念中了。

例如，左翼人士为了不承认他们倡导的措施所带来的后果，经常宣称税收负担可以加在公司而不是个人身上。这是一个简单措施的典型例子，细想一下，该措施根本就毫无用处。再比如一些保守的左翼党派反对碳税，因为他们认为应该由石油公司和污染的制造者来付这笔钱，消费者则没这个义务。但这样的措施怎么能起作用呢？油价上涨，石油公司的利润并不会减少——他们会把石油卖得更贵。如果他们的税收增加，他们的应对措施将是一样的。对消费者征税和对公司征税完全没有区别：都是消费者买单。

看看增值税的情况就明白了。左翼人士经常错误地抱怨在过去的25年中对公司的税收降低了。事实并非如此，严格意义上来说，增值税就是对公司征的税。毕竟人们并没有写支票来付增值税吧？（这和所得税不一样吧？）如果你开公司，你就会经常写这样的支票；但如果你只是消费者，你实际上就根本不用付增值税。当然人们还是间接地付了增值税，因为每当人们购买商品或服务时，公司都向他们收取了额外的钱。这恰恰说明了我们不可能让公司来付税款——他们会直接把税款转嫁给消费者（或者工人、供应商或者股东）。加拿大的增值税，即消费与服务税，就是这样。消费者从收银机那里得到的其实是一个标有明细的收据，从中可以看到所付款项的一部分会被生产公司用来交增值税，这笔增值税是由于买家的购买行为而产生的。问题是消费者不需要交税，要交也不该他们交。企业把赋税责任转嫁给消费者，消费者购买产生的赋税本来应该由企业承担。他们还可以在收据上加一项，消费者的付款当中有一部分用来交“利得税”，这个税也是由于消费者的购买行为产生的。他们不加这一项的原因是确切数据很难算出来。

不过以上情况并不意味着不该向企业征税，只是情况很复杂而已。组建企业才能给个人带来真正的好处。组建公司能提供大量机会以减少个人需交的所得税（比如，可以把第一年的收入转到第二年、第三年，或者把个人消费作为开支勾销）。我认识很多从自主创业转向开公司的人，他们唯一的目的就是少交个人所得税。当然，为了得到这些好处他们也付出了一些成本。政府对待企业不像对待一个他们可以任意征收大笔税收的魔法帽，这很关键。向企业征税会增加市场外经济交易的成本（比如在机构内部制造，而不是外购），这一般来说是应该避免的。欧洲最进步、最重视再分配的福利国家实际上所征收的企业税**最低**也是由于这个原因。[1]

---

[1] 彼得·林德特：《成长中的民众》第1卷，剑桥：剑桥大学出版社，2004年。

国际贸易也是一个典型的例子。所有对全球化的咆哮和抗议都基于一个很简单的问题。国际贸易引起争议是因为它允许个人从事国内不合法（或者不道德的）交易。有些国家可能认为一天工作 10 小时、一周工作六天是很正常的，但在美国这是违法的。这样企业关闭在美工厂，搬迁到这些国家，有效地规避了美国的劳工法。它还可以规避最低工资法、工作场所安全法以及可能是一整套的环境法。而从某种道德的角度来看，很明显应该禁止这些交易。

但是，我们也要看到这种禁止一定会毁掉某些国家人民的生活——他们的福利只是禁令的表面动机。因为这些贸易尽管表面看来不公平，实际上却是**对双方都有好处的**。某些国家由于较为贫穷，工人就较其他人更有优势，因而他们得到了这份工作。欧洲工人在 19 世纪的工作环境和工资跟他们是类似的。欧洲工人现在不再做这样的工作只是因为**他们**更富裕。未来有一天，人们回头看我们，也会惊异于我们居然在这种条件下拿这么低的工资干活，可是这并不会使我们以现在的工作方式干活变得不道德。

而且，我们还得记住，这些国家通过出口商品到美国，可以赚得从美国进口商品的货币。这也是这些国家发展策略的重要部分，它就不用同时做发达的工业化经济需要做的事了。这些国家可以从日本或欧洲进口工厂里的大部分设备，不用自己制造了。或者，一个更有趣的例子是，他们可以从国外进口法律服务。有很长时间印度奉行的都是自给自足的经济政策，他们认为和西方做交易会被剥削，且产生依赖。这样的结果是经济发展停滞不前。因为印度人不得不浪费大量的时间和金钱制造他们不太擅长的东西，而这些产品本来可以轻而易举地从其他地方买到。

必须明白富裕国家和贫穷国家之间的贸易并不是一边得利，另一边亏损的，这种交易是双赢的。富裕国家消费者的受益并不是基于贫穷国家工人的损失。富裕国家逐渐积累的财富也不是由贫穷国家转移而来。换言之，这种交易并不存在剥削，没有人因此变得更贫穷。国际贸易实际上是一个处于极为不平等条件下的人们之间的互利合作体系。当然这并不意味着全球化很棒，毫无问题。这只能说明，从道德的角度来说，全球化是一个很微妙的议题。从一方面来看，贸易存在很大的不公平，而从另一方面来看，贸易对双方都有利。人们不知道在保证大量利益的前提下条款该怎样修改。因此在把某一交易视为违法之前，我们需要仔细权衡利弊。禁止童工当然是毫无争议的，可是该使用哪种成年劳力，该设定怎样的环境标准就让我很头痛了。要求使用发达国家的标准其实是间接地设置贸易壁垒，这会使贫穷的国家蒙受损失。但是又不能认为只要人人受益就没有任何问题，这会使雇佣童工也没问题。必须要有一个界限，我们不能只凭对在美国什么是合适的、什么是公平的直觉来判断。

这种复杂的情况及其带来的道德上的模棱两可，使得很多人产生完全脱离市场的念头。在 20 世纪，激进左派最夸张任性的想法是人们可以通过聚在一起想出某种合作方案，不需要通过市场，就能绕过这些问题。有些人认为民主协议能够替代价格体系来协调国际国内的产销关系，而这种决定应由“相关生产者团体”作出。

这种提议经不起最基本的经济学分析。问题的关键在于作经济上的决定需要有反馈，这是民主提供不了的。举一个具体的例子：假设我们决定整合经济上的产出，我们把所有工厂的全体工人集合在一起开会，让他们决定来年的产量。所有这些“提议”会放到计划板上，以检验是否做到。当然，某种产出水平的提议都是以假定的投入作为基础的。例如，为了制造一定数量的电池，一个工人将需要一定量的各种金属及重型设备等。这些投入又是其他工人，例如挖掘金属的矿工的产出。而这些矿工又需要使用靠电池提供动力的设备。生产电池的人提交计划时会假定矿工们能挖掘多少金属。而矿工们为了计算出能生产多少金属，也会假定他们会使用多少电池。为了避免失误，这些假设必须具有相互一致性。没有市场，要取得这种一致性将是非常困难的。（前苏联就有这样的例子：铁路边常常堆着大堆的肥料，因为肥料生产商和生产装肥料袋子的商家没有协调好[1]——尽管有庞大的作计划的官僚机构。）任何一个有理性的人都不会认为民主机制能对这些提议进行细致的协调。

即使是工人合作社通过市场来协调生产也会有很大的问题。工人合作社最基本的缺陷——这是19世纪初就开始为人们所诟病的——在于它们倾向于限制雇佣和生产。如果经济构成中大多数是资本公司，这还不是什么大问题，但是一旦这种模式被广泛运用到其他的经济结构中，将会酿成很严重的问题。这很可能导致整个经济都合作化。[2] 因为真正的合作社就是利润共享的。工人们经常发现这种情况：引入新成员会增加纯收入，可是平均的利益率却会下降。所以工人们经常面临这种选择：是应该让生产能力闲置，自动降低他们的工资来雇佣更多的人；还是以签订合同的形式雇佣新工人（他们不再是合作社的完全成员）。后一个选项有很大的诱惑力，很多成功的合作社，一段时间之后，都会变得像资本公司，而合作社的创始成员则变得像股东。很多法律公司就是这种情况：合伙人（合作社的完全成员）表现得像盗贼，而他们的同事（合同员工）干所有的活。正是由于这个倾向，很多19世纪的社会主义者，例如比阿特里斯·韦布（Beatrice Webb），曾严厉批评过工人合作社运动。[3] 可是如果禁止合同工，很多合作社就根本不再雇佣新员工，这又会导致失业率增加。

这些对于左派来说都不是什么大新闻，因为一百多年来它们都被经济学家们广泛讨论过了，其中也包括社会主义经济学家（他们的左翼身份使他们无可指责）。可是这对左派所谓的“基本政治思想”几乎没有影响。这些错误的观点一直广受拥护（而那些摒弃了这些观点的政治家则被指责

[1] 阿历克·诺夫：《可行的社会主义经济学》第2版，伦敦：哈珀柯林斯出版集团，1991年，第96页。

[2] 引起关于这一主题长时间讨论的论文是：本杰明·沃德：《伊利里亚的公司：市场工团主义》，载《美国经济评论》48期(1958)，第566～589页。

[3] 比阿特里斯·波特·韦布：《大不列颠的合作运动》，伦敦：斯万·索南夏因出版社，1907年。

向大企业投降)。这是左派们的耻辱，他们在经济学方面有点无知。想要一个更好的世界是一码事，可是我们不该忽略了两百年来对如何得到一个更好的世界进行思考的人们巨大的智力投入。

在我更年轻时，我觉得社会公平的问题很容易解决。我认为世界上有两种人——一种人很自私，另一种人则很慷慨有爱心。那么世界上不公平和苦难存在的原因就是那些自私的人让自己的私欲泛滥了。那么问题的解决之道在于劝服人们去关心大众的利益，如果不行，就让那些更有爱心的人得到政治权力。而且，由于“看不见的手”的说法，那时我认为资本主义明显是那些自私的人用来满足自己私欲的制度，而右翼党派就是要给这种制度提供意识形态支持。因此，我认为反资本主义在道德上势在必行。政府是好的，市场是坏的。

现在我年长了许多，我认为这种观点错漏百出，不胜枚举。各种因素使我越来越清楚地认识到这一点。无疑，多年来在亚洲度过的大量时间是部分的原因。在那里我看到即使是一个结构非常糟糕的市场经济对发展的推动力也是令人惊叹的（就别提由政府控制的经济有多么失败了，尤其是腐败丛生的政府)。另一部分原因是我越来越多地和周围左翼圈子熟人以外的人交往，我发现这个“制度”也是由和其他人一样的人构成的，他们的行为也有利己和利他的动机，这和社会各阶层的人一样。但是最主要的原因是我读了大量经济学书籍，并且系统地思考了一些现存体制的替代制度。通过这些阅读和思考，我发现任何可笑的、具有毁灭性的、不公平的事态背后，通常都有其存在的理由，而这个理由还是可以理解的。我们的问题不是我们不想去解决问题，而是我们不知道该怎样解决问题。

威廉·伊斯特利（William Easterly）在最近出的一本关于帮助与发展的书上戏剧化地阐释了这一点。[1] 首先，他天花乱坠地描述了非洲的贫困状况，这个当然我们已经听过几千次了。为什么在今天我们如此富裕的世

---

[1] 威廉·伊斯特利：《白人的负担》，纽约：企鹅出版社，2006 年，第 3～4 页。

界里还有那么多孩子死于疟疾，而“可以降低一半疟疾死亡率的药只要12美分一剂”？人们太吝啬了！显然，我们都应该从口袋里掏钱。可是接着伊斯特利又以一种令人吃惊的方式逆转了这个问题。为什么在过去的五年里西方国家花了23亿多美元在国际援助上，而援助组织仍然不能减少一半的疟疾死亡率，尽管给孩子们的药只要12美分一剂？这显然**不会**是因为资金不够。非洲遍布着昂贵的高科技发展工程——工厂、灌溉系统、电气化工程，甚至网络设备。为什么就不能有12美分的抗疟疾药呢？

那么从以上情况我们能得到什么结论呢？首先，发展是复杂的。它不是一个有着好人（穷人）和坏人（富人）的简单道德故事。实际上人们并不知道怎样“发展”一个国家，或者为什么在一个地方适用的方法在另一个地方却不适用。人们同样不知道怎样去解决一些经济问题。人们不知道怎样解决无家可归的问题，医保中一些悬而未决的问题，或者原住民的贫困问题。这些问题的现状都是各种力量和考量的产物，这些力量和考量可能大相径庭。加拿大政府经常为展示原住民保护区生活条件的图片而感到尴尬，可是每年政府也为这些地区投入了令人咋舌的大量金钱。不得不承认，导致这种状况的部分原因是住在保护区的人们对住宅没有所有权，所以他们像租户而不是房主那样对待房屋——人们看到屋子日渐朽坏实际上是由于住户们没有做日常维护工作。可是解决这个问题的简单办法——让他们拥有土地的所有权——也会产生严重的问题。如果没有出售权，所有权就毫无意义。而如果不能把土地卖给保护区外的人，出售权也毫无意义。这样个人所有权会迅速削弱保护区的文化完整性。那该怎么办？不清楚。处理这种**看上去**很简单的贫困问题其实需要极大的智慧。

正是因为世界的复杂性，我才决定把这本书写成经济学谬误手册。严格来说，**谬误**就是从正确的前提推导出错误的结论的观点。谬误之所以是谬误而不是简单的错误，是因为乍一听你会**觉得**它是正确的。事实上，要相当敏锐才能发现谬误的推断是没有道理的。

经济学领域的谬误尤其多，因为人们对错综复杂的状况缺乏领会。我们忽视了事物是相互依赖的。我们忘记了人们会根据环境的改变而改变他们的行为。我们忽略了有些情况会累加起来，即使不是立刻累加，从长久来看也会累加（消费和生产、出口和进口，等等）。我们用简单的思路来处理复杂的状况。右派人士想让我们相信市场是最好的社会组织形式，或者说是从实际出发所能达到的最好的社会组织形式。竞争被当成灵丹妙药，市场“方法”被大力推荐，即使想组织一个竞争化市场明显是荒唐的，不太可能的。政府的“低效”受到谴责不是因为有实际的证据，而是基于一些想象出来的首要原则（“政府做的事肯定是低效的”）。普通民众不相信对大家都有利的风险共担机制，他们都可以以个人自由和个人责任的名义置自己于死地。而右派人士想让我们相信所有经济活动中明显的“不公平”现象可以通过下命令和修改法律，从而直接改变交易达成条件，得以解决。房东收费太高？让他们少收点。工业造成污染？那就把工厂停了。雇员工资太低？让雇主多付点工资。或者直接让政府接管，这样就可以直接达到公平，根本不需要通过贪婪的、以利益为导向的私营企业。

有没有简单快捷的解决方法呢？没有。这本书没有令人满意的结局就是由于这个原因。尽管资本主义令人憎恨怀疑，要想找到能替代它的更好的制度却是异常困难的。到目前为止，我们做得最好的是一系列的改良以及一套可以想出**其他**改良方法的智力工具。这也是现代经济学的价值所在。

致谢

我要感谢以下在此书的写作过程中给我帮助的人们：维达·帕尼奇、沙利·布约塞菲、安德鲁·波特、艾丽莎·金、塞尔西奥·特兰鲍姆、维恩·诺曼、鲁道夫·都德布、贾斯丁·图、艾德里安·斯科奇姆和西蒙·西斯。特别要感谢亚伯拉罕·辛格提出的“低碳水化合物饮食法”的类比以及亚瑟·利普斯泰因提出的“夏威夷之旅”的类比。

之前，我有幸在蒙特利尔《宪报》和《政策选择》杂志的专栏中，以及 *THIS* 杂志的一篇文章中试写过书中的一些论点，因此我想对编辑们表达我的敬意和感激，他们是布莱恩·卡普勒、伊恩·麦克唐纳和朱莉·克莱斯勒。我还想对加拿大哈珀·柯林斯出版社对我工作的支持表示感谢，并感谢吉姆·吉福德的催促使之得以成型。最后，我要感谢加拿大社科人文研究委员会对这个项目的经济支持。